자유로운 투자자

자유로운 투자자

초판 인쇄 2022년 9월 22일
초판 발행 2022년 9월 29일

지은이 이고은
펴낸이 유해룡
펴낸곳 (주)스마트북스
출판등록 2010년 3월 5일 | 제2021-000149호
주소 서울시 영등포구 영등포로5길 19, 동아프라임밸리 611호
편집전화 02)337-7800 | **영업전화** 02)337-7810 | **팩스** 02)337-7811

원고투고 www.smartbooks21.com/about/publication
홈페이지 www.smartbooks21.com

ISBN 979-11-90238-86-1 13320

자유로운 투자자

이고은 지음

돈, 시간, 공간을 넘어
자유로워지기 위한 투자법

INVESTING FOR FREEDOM

스마트북스

머리말

자유를 꿈꾸는 분들에게

당신은 어떤 자유를 꿈꾸나요?

많은 사람들이 부자가 되고 싶어한다. 부자가 되고 싶다는 마음을 좀더 깊숙이 들여다보면, 많은 사람들이 원하는 부자의 가치란 결국 자유가 아닐까? 투자자가 꿈꾸는 투자의 자유는 크게 다음의 세 종류로 구분할 수 있다.

1. 돈의 자유 경제적 자유
2. 시간의 자유
3. 공간의 자유

돈의 자유는 시간 자산을 포함한 나의 총자산으로부터 나오는 현금흐름이 원하는 수준이 되는 것이고, 시간의 자유는 원하는 수준의 현금흐름을 만드는 데 나의 시간 자산을 적게 쓰는 것이다. 그리고 공간의 자유는 주된 현금흐름을 만들어내는 자산들이 지정학적 위치에 상관없이 분포하는 것을 말한다. 많은 이들이 투자를 통해 부자가 되려고 할 때, 우선적으로 현금흐름이 풍족한 상태, 즉 돈의 자유를 목표로 하겠지만, 궁극적으로는 시간의 자유 또는 그 이상을 원한다는 것을 깨닫게 된다.

당신은 어떤 투자를 하고 있나요?

자유를 꿈꾸는 사람들이 많아지고 있는 반면, 안타깝게도 막상 그들의 행동을 보면 자유로워지는 길과는 거리가 먼 투자행태를 보이는 경우가 많다.

가장 흔한 경우가 주식, 부동산 등 자산의 가격변동에만 집중하면서 시세차익을 얻기 위해 샀다 팔았다를 반복하는 것이다. 특히 초보 투자자일수록 상승기에는 뭔가 해야 한다는 조바심에 남의 말만 듣고 '묻지마 투자'를 해버리고, 하락기에는 가격 하락에 실망해 자산을 덜컥 팔아버리는 경우가 많다. 이와 같은 투자행태를 반복한다면, 돈의 자유를 얻기도 어렵지만, 특히 자산의 가격변동에만 집착하게 되어 시간의 자유에 가까워지기 어렵다.

전작 『투자의 재발견』이 출간된 2021년 초에는 시장에 유동성이 유례없이 증가하면서 부동산, 주식, 암호자산 등 대부분의 자산군의 가격이 거침없이 상승하던 시기였다. 이처럼 자산의 가격이 오를 때는 당장 기분은 좋겠지만, 투자자 입장에서는 좋은 자산을 싸게 사기 어려운 시기이다.

예를 들면 2021년 초 서울 부동산은 모두가 주목하는 자산이었고, 가격이 급격히 상승하고 있었다. 필자는 『투자의 재발견』에서 서울 부동산 가격이 앞으로 어디까지, 혹은 언제까지 오를지 알 수 없지만, 이미 전세가와 매매가가 통화량 대비 고평가되어 있기 때문에 지금은 '싸게 사는 시기'가 아니라고 밝힌 바 있다. 이처럼 우리가 자산의 가격을 평가할 수 있다면, 자산의 가격을 '예측'하려고 할 필요 없이 투자 리스크를 줄일 수 있을 것이다.

특정 자산이 고평가된 이런 시기에는 어떤 투자를 해야 할까? 예를 들어 부동산이 고평가된 시기라면, 부동산 자산을 늘리는 것을 멈추고 주식,

금, 사업, 암호자산 등 다른 자산군에서 매력적인 투자기회가 있는지를 살펴보면 된다. 굳이 고평가된 특정 자산군만을 고집할 필요가 없다. 황금알을 낳아주는 부동산 거위, 주식 거위, 금 거위, 사업 거위 등 거위의 종류는 다양하기 때문에, 우리는 투자를 거위자산농장을 운영하는 게임이라고 비유하는 것이다.

이 글을 쓰고 있는 2022년은 몇 년간의 유동성 랠리를 뒤로 하고, 그동안 상승하던 자산들의 가격이 대부분 하락하며 투자자들에게 실망과 고통을 안겨주고 있다. **하지만 자산의 가격이 하락한 지금이야말로 다양한 자산들의 특징을 알아보고, 좋은 자산을 모아갈 절호의 기회가 될 수 있다. 가치 있는 자산을 발견하고 싸게 사는 것이 좋은 투자의 시작이기 때문이다.**

자유로워지기 위한 투자방법

경제적 자유를 넘어서 시간의 자유, 공간의 자유를 꿈꾼다면, 우리는 무엇을 해야 할까? 이 책은 여러분이 원하는 자유는 무엇인지를 스스로 생각해서 선택하고, 그리고 그 선택을 위해 무엇을 어떻게 해야 할지에 대한 가이드라인을 제시하기 위한 것이다.

이 책에서 독자들에게 전하고 싶은 핵심 메시지는 다음의 3가지이다.

1. 여러분이 원하는 투자의 자유는 돈의 자유경제적 자유, 시간의 자유, 공간의 자유 중에서 어떤 것인가? 복수 선택 가능
2. 여러분이 선택한 자유에 가까워지기 위해서 자산과 레버리지를 어떻게 구성해야 할까? 그리고 투자 리스크를 최소화하고, 장기적인 투자

성과를 극대화하기 위해 생각하고 실천해야 할 원칙들은 무엇일까?

3. 우리가 실패하는 이유, 그럼에도 불구하고 우리가 성공할 수밖에 없는 이유는 무엇일까?

전작 『투자의 재발견』에서 말했듯이, **투자는 단순히 시세차익만을 쫓는 것이 아니다. 우리 부부는 '투자란 자산을 늘리는 모든 행위'라고 정의한다. 또한 자산을 효과적으로 잘 늘리기 위한 좋은 투자방법은 '자산의 가치를 제대로 평가'하고, '싸게 사서', '현금흐름'을 일으키며, '보유'하는 것이라고 믿는다.** 전작에서는 이 방법을 우선적으로 현금흐름이 꾸준한 자산아파트 전세 레버리지 투자, 해외 배당 귀족주 등 위주로 적용하는 방법을 설명했지만, 이 책에서는 **서울 부동산**은마아파트, **국내 주식**삼성전자, **해외 주식**테슬라, 존슨앤존슨, **금, 원화, 암호자산**비트코인, 이더리움 **등 다양한 자산들의 가격을 평가한 사례들과 평가 원리를 소개했다.**

우리 부부는 이 투자방법을 부동산, 주식, 금, 사업, 암호자산 등 다양한 자산군에 적용한 결과, 증권사에서 애널리스트로 일하던 필자는 퇴사할 수 있었고, 자영업을 하던 남편 또한 생계만을 위해 일하지 않을 자유를 얻게 되었다.

이 책을 읽는 방법

이 책은 크게 두 부분으로 나누어져 있다.

먼저 1장과 2장에서는 '투자란 무엇인가'라는 질문에서 시작해서 **좋은 투자방법의 5가지 핵심 개념**에 대해 중점적으로 설명한다. 우리 부부는 시간 자산, 비트코인, 이더리움 등 다소 생경한 자산을 늘려가는 데에도 역시 같은 투자원칙을 적용하고 있다. 다양한 자산 테슬라, 삼성전자, 달러, 원화 현금 등에 대한 가격평가 사례들을 소개했으므로, 독자분들이 자신의 자산을 스스로 평가해 보는 데 참고가 될 것이다. 특히 현금흐름도표를 활용해서 투자판단을 내리는 과정을 은마아파트 사례를 예로 들어 자세히 이야기했으니 도움이 되었으면 한다.

3장부터는 각자가 원하는 투자의 자유를 위해 해야 할 **구체적인 자산배분과 레버리지 구성**에 대해서 이야기한다. 또한 돈의 자유를 위해서 자산을 늘려가며 **현금흐름 레이어를 쌓는 방법**을 소개한다. 그리고 '시간의 자유' 편에서는 투자자의 주요 자산인 시간 자산을 어떻게 투자에 고려할 수 있는지, 현금흐름도표를 만들어 투자판단에 이용하는 방법을 소개한다. 마지막으로 '공간의 자유' 편에서는 가상세계 투자를 중점적으로 다룬다.

이 책은 3장부터 읽어도 상관없다. 하지만 3장부터 나오는 내용을 잘 이해하기 위해서는 1, 2장에서 설명하는 투자의 개념을 알아야 한다. 3장부터 먼저 읽다가 중간에 1, 2장으로 돌아와서 참고해도 좋다.

자유를 꿈꾸는 거위농장주들께

우리 모두는 각자의 거위자산들을 키워가는 농장주이다. 우리 부부 또한 우리의 거위농장을 잘 운영하기 위해 이 책에서 이야기하는 모든 원칙들을 투자와 삶에서 실천하고자 노력하고 있다. 더 많은 거위농장주들이 함께해서 서로의 여정을 응원하며 성장하고 더욱더 자유로워진다면 더 이상 바랄 게 없을 것이다.

마지막으로 이 책을 만드는 데 큰 도움을 준 남편에게 깊은 감사와 존경을 전하고 싶다. 그의 엄청난 공헌과 통찰, 냉철한 조언과 인내심이 아니었더라면, 오늘의 나는 물론이고 이 책도 없었다. 늘 귀중한 도움 말씀을 주시는 스마트북스 관계자분들께도 큰 감사의 말씀을 드리고 싶다. 항상 응원해 주시는 양가 부모님들, 고모님, 귀요미 삼총사 태민, 재윤, 봄에게 끝없는 사랑을 전한다.

2022년 9월

자유로운 투자자 이고은 드림

차례

3장

우리가 꿈꾸는 3가지 자유

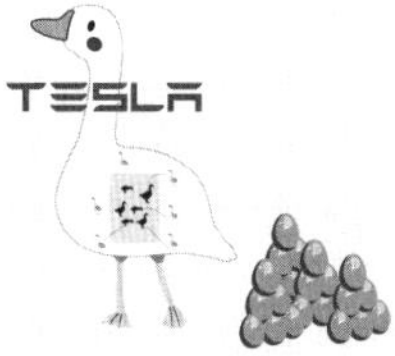
TESLA

1장

투자의 기초

투자의 정의: 다시, 투자란 무엇인가?

투자란 자산을 늘리는 모든 행위이다. 하지만 안타깝게도 많은 사람들이 투자는 자산을 사고팔아 시세차익돈, 원화을 남기는 것이 전부라고 착각한다. 투자를 그렇게 편협하게 생각하면, 투자를 통해 자유를 얻기가 매우 어려워진다. 왜냐하면 시세차익을 얻는 데 집중한다면 자산가격의 예측에 힘을 쏟아야 하는데, 이는 장기적으로 매번 성공하기가 굉장히 어려운 일이고, 가격 예측에 소모되는 비용과 시간 에너지가 크기 때문이다.

현금흐름에 집중하는 투자

"투자가 자산을 사고팔아 시세차익을 남기는 게 아니라면, 투자를 어떻게 하라는 거죠?"

우리가 제시하는 답은 **현금흐름에 집중하는 투자**이다.

이솝우화에 비유하면, 자산은 거위이고, 자산이 가져오는 현금흐름은 황금알이다. 투자자의 거위자산농장에는 돈 자산뿐만 아니라 시간 자산도 있다. 따라서 투자란 다양한 자산 거위들이 있는 '거위농장을 운영하는 게임'에 비유할 수 있다.

투자자의 포트폴리오를 '자산 거위들이 모여 있는 농장'이라고 한다면, 농장주는 농장을 잘 운영하기 위해서 거위를 샀다 팔았다 하는 거래에만 집중할까? 물론 거위를 거래할 때도 있겠지만, 알짜 거위가 무럭무럭 자라면서 황금알을 쑥쑥 낳아주고 있다면, 그 거위는 시세가 조금 올랐다고 바로 내다 팔기보다는 오랫동안 보유하면서 황금알을 얻으려 할 것이다.

자산으로부터 현금흐름을 얻는 3가지 방법

투자자가 거위농장에서 현금흐름황금알을 얻는 방법은 크게 3가지가 있다.

1. 거위가 황금알을 낳는다.
2. 거위를 키워서 판매한다.
3. 거위를 키워서 레버리지를 일으킨다.

투자자가 현금흐름(황금알)을 얻는 3가지 방법

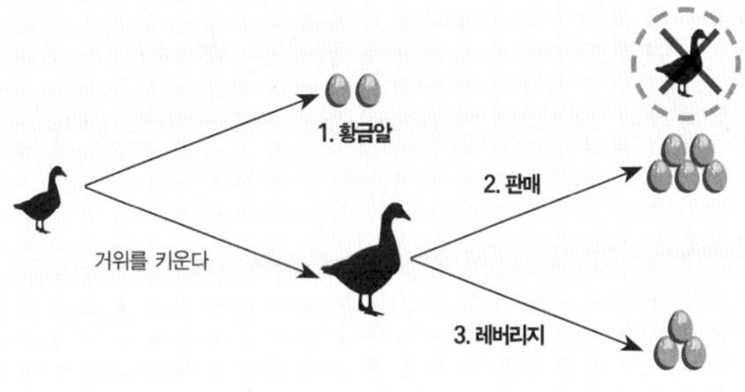

'현금흐름에 집중하는 투자'라고 하면, 대부분 1번 현금흐름, 즉 거위가 황금알을 낳는 것월세, 배당 등만 떠올리는 경우가 많다. 하지만 2번시세차익과 3번레버리지 모두 자산 거위를 통해 얻을 수 있는 현금흐름이다.

많은 투자자들이 2번 시세차익을 통한 현금흐름에만 지나치게 집중하고 있다. 이는 거위자산를 파는 것이기에 그 자산이 사라진다는 치명적인 단점이 있다. 따라서 이제 막 농장을 키우기 시작한 초보 농장주에게 추천하지 않는 방법이다.

물론 농장에서 풍성한 현금흐름이 나오고 있고 더 좋은 자산이 나타났다면, 그때는 2번 현금흐름, 즉 자산을 팔아서 시세차익을 통해 현금흐름을 얻는 방법도 활용할 수 있을 것이다.

3번 현금흐름인 레버리지는 초보 농장주에게 생소할 수 있지만, 적절한 레버리지는 투자자의 수익률을 끌어올리기 위해 반드시 필요하다. 주식투자자라면 금방 알 것이다. 아무리 우량기업이라도 레버리지를 전혀 쓰지 않는 회사가 있을까? 부채가 전혀 없는 회사라면 자본구조를 개선하라는 주주들의 요구가 빗발칠 것이다.

기업회계에 익숙한 투자자라면 눈치챘겠지만, 이 3가지 현금흐름은 기업이 분기별로 작성하는 재무제표 중 하나인 현금흐름표에서 따온 것이다. 기업들은 장기적으로 살아남고 수익을 극대화하기 위해서 3가지 현금흐름을 다양하게 활용한다. 따라서 개인투자자들 또한 1번 월세, 배당, 또는 2번 시세차익 등 한두 가지 현금흐름만 제한적으로 활용할 것이 아니라, 거위농장을 장기적으로 효과적으로 운영하기 위해 다양한 현금흐름을 활용할 줄 알아야 한다.

투자와 소비의 구분: 실거주의 선택

투자자가 농장을 운영하면서 거위자산가 가져오는 황금알현금흐름을 얻었을 경우, 투자자에겐 두 가지 선택지가 있다. 즉, 투자자는 이 현금흐름을 투자하거나 또는 소비할 수 있다.

투자와 소비를 구분하는 것은 매우 중요하다. 하지만 많은 사람들이 현금흐름이 생겼을 때 이 둘을 구분하지 않고 사용한다. 예를 들어 실거주를 위해 집을 산다면 이것은 투자일까, 아니면 소비일까?

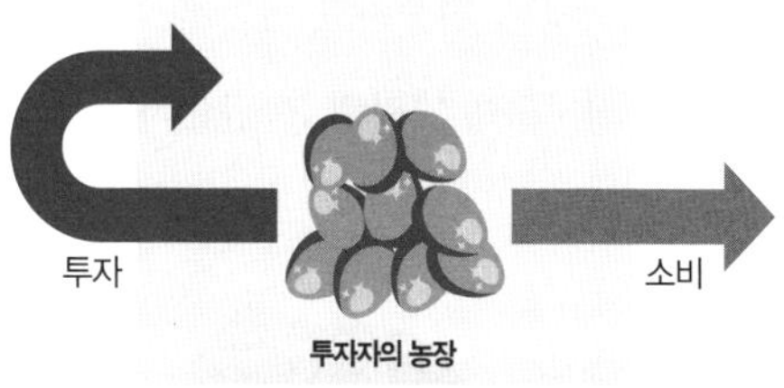

투자자가 현금흐름을 얻었을 때의 두 가지 선택지

투자는 자산을 늘리는 행위이므로, 현금흐름이 다시 투자자의 농장으로 유입된다면 이것은 투자라고 할 수 있다. 반면, 투자자의 농장에서 현금흐름이 빠져나간다면 이것은 소비이다.

부자가 되는 것, 부자처럼 보이려는 것

소비는 크게 다음의 4가지로 구분할 수 있다.

1. 생계 유지

2. 품위 유지

3. 놀이도박 포함

4. 기부세금 포함

생계 유지비는 말 그대로 살아가기 위해 쓰는 의식주 관련 비용으로, 나와 가족이 살아가는 데 필요한 평균 수준의 비용이라고 할 수 있다. 그런데 품위 유지비는 생계 이외에 사용되는 비용으로, 이른바 더 품위 있게 보이기 위해 소비하는 비용이다. 놀이는 삶에 재미를 더하기 위해 지불하는 것이고, 기부는 아름답고 안정적인 사회를 유지하기 위해 지불하는 것이다.

여기서 우리가 주목할 비용은 품위 유지비다. 품위 유지비는 남들에게 보여지는 모습을 가꾸기 위해 지불하는 것이다. 투자를 '부자가 되는 데 지불하는 비용'이라고 한다면, 품위 유지비는 '부자처럼 보이려고 하는 데 지불하는 비용'이라고 할 수 있다. 부자가 되려는 투자자라면, 현재 자신이 '부자가 되는 것'에 집중하고 있는지, 아니면 '부자처럼 보이려는 것'에 집중하고 있는지 진지하게 고민해 볼 필요가 있다.

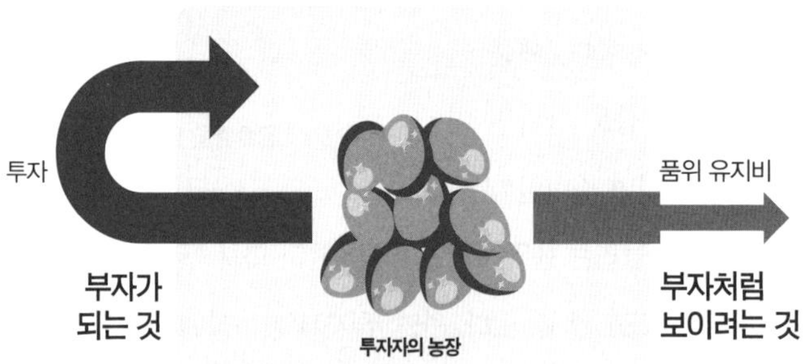

물론 실제 부자라면, 부자처럼 보이려는 데 소비를 해도 되고, 하지 않아도 되는 자유가 있다. 하지만 실제 부자가 아니라면, 부자처럼 보이려고 비용을 지불하는 것은 오히려 부자가 되는 데 걸림돌이 된다.

투자와 소비를 구분하는 눈

앞서 이야기했듯이, 투자란 자산을 늘리는 모든 활동이고, 이는 시간 자산을 포함하고 있다. 나와 가족의 시간 자산을 늘리고 가치를 키우는 것도 투자이다. 시간 자산의 가치를 증가시키기 위해 사용하는 돈과 시간비용은 다음과 같이 수없이 많을 것이다.

체력: 운동, 영양 있는 식사, 충분한 휴식, …

지능: 책, 경험, 공부, 적성에 맞는 일, …

기술: 언어, 컴퓨터, 운전, …

관계: 가족과의 추억, 친구들과의 교류, 학교/직장에서의 인맥, …

여기에는 투자를 위해 지불하는 비용과 소비를 위해 지불하는 비용이 겹치는 부분이 있다. 문제는 이 둘을 구분하기 어렵다는 것이다. 하지만 부자가 되기로 결심한 투자자라면, 투자와 소비를 구분하고 시간과 돈을 효율적으로 써야 한다. 특히 자본이 많지 않은 초기 투자자라면 이 둘을 구분하는 데 더욱 힘써야 한다. 사실 투자의 시작은 시간의 가치를 높이는 데서 출발하기 때문이다.

투자와 소비를 명확하게 구분 짓는 것은 생각보다 쉽지 않다. 투자자들 사이에서 많은 논란이 있는 것이 실거주를 위해 집을 사는 경우이다. 이는 투자일까, 아니면 소비일까?

투자하기 좋은 집과 살기 좋은 집은 다르다

투자자마다 중요시하는 가치의 기준과 종류가 다르겠지만, 여기서는 부자가 되기 위한 효율적인 현금흐름 관점에서 보자. 일단 실거주를 위한 집 구매는 투자와 소비가 동시에 일어나는 활동이다. 다음 그림처럼 집을 매수하는 것Buy은 투자, 집에서 사는 것Live은 소비라고 보았을 때, 매수한 집에서 사는 것은 투자와 소비가 겹치는 부분에 있다.

실거주 집의 매수

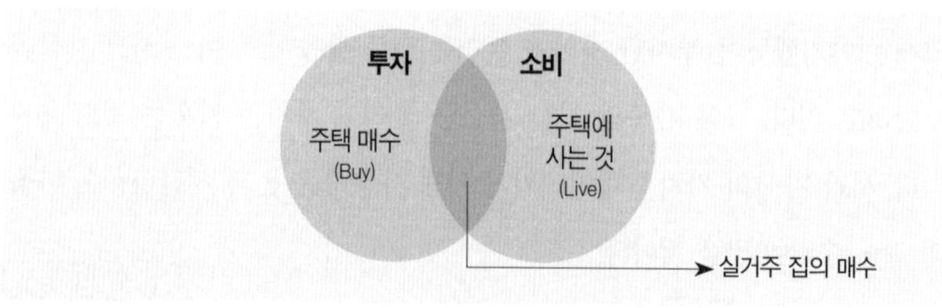

실거주를 위해 집을 사는 것은 투자 관점에서 보았을 때 매우 어려운 일이다. 투자의 측면에서도 성공해야 하고 소비도 만족해야 하기 때문이다. 살기 좋은 집이 싼 경우는 드물거니와, 사람의 변하는 마음까지 고려하면 이 프로젝트의 난이도는 급상승한다. 만약 투자하기 좋은 집이 10%가 있고 살기 좋은 집도 10%가 있다고 가정한다면, 투자하기도 좋고 살기도 좋은 집이 있을 확률은 1%(=10%×10%)로 떨어질 수 있다. 왜냐하면 투자하기 좋은 집과 살기 좋은 집이 서로 다를 가능성이 높기 때문이다.

그렇다면 투자와 소비를 분리하면 어떻게 될까? 예를 들어 투자에서 나온 현금흐름을 주거로 소비한다면 다음의 그림과 같이 된다.

거주를 투자가 아닌 소비로 보는 경우

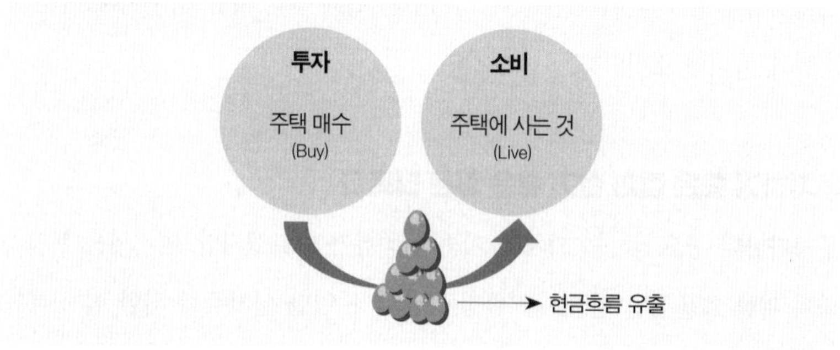

거주는 '소비'로 보아야 한다. 다음은 거주비용현금흐름에 따라 거주형태를 나열한 것이다.여기에 지역, 자가/전세/월세의 기회비용을 고려한 실거주 비용을 계산하면 훨씬

복잡하고 다양한 비용으로 나열할 수 있을 것이다.

거주형태에 따른 거주비용

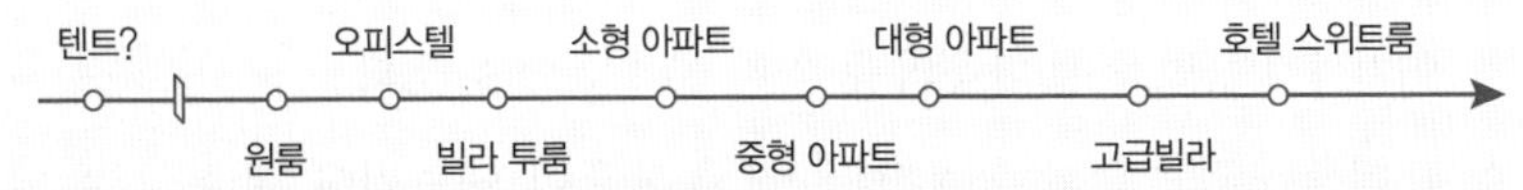

현금흐름과 기회비용을 따져보라

많은 사람들이 실거주를 어떻게 할 것인지를 결정할 때, 단순히 '부동산의 미래 가격 전망'만 보는 경우가 많다. 물론 싼 가격에 사면 좋겠지만, 앞으로 매매가격의 향방만 예측하려고 하기보다는 실질적인 현금흐름의 양에 따라 기회비용을 계산하는 것을 추천한다.

예를 들어 보겠다. 직장인 A씨 부부는 현재 3억원 정도의 현금이 있는데, 이에 맞추어 거주할 집을 찾고 있다. A씨 부부는 수도권에서 아이들 초등학교가 가깝고 생활 인프라도 어느 정도 갖추어져 있으며 너무 오래되지 않은 아파트에 살고 싶어한다. 자가/전세/월세 중에서 무엇을 선택할지 고민인데, 각 경우의 현금흐름과 기회비용을 알아보자.

3억원 보유 직장인 A씨 부부의 선택은?

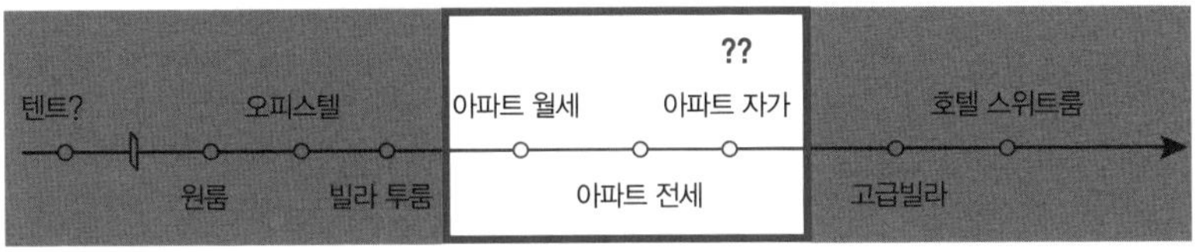

자가를 선택한 경우

주택을 구입할 경우, 매매가의 50%까지 대출을 받고, 대출금리가 3.5%, 30년 원리금 균등상환 조건이라고 해보자. 이 경우 맞벌이인 A씨 부부가 구입할 수 있는 실거주 집은 6억원까지이며, 이 집에 살면서 매월 대출이자 약 47

만원에 원리금 상환액 88만원을 더한 약 135만원의 마이너스 현금흐름이 생길 것이다 실거주 한 채이고 종부세에 해당되지 않으므로 재산세는 거의 없다고 가정하고, 비교를 위해 관리비는 제외했다.

여기까지 들었을 때 다음의 두 가지 생각을 할 수 있다.

1. 대출을 갚는 돈 원리금 상환액 은 결국 내 돈이 되는 건데, 왜 현금흐름에서 마이너스(-)로 계산할까?
2. 어쨌든 6억 집에 사는 실거주 비용은 커 봐야 약 140만원 정도겠네.

앞에서 투자의 관점에서 현금흐름 황금알 을 만드는 방법은 거위가 황금알을 낳는 것 월세나 배당, 거위를 팔아 황금알을 얻는 것 시세차익, 그리고 거위를 담보로 레버리지를 얻는 것 레버리지 이라고 했다. 그런데 레버리지가 축소되는 것은, 나의 현금흐름으로 레버리지를 갚아버리는 것이므로 그만큼 내 현금흐름이 감소되는 것이다. 사실 주택담보대출처럼 금리가 낮은 레버리지는 늦게 갚을수록 유리하다.

따라서 현재 주택담보대출을 거치기간이 거의 없이 바로 상환하도록 하는 것은 투자자 입장에서는 매우 불리한 조건이고, 이는 전체 자산의 투자 수익률을 낮추는 결과를 가져온다. 실제로 대출금리 3.5%의 대출을 상환하고 있다는 말은, 고작 수익률 3.5%짜리 투자상품에 투자를 하고 있는 것과 같다. 실거주 집에 거주하는 것은 이런 불리한 조건도 있는 것이다.

또한, A씨 부부의 실거주 비용은 약 -140만원에서 그치는 것이 아니다. 만약 A씨 부부가 연 10% 현금흐름을 가져오는 투자기술이 있다고 가정하면, 3억원을 투자하면 연 3,000만원, 월 250만원의 현금흐름을 얻을 수 있다. 실거주를 위해 1억원을 쓴다고 해도, 2억원을 이용해 월 167만원의 현금흐름을 얻을 것이다. 실거주의 경우 이런 기회비용까지 감안해야 한다.

월세를 선택한 경우

A씨 부부가 같은 아파트에 보증금 1억원, 월세 100만원에 월세를 산다고 가정해 보자. 현금이 3억원 있는 이 부부가 나머지 2억원을 이용해 월 167만원을 만들 수 있다면, 월세를 제하고도 월 67만원의 현금흐름을 추가로 얻을 수 있다. 이는 자가 거주를 했을 때 잃어버린 기회비용이 된다. 따라서 이 경우 자가 거주비용은 월 140만원에 기회비용 67만원을 더한 207만원으로 볼 수 있다.

여기서 이런 질문을 할 수 있다.

"집이 있으면 집값이 오를 수도 있잖아요?"

그래서 나머지 2억원을 가지고 집을 사는 것이다. 월세로 거주하는 집이 오르는 게 걱정된다면, 그 옆 동을 전세를 끼고 사두면 된다. 하지만 보통 이렇게 하지는 않는다. 왜냐하면 '거주를 위해 알아보는 집'과 '투자를 위해 알아보아야 하는 집'이 다르기 때문이다. '투자수익률이 높은 곳', 즉 현금흐름이 많이 나올 수 있는 곳을 찾아 그 집에 투자하고, 그 현금흐름에 맞추어 살고 싶은 집에 살 수 있다.

직장인 A씨가 월세를 선택했을 때의 비용은 월 -100만원이다. 물론 보증금 1억원을 1,000만원으로 낮추었을 때 얻을 수 있는 기회비용도 살펴볼 수 있겠지만, 삶의 질을 이 정도는 유지한다고 가정해서 살펴보았다.

전세를 선택한 경우

A씨 부부가 같은 아파트에 보증금 3억5,000만원에 전세를 산다고 가정해 보자. A씨 부부는 무주택자라 일단 전세자금 대출을 최대한 받기로 했는데 80%까지 나올 수 있다고 한다. 전세자금 대출금리는 3.3%로 가정했다.

그럼, A씨 부부는 전세자금 대출로 2억8,000만원을 빌릴 수 있고 이자로 한 달에 77만원씩 내게 된다. 전세자금 대출은 원금을 상환하지 않아도 되는 대출이라 한 달에 이자 77만원만 발생한다마이너스 현금흐름. A씨 부부는 가진 돈 3억원 중에서 전세금에 7,000만원을 보태고, 나머지 2억3,000만원을 다른 곳에 투자할 수 있다. 투자수익률이 10%라고 한다면 한 달에 192만원씩 벌 수 있다. 이 경우 대출이자를 상환하고 월 115만원이 남는다.

투자의 관점에서만 보면, 전세자금 대출을 받는 무주택자가 최고의 선택인 것처럼 보인다. 하지만 전세자금 대출로 일으킨 레버리지는 다른 주택을 구입하는 데 사용할 수 없다. 따라서 A씨 부부는 주택가격 상승의 리스크를 헤지Hedge할 수 없게 된다. 또한 전세가 상승 위험에도 그대로 노출된다.

그렇다고 A씨 부부가 전세자금 대출을 받지 않는다면, 전세보증금 3억원 전체에 대한 기대수익인 월 250만원을 지불하는 셈이 된다. 보증금과의 차액 5,000만원에 대한 이자 또한 추가로 지불해야 한다. 또한 이제 투자금이 없어 집을 구입하지 못한다.

그렇다면 주택가격 하락기에는 전세가 유리하지 않을까? 아파트를 소유하지 못한 것에 대한 위험과 기회비용을 측정하기는 어렵다. 미래의 집값을 예측해야 하기 때문이다. 물론 A씨 부부가 주택 말고도 연 10% 투자수익을 내는 좋은 거위를 기르고 있다면 큰 손해가 아닐 수 있지만, 주거 측면에서는 매우 불안한 상태인 것은 사실이다. 만약 다른 부분의 투자수익률까지 저조하다면 투자 전반에 심각한 손실을 입을 수 있다.

여기까지 정리해 보자. 3억원을 가진 A씨 부부의 투자자로서 현명한 선택은 보증금 1억원으로 월세를 살고, 2억원으로 다른 아파트에 투자하는 것이다. 투자와 소비를 분리하면, 원하는 지역에 살면서 월 현금흐름 67만원을 추가로 얻을 수 있다. 이사비용이나 중개수수료 등을 감안해도 매월 50만원 이상의 현금흐름을 추가로 얻게 된다. 반면, 자가의 경우 집을 한 채 가지고 있는 것은 똑같지만, 매월 현금흐름에서 -150만원이 발생하고, 기회비용을 합치면 약 -200만원의 비용을 지불하고 있는 셈이다이사와 중개수수료 감안. 전세는 주택을 소유하지 못하는 리스크가 있으므로 제외했다.

A씨 부부의 거주유형에 따른 비용

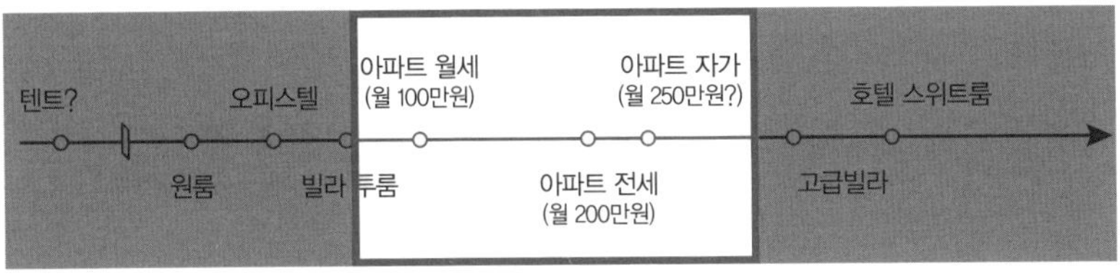

여기까지 이야기했을 때 많은 생각이 들 수 있다.

"남의 집에 월세로 어떻게 살아요?"

"내 집이 주는 안정감이 얼마나 소중한데…"

"4년마다, 심지어 주인 잘못 만나면 2년마다 어떻게 이사를 다녀요?"

"인테리어도 잘 안 되어 있는 집에 가구가 어울리지 않는데…"

"뭔가 마음에 안 들어…"

이처럼 사람마다 생각하는 가치의 종류와 기준이 모두 다르다. 모든 것은 여러분의 선택이다. 하지만 좋은 투자를 하기 위해서는 자산 농장에서 나오는 현금흐름을 기준으로 주거소비 수준를 선택하는 것이 바람직하다.

성공적인 투자를 통해 월 현금흐름이 5,000만원, 1억원이 나온다고 상상해 보자. 우리는 이제 어디에서 살아도 되는 자유를 가질 수 있다. 심지어 호텔 스위트룸을 장기대여해서 살아도 된다. 그전까지는 부자가 되는 데 우선 집중하는 것이 효율적일 것이다.

주거 선택의 기준

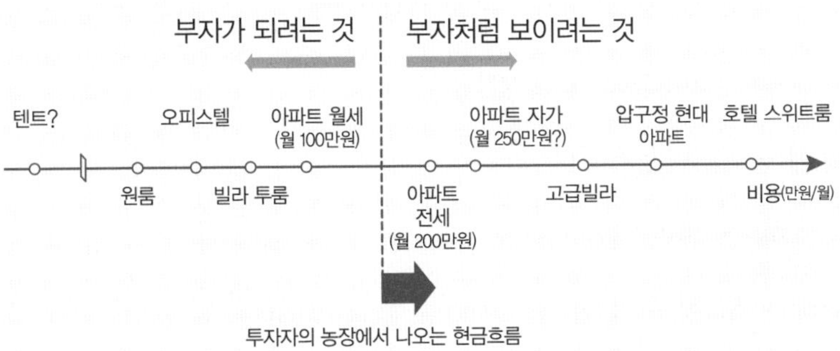

투자-소비 평면: 투자 속도의 중요성

속도보다 방향이 더 중요하다는 말에 동의하는가? 이 꼭지를 읽고 나면 생각이 달라질 수 있다.

투자는 자산을 늘리는 행위이므로, '투자를 잘한다'는 말은 자산을 효율적으로 잘 늘린다는 것이다. 여기서 '효율적'이라는 말은 들인 노력이나 에너지 대비 성과를 측정하는 말이다. 투자에서 자주 이야기하는 수익률도 투자금 대비 수익현금흐름을 뜻하므로, 이 또한 효율의 일종이다. 아쉬운 점은 일반적인 투자수익률을 이야기할 때, 우리의 가장 중요한 자산인 시간을 빼놓는다는 점이다이는 3장 '시간의 자유' 편에서 자세히 다룬다.

우리가 들인 시간 대비 성과를 측정하는 물리량 중 대표적인 것은 속력과 속도가 있다. 속력은 기본적으로 다음과 같은 식으로 표현한다.

속력 = 이동거리 / 걸린 시간

반면, 속도는 다음과 같다.

속도 = 변위 / 걸린 시간

속력과 속도의 차이점은 '이동거리'를 쓰는지, '변위'를 쓰는지에 따라 달라진다. 다음 그림에서 A에서 B까지 회색 점선을 따라 이동했다면, 이동거리는 회색 점선 전체의 길이가 되고, 변위는 별색 실선이 된다. 여기서 이동거리는 방향을 고려하지 않은 전체 움직인 거리이고, 변위는 방향을 고려한 출발점A과 도착점B의 위치 차이다.

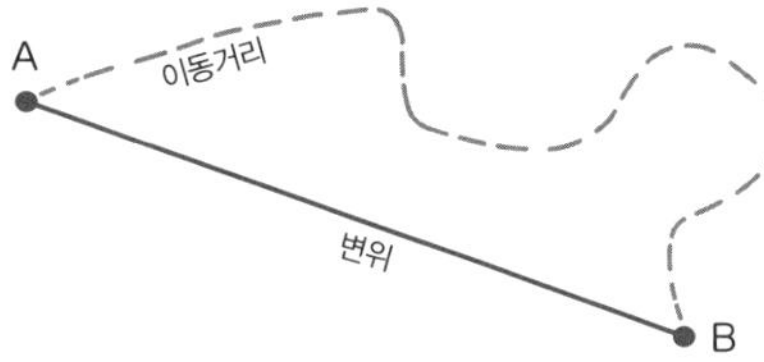

따라서 위 그림에서는 속력과 속도가 다른 값을 갖게 된다. 즉, 크기만 비교한다면 속력은 속도보다 큰 값을 가진다. 속력은 '크기'만을 갖는 스칼라량이고, 속도는 크기와 '방향'이 모두 포함된 벡터량이다. 따라서 변위가 A와 B의 거리 차이인 크기뿐만 아니라 방향을 포함하므로, **속도에는 이미 크기와 방향이 모두 포함된다**고 볼 수 있다.

투자의 속력과 속도

투자에서 속력은 다음과 같이 표현할 수 있다. 효율에서 분모를 시간으로 바꾸면 된다.

투자의 속력 = 수익(현금흐름) / 걸린 시간

반면, 투자의 속도는 다음과 같이 표현할 수 있다.

투자의 속도 = 수익(현금흐름)의 변위 / 걸린 시간

투자의 속력은 단위시간당 얻은 현금흐름의 양을 의미하는데, 이것은 크기만을 가진다. 반면 투자의 속도는 단위시간당 '현금흐름의 변위'를 의미하며, '현금흐름의 변위'는 크기와 방향을 모두 가진다.

투자의 속도에서 방향의 두 축은 '투자'와 '소비'이다. 앞서 설명했듯이, 투자와 소비를 명확히 구분하는 것은 어렵다. 하지만 이를 구분하는 데 힘쓰는

투자-소비 평면

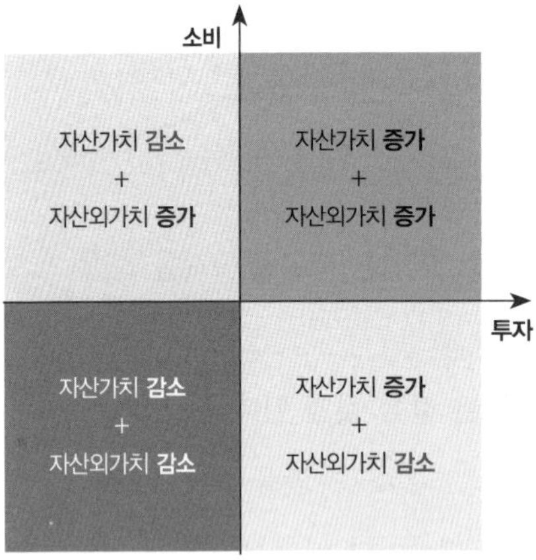

것도 좋은 투자를 하기 위해 필요한 과정이다.

다음은 현금흐름의 변위를 표현하기 위한 '투자-소비 평면'이다. 자산에서 현금흐름이 발생했을 경우, 우리는 이를 '투자'하거나 '소비'한다. **투자를 하는 것은 자산을 늘리는 것이고, 이는 자산가치의 증가를 의미한다. 소비를 하는 것은 자산이 아닌 것에 현금흐름을 사용하는 것이고, 이는 자산외가치의 증가를 의미한다**가로축은 자산가치, 세로축은 자산외가치이다.

자산이냐 아니냐의 구분이 투자와 소비를 나누는 기준이 되지만, 이 기준은 명확하지 않으며 사람마다 가치관에 따라 달라진다.

앞에서도 설명했지만, 소비의 목적은 크게 생계 유지, 품위 유지, 놀이도박 포함, 기부세금 포함 등 4가지로 구분할 수 있다. 이 4가지 소비 중 많은 부분이 자산이 될 수 있으며, 자산을 늘리는 것이 투자이므로, 소비는 투자와 겹치는 부분이 있다. 따라서 가치관에 따라 투자 축과 소비 축을 달리 볼 수 있으며, 자산외가치의 증가를 자산가치의 증가로 볼 수도 있다.

예를 들어 6세 아들의 생일선물로 자전거를 사주는 것은 소비의 영역이므로 자산가치의 감소일 수 있지만, 아들에게 좋은 추억을 선물하는 것은 자산외가치의 증가일 수 있다. 비슷한 예로 가족여행, 아이 교육비 지출 등의 소비도 그렇다. 이때마다 우리는 자산가치의 증가와 자산외가치의 증가 사이에서 고민하게 된다.

투자-소비 평면: 현금흐름의 변위

자산에서 현금흐름이 발생했을 경우, 이 현금흐름은 속력을 결정한다투자의 속력=현금흐름/걸린 시간. 이를 투자나 소비에 사용할 때 그 현금흐름으로 인한 변화는 속도를 결정한다투자의 속도=현금흐름의 변위/걸린 시간. 즉, 현금흐름의 크기뿐만 아니라 방향이 투자의 속도를 결정하는 것이다.

다음 그림은 자산으로부터 나온 현금흐름의 변위를 나타낸다만약 '단위시간'이라고 가정하면 이를 속도로 표현할 수 있다.

투자-소비 평면: 현금흐름의 변위

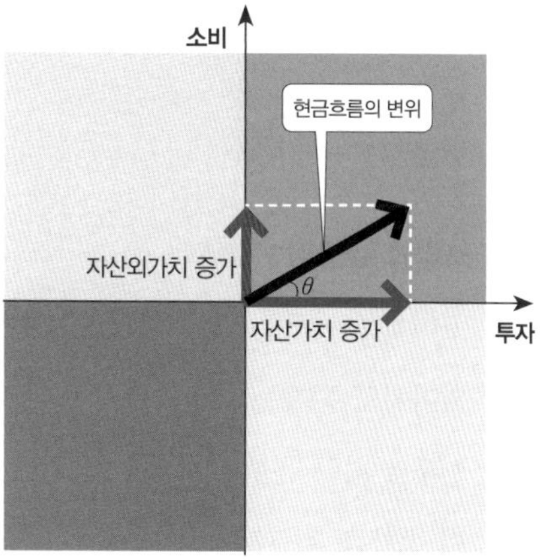

현금흐름이 투자 축으로는 자산가치의 증가를 일으키고, 소비 축으로는 자산외가치의 증가를 일으킨다. 그 양은 현금흐름의 크기와 투자 축에서부터의 각도에 영향을 받는다.

투자에 올인하는 경우

예를 들어 어떤 사람이 자산으로부터 발생한 현금흐름을 모두 투자에 올인한다고 하자. 그럼 현금흐름의 변위는 다음의 왼쪽 그림과 같을 것이다. 자산가치의 증가는 현금흐름의 변위와 같게 되고, 자산외가치의 증가는 0이 된다.

이런 경우는 거의 불가능하지만, 이렇게 된다면 투자의 속도는 가장 빠를 것이다. 투자 초기에 시간 자산으로부터 나오는 현금흐름에서 소비를 극도로 아끼고 투자에 올인하면 이처럼 표현될 수 있다. 하지만 이 경우 자산외가치의 증가가 없기 때문에 제대로 된 생계를 유지할 수 없고 품위를 유지할 수도 없어 매우 팍팍한 투자가 될 것이다.

투자에 올인하는 경우

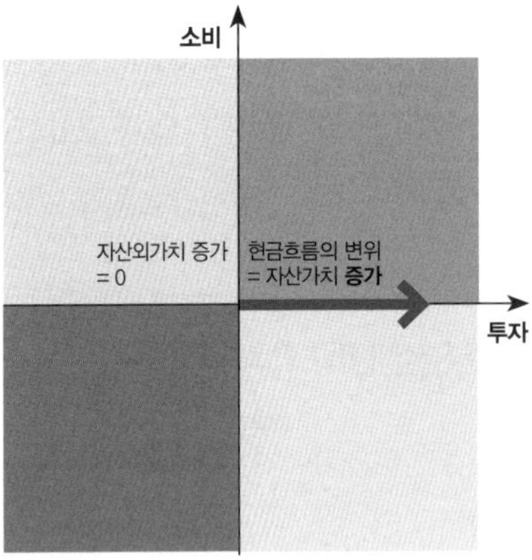

소비에 올인하는 경우

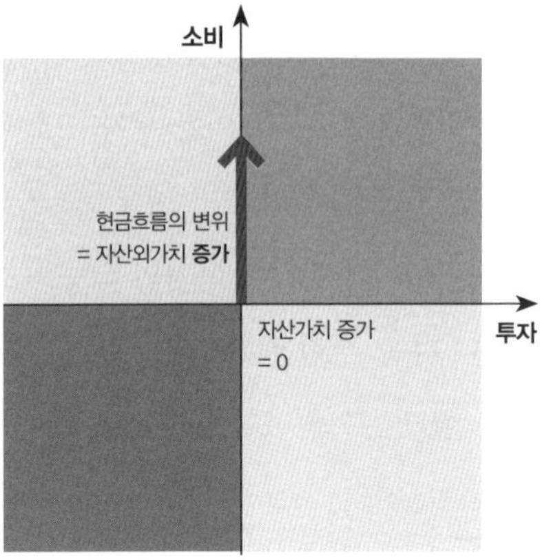

소비에 올인하는 경우

소비에 올인하는 경우 위의 오른쪽 그림처럼 자산가치의 증가는 0이며, 자산외가치의 증가는 현금흐름의 변위와 같다. 현금흐름을 모두 소비에 사용하는 경우로 최근 유행했던 욜로YOLO족의 삶을 나타낸다. 자산이 아닌 다른 가치의 증가를 추구하면서 더 좋은 음식, 더 좋은 옷과 더 좋은 생활환경을 경험하고, 겉으로 보이는 품위 유지에 돈과 시간을 쏟는 것이다.

이 경우 투자에 사용하는 현금흐름이 없기 때문에 자산은 늘지 않는다. 따라서 시간외자산에서 나오는 현금흐름이 없어 시간의 자유를 얻을 수 없다.

쾌락에만 집중하는 경우

만약 쾌락에만 집중한다면 다음의 왼쪽 그림처럼 표현될 수 있다. 자산이 증가하지 않는 것은 둘째치고, 현금흐름을 삶의 가치를 떨어뜨리는 데 사용한다. 또는 의도했든 의도하지 않았든, 현금흐름을 나 자신 또는 다른 사람과의 관계를 해치는 곳에 사용하는 경우를 포함한다.

쾌락에만 집중하는 경우

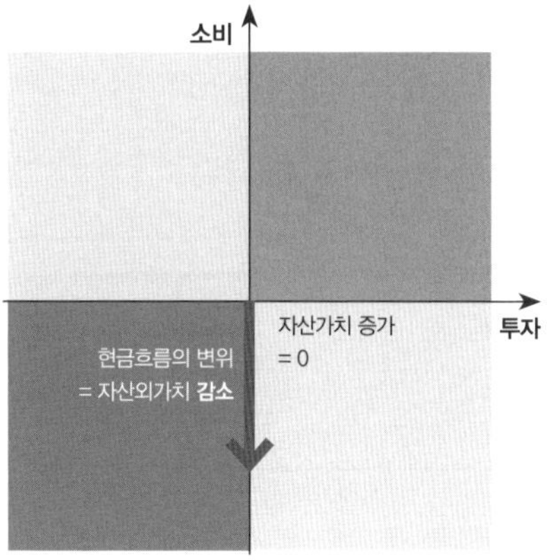

투자 도박에 빠지는 경우

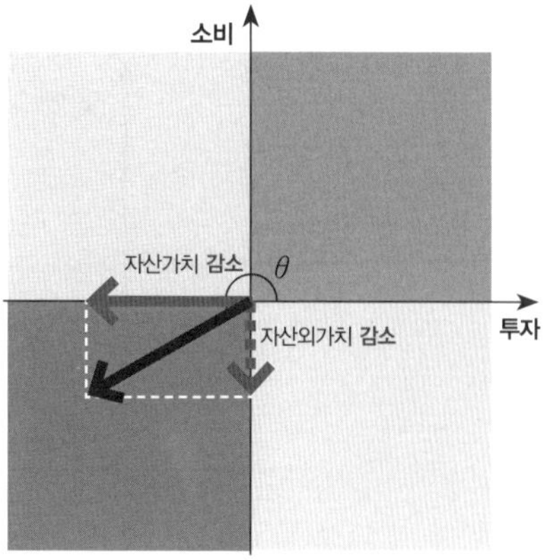

투자 도박에 빠지는 경우

투자 도박에 빠진 경우는 어떨까? 위의 오른쪽 그림처럼 자산의 감소뿐만 아니라 삶의 가치도 함께 감소할 수 있다.

사실 투자 도박에 빠지는 것은 최악의 경우로 진한 회색 영역은 절대 가지 말아야 할 영역이다. 현금흐름을 이런 곳에 사용해서는 안 된다. 하지만 많은 사람들이 이 영역에 현금흐름을 쏟아붓고 있는 것이 현실이다. 주변 지인의 말만 듣고 알지도 못하는 주식에 돈을 넣거나, 일확천금을 안겨주겠다고 유혹하는 사기꾼에게 리딩을 받거나, 경험도 없는데 확률조차 계산하지 않고 큰 사업에 뛰어드는 등, 안타깝게도 많은 사람들이 투자라는 이름을 빌려 도박을 하고 있다.

투자 속도의 중요성

투자를 하는 세세한 목적은 사람마다 다르겠지만, 대부분 공감하는 것은 '더 나은 삶, 더 행복한 삶을 사는 것'일 것이다. 그런 삶은 자산의 크기로만 결정되는 것은 아니다. 자산뿐만 아니라 자산외가치도 함께 증가되는 것이 앞에서 말한 투자의 목적에 더 가까이 다가가는 것일 것이다. 따라서 자산으로부

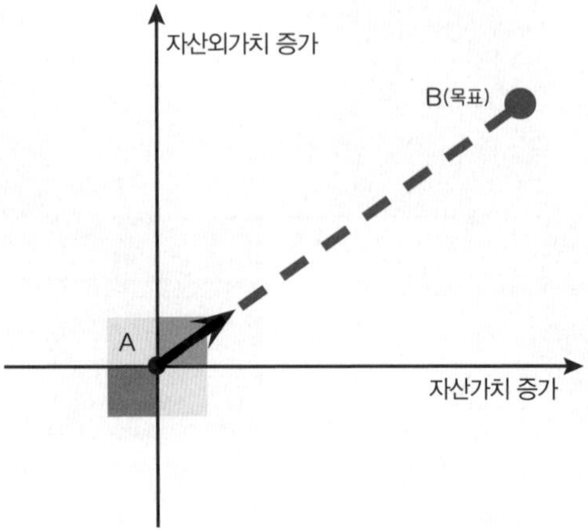

터 나온 현금흐름을 사용할 때, 이것이 자산가치를 늘리는 방향인지, 자산외 가치를 늘리는 방향인지 확인하는 것이 중요하다.

또한 간과하지 말아야 할 것은 투자에서 방향만이 중요한 것은 아니라는 것이다. 현금흐름의 크기 또한 중요하다. 목표한 지점에 조금이라도 더 빨리 도달하기를 원한다면 현금흐름의 크기를 키울 방법을 찾아야 한다. 이것은 자산의 가치를 늘려야 가능한 일이다. 따라서 **투자는 현금흐름의 크기와 방향이 모두 중요하다. 즉, 투자는 속도가 중요하다.** 그것이 투자를 통해 균형 잡히고 더 행복한 삶을 이루는 길이 될 것이다.

워런 버핏의 교훈: 투자 평균속도의 중요성

속도에는 순간속도와 평균속도가 있다. 다음 그림에서 A 지점에서 B 지점으로 회색 점선을 따라 이동한다고 했을 때, 평균속도는 A와 B의 변위위치의 변화를 걸린 시간으로 나누어 주면 구할 수 있다. 앞에서 말했듯이, 이는 크기와 방향을 모두 가지는 벡터값이다.

평균속도 = (B의 위치 – A의 위치) / 걸린 시간

반면, 순간속도는 회색 점선 위의 무수히 많은 각 지점을 지나는 그 순간의 속도를 말한다. 다음 그림에서는 임의의 네 지점에서의 순간속도를 표현하고 있다.

쉽게 예를 들자면, 서울에서 부산을 간다고 했을 때, 부산의 위치와 서울의 위치 차이를 걸린 시간으로 나눈 것이 '평균속도'이고, 서울요금소를 지나는 순간이나 신갈 분기점을 지나는 순간, 노포 나들목을 지나는 순간 등의 속도를 표시한 것이 '순간속도'이다.

평균속도와 순간속도

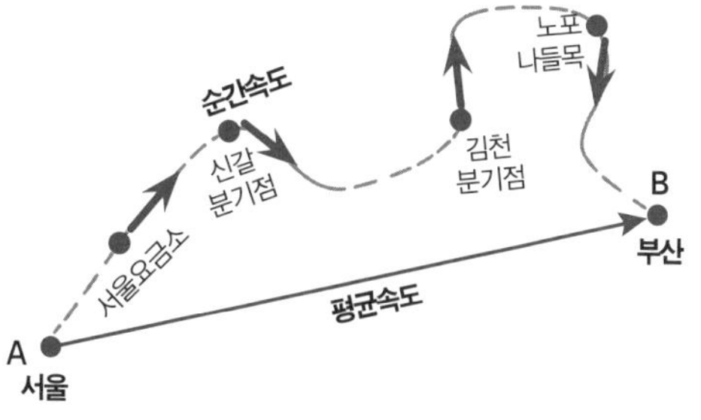

투자에서 변수를 만났을 때

순간속도는 매우 짧은 시간 동안, 짧은 위치의 변화로 표현된다. 반면 평균속도는 순간속도와 같지 않다. P씨의 예를 들어 살펴보자.

P씨가 목표를 가지고 투자를 하고 있다고 가정해 보자. 이를 투자-소비 평면에 나타내면 다음과 같다. 우리는 자산으로부터 나온 현금흐름을 단지 자산을 늘리는 데에만 사용하지 않고, 자산외가치를 증가시키는 데도 사용한다. 따라서 목표를 단지 자산의 크기에만 두는 것이 아니라 적절한 균형을 이루는 어느 지점에 두어야 한다.

A 지점에 있는 P씨가 B 지점목표에 가려고 한다고 하자. 이때 우리는 다음 왼쪽 그림처럼 목표로 똑바로 갈 수 있는 어떤 점선이 있을 것이고, 같은 속도로 꾸준히 가다 보면 목표에 도달할 수 있을 것이라고 생각한다. 이 경우 출발점의 순간속도와 도착했을 때의 평균속도가 같다.

하지만 인생이 항상 그렇듯, 이런 일은 일어나지 않는다. 언젠가는 변수나 장애물을 만나게 된다. 우리는 여기서 오른쪽 그림처럼 순간속도를 바꾸게 된다. 투자와 소비를 적절히 조절하다가도, 변수를 만난 순간에는 투자를 줄이거나 소비를 늘려 대응해야 한다. 심지어는 자산의 손실도 감수해야 한다.

P씨가 상상하는 투자

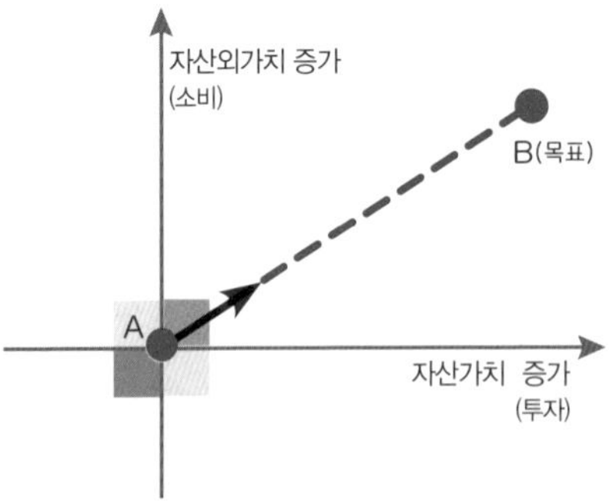

투자에서 변수를 만난 경우

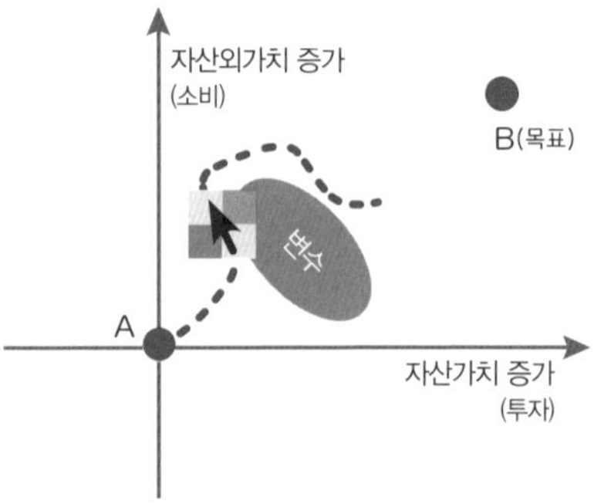

투자 평균속도의 중요성

하지만 목표를 잃지 않고 꾸준히 투자를 진행한다면 원하는 목표에 도달할 수 있다. 이때 '시작점A과 목표점B의 차이'를 걸린 시간으로 나누면 평균속도를 얻게 된다. 일이 처음 출발할 때 마음먹은 것처럼 진행되지 않았고, 변수에 대응하느라 순간속도의 변화가 커서 방향을 잃고 헤매는 것 같았지만, 결국 이 사람은 원하는 목표에 도달했다.

변수를 극복하고 목표로 간 경우

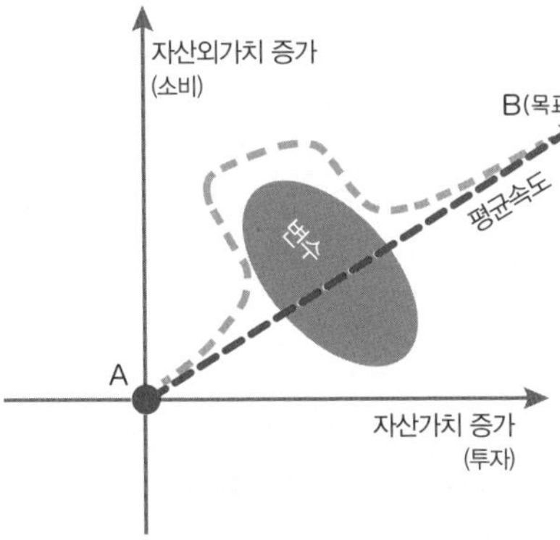

평균속도가 중요하다는 말은 결국 시간이 조금 더 걸리더라도, 순간속도가 크게 변하더라도, 원하는 목표를 잃지 않고 꾸준히 나아가는 것을 의미한다.

워런 버핏의 투자가 주는 교훈

투자상담차 만난 부부들이 가족의 행복을 위해 어떤 가치를 추구할 것인가를 두고 갈등을 겪는 경우를 많이 보았다. 예를 들면 남편은 자산가치의 증가에 중점을 두는 반면, 아내는 자산외가치의 증가 쪽에 좀더 중점을 두는 것이다반대의 경우도 마찬가지다. 적절한 균형점이 어디인지는 가족마다 다르겠지만, 여기서 중요한 것은 계획만큼 잘되지 않더라도 포기하지 않고 꾸준히 투자를 진행하는 것이다.

투자의 귀재 워런 버핏의 자산도 항상 증가한 것은 아니었다. 심지어 -48.7%의 손실을 본 해도 있었고, 자산 증가율이 마이너스(-)인 해가 55년 동안 11번이나 된다. 즉, 투자기간 중 20%의 기간에는 자산이 감소했다. 그럼에도 불구하고 꾸준히 투자한 결과, 워런 버핏의 자산은 약 55년 동안 무려 2만 7천 배 이상 증가했다.

워런 버핏의 버크셔 해서웨이 자산 증가 출처: Berkshire Hathaway Inc.

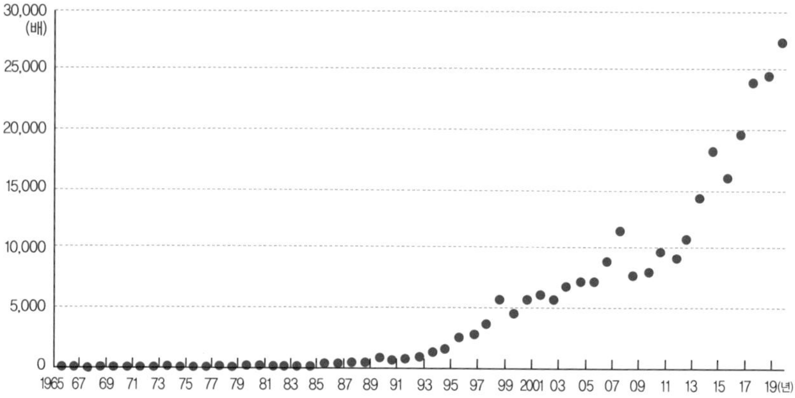

워런 버핏의 버크셔 해서웨이 연 자산 증가율 출처: Berkshire Hathaway Inc.

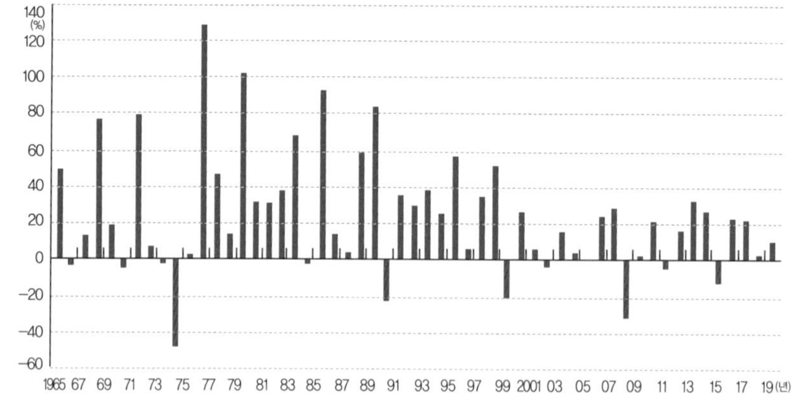

자산이 증가할수록 투자의 순간속도가 빨라진다

또한 투자의 순간속도는 현금흐름의 크기가 커지면서 점점 빨라진다. 여기에 지속적인 투자를 이어가면 투자실력이 향상되면서 목표에 도달하는 시간이 줄어들 것이고, 이는 평균속도를 높이게 된다. 투자를 꾸준히 하다 보면, 우리가 원하는 자산 증가를 이루는 데 걸리는 시간이 단축되는 것이다.

자산 증가와 시간의 상관관계

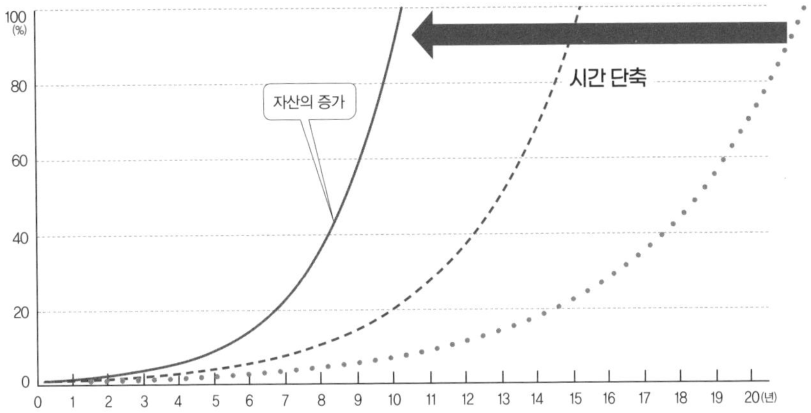

정리해 보자. 자산에서 나온 현금흐름은 자산가치나 자산외가치를 늘리는 데 사용한다. 투자의 목표, 더 크게 삶의 목표는 자산과 자산외가치가 균형을 이루는 어느 지점에 두어야 하고, 변수나 장애물에 대응하면서 순간속도를 적절히 변화시켜야 한다. 하지만 시간이 더 걸리더라도, 순간속도가 심하게 변하더라도, 목표를 잃지 않고 꾸준히 해나가야 한다. **즉, 순간속도보다 평균속도가 중요하다. 그러면 현금흐름 증가에 따라 목표에 도달하는 속도는 점점 빨라질 것이고, 투자실력이 늘면서 시간이 더욱 단축될 것이다.**

2장

좋은 투자의 방법

좋은 투자란 무엇인가?

좋은 투자방법의 5가지 핵심 개념

앞에서 투자는 자산을 늘리는 것이라고 했다. 그렇다면 어떻게 해야 자산을 효과적이고 효율적으로 잘 늘려갈 수 있을까? 좋은 투자의 방법은 다음과 같다.

자산의 가치를 측정하고, 싼 가격에 사서 현금흐름을 일으키며 보유하는 것

이 좋은 방법을 꾸준히 반복해 가면 된다. 교과서에나 나오는 모범답안 같지만, 우리 부부는 다양한 종류의 자산들, 즉 부동산, 주식, 금, 암호자산 등에 이 좋은 투자방법을 적용하고 있다. 여기에는 좋은 투자의 5가지 핵심 개념이 등장한다.

1. 자산
2. 가치
3. 가격
4. 현금흐름
5. 보유

좋은 투자의 5가지 핵심 개념을 그림으로 표현하면 다음과 같다. 자산은 시간에 따라 가치와 가격이 변화한다. 또한 자산을 영입하고 보유하게 되면 현금흐름에 변화가 생긴다. 투자의 5가지 요소 중에서 특히 가치, 가격, 현금흐름을 항상 구분하고 살펴보려는 습관을 들여야 한다.

좋은 투자의 5가지 핵심 개념

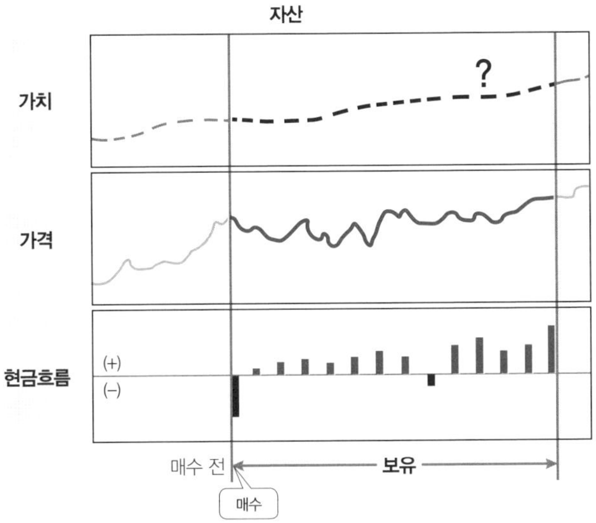

시세차익 노리는 단기투자의 현금흐름

많은 사람들이 생각하는 단순히 '쌀 때 사서 비싸게 판다'는 투자는 다음의 그림과 같이 이루어진다.

대부분의 경우 가치보다는 오직 '가격'의 변화만을 중요하게 생각한다집중. 현금흐름은 그 자산의 보유 시작점에서 투자금만큼 마이너스(-)이고, 매도 시 비용을 제외한 만큼 플러스(+)가 된다. 가치에 대해서는 크게 고민하지 않고 가격만 보고 사기 때문에 보유기간은 대부분 짧다.

많은 사람들이 이것을 투자라고 생각하기 쉽다. 그런데 이런 투자는 수많은 투자방법 중 극히 일부분일 뿐이고, 기대수익을 낮추어 도박이 될 가능성이 높다.

물론 이런 방법으로 성공해서 자산을 크게 불린 사람들도 있기는 하지만, 성공 확률이 엄청나게 낮기 때문에 보편적으로 추천할 만한 방법이 아니다. 이런 거래가 투자의 전부라고 생각하는 분들께 현금흐름에 집중하는 것이 더 좋은 투자방법이라는 것을 알려드리고 싶다.

시세차익 노리는 단기투자의 현금흐름

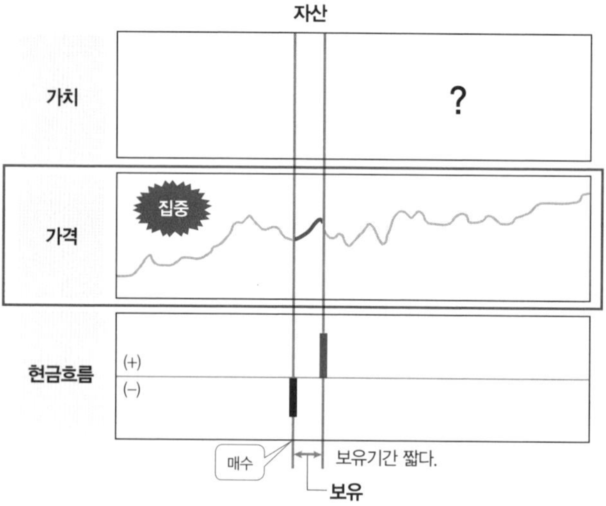

일반적인 가치투자/장기투자의 현금흐름

일반적인 가치투자, 장기투자의 현금흐름을 보자. 보유 시작 시점에서 자산의 가치를 평가하는 것은 항상 옳다. 가치보다 가격이 낮을 때 사는 것도 좋고, 가치를 예측하고 이에 따라 가격이 변화할 것이라고 생각하는 것도 좋다. 보유기간을 늘리는 경우, 화폐가치의 하락에 따른 가격 상승까지 얻을 수 있기에 좀더 유리한 면도 있다.

하지만 자산의 가치를 평가했고 장기로 투자를 하더라고, 여전히 가격 예측이 맞지 않을 경우에 대한 리스크를 헤지할 수 없다. 보유하는 동안 현금

일반적인 가치투자/장기투자의 현금흐름

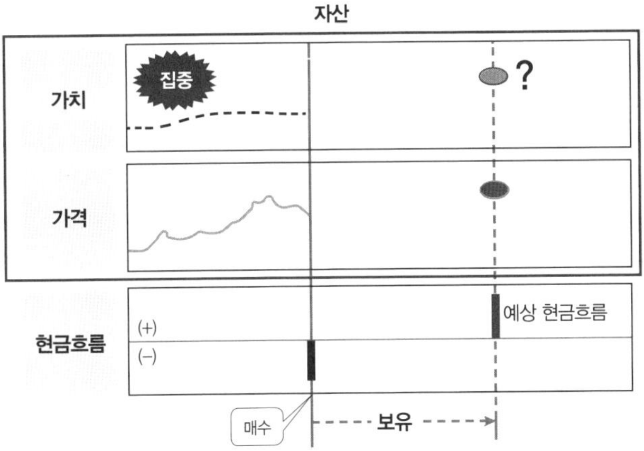

흐름도 없다면, 가격 급등락과 가치 변화에 따라 여러 번 포기하고 싶은 마음이 들 수도 있다. 대표적인 예가 재개발·재건축 투자이다. 이런 투자방법은 리스크를 헤지할 수 있고, 시간 자산을 포함한 다른 자산에서 충분한 현금흐름이 나올 때 사용하는 것이 좋다.

미스터 마켓에 흔들리지 않는 투자

다시 처음의 그림으로 돌아가보자. 다음 그림에서 거위를 통해 얻는 황금알은 현금흐름의 변화, 거위를 키우는 것은 자산가치의 변화로 표현할 수 있다. 그럼, 가격은 무엇일까? 가격은 시장에서 거래되는 거위의 몸값이다. 이 시장가격을 매 시간 '미스터 마켓'이 제시하고 있다.

벤저민 그레이엄이 『현명한 투자자』에서 말한 것처럼, 미스터 마켓은 조울증 환자이다. 시장이 조금만 좋으면 우쭐대면서 높은 가격을 부르고, 시장이 조금만 힘들어지면 잔뜩 풀죽은 얼굴로 낮은 가격을 부른다.

우리는 여기에 흔들릴 필요가 없다. 가치를 측정하고, 그 가치에 대비해 미스터 마켓이 제시하는 가격을 평가하기만 하면 된다. 특히 안정적인 현금흐름이 예상되는 경우에는 미스터 마켓이 제시한 가격 자체를 무시해도 된다.

가치와 현금흐름, 그리고 가격

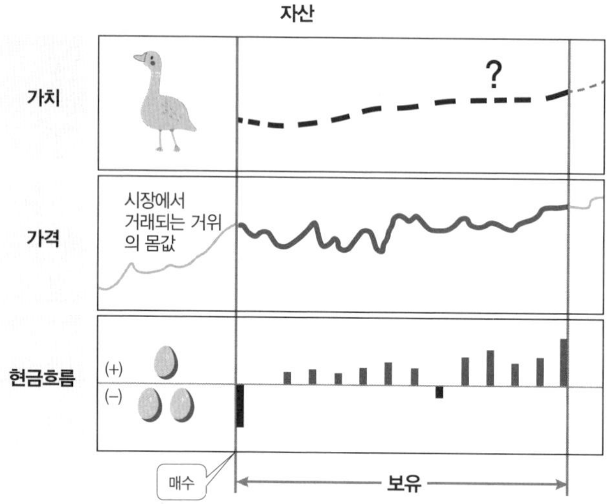

이렇게 되려면 우선 가치를 측정할 줄 알아야 하고 현금흐름이 있어야 한다.

자산의 가격이 변화해서 생기는 자산의 증감은 사실 큰 의미가 없다. 많은 사람들이 이를 '투자수익'이라 착각하기 때문에 투자의 원칙이 흔들린다. 조울증 환자인 미스터 마켓이 제시하는 가격은 자산의 진정한 가치도 아닐 뿐만 아니라 보유를 마치기 전매도로 인한 현금흐름이 발생하기 전까지는 아무런 의미가 없는 자산가격의 증감일 뿐이다.

예를 들어 코로나 시국에 신문기사에 '주가가 하락해서 재벌들의 주식자산이 얼마나 급감했는지'가 나오기도 했지만, 그것이 그들에게 무슨 의미가 있을까?

자산의 증가와 투자수익은 엄연히 다른 것이다. 투자수익률은 현금흐름으로 계산되어야 하고, 그 계산법은 시간을 고려한 내부수익률IRR이 되어야 한다.

가치를 측정하는 것도 일단은 현금흐름으로 측정해 볼 수 있다. 이렇게 애매하게 표현하는 이유는 정확한 가치를 측정하는 것이 불가능하기 때문

현금흐름과 자산가치

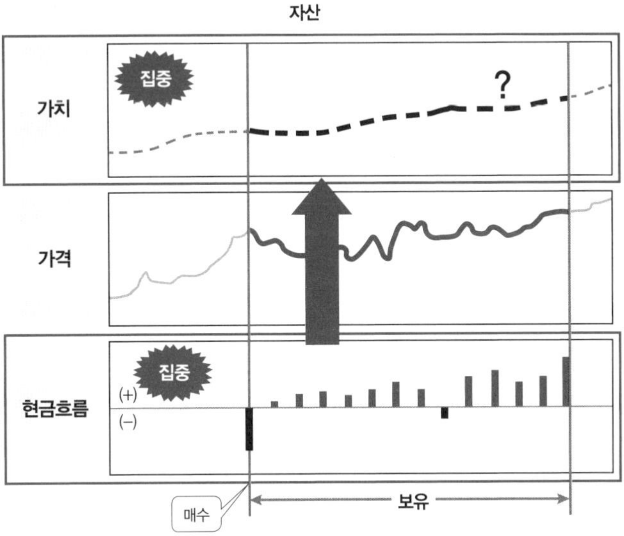

이다. 하지만 투자자라면 가치를 측정하고 예측해야만 한다. 그리고 그 방법 중 거의 유일하게 합리적인 것은 워런 버핏이 말했듯이, 미래의 현금흐름을 모두 현재가치로 환산하는 것이다. 따라서 우리는 다시 현금흐름에 집중해야 한다. 그리고 그것을 바탕으로 계산된 가치에 집중해야 한다.

자산

자산이란 무엇인가?

좋은 투자의 시작은 모아갈 가치가 있는 자산을 발견하는 데에서 시작한다. 그렇다면 자산은 무엇일까? 부동산, 주식, 금 등을 자산으로 인정하는 데에는 큰 이견이 없겠지만, 이즈음 우리가 자주 접하는 메타버스, 가상세계에서의 자산은 어떤 것이 있을까?

가장 논란이 되고 있는 질문부터 시작해 보자. 비트코인과 이더리움 같은 암호화폐는 화폐인가, 자산인가? 이 질문에 답을 하려면 화폐와 자산이 무엇인지부터 살펴보아야 한다.

화폐와 자산

화폐의 사전적 의미는 '상품 교환가치의 척도가 되며, 그것의 교환을 매개하는 일반화된 수단'이다. 여기서 주목할 단어는 '교환, 가치, 일반화, 수단'이다. 따라서 성공적인 화폐의 기능적 조건으로는 다음 3가지를 많이 든다.

1. 물물교환의 대상이 될 만큼 보편적으로 충분한 가치가 있을 것
2. 대중적으로 쓰일 수 있을 만큼 충분한 수량이 있을 것
3. 가치를 저장하는 수단으로서 가치가 안정적일 것

비트코인이나 알트코인의 가치를 인정하지 않으려는 측에서는 이들이 화폐로서의 역할을 잘할 수 없기 때문에 가치가 없다는 주장의 근거로 앞의 3가지 조건을 제시한다. 즉, 교환이 불편하고 대중적이지 않으며 가치변동이 심해 일반적인 교환수단으로서의 역할을 할 수 없다는 것이다.

그렇다면 자산으로서의 역할은 어떨까? 자산의 사전적 의미는 '개인이나 법인이 소유하고 있는 유형/무형의 유가치물'이다. 또는 '소득을 축적한 것'이라는 의미도 있다. 여기서 주목할 단어는 '소유, 가치, 축적'이다. 즉, 자산이란 어떤 것을 축적해서 가치를 가지는 소유물 정도로 생각할 수 있다. 여기서도 암호화폐 반대론자들은 '가치가 없음'을 근거로 자산의 역할도 할 수 없다고 말한다. 자산이 내재가치를 가지려면 현금흐름을 일으켜야 하기 때문이다.

따라서 처음 가상화폐, 암호화폐Crypto Currency로 시작된 이들은 이제 암호자산Crypto Assets, 가상자산, 디지털자산, 디지털화폐 등 다양한 이름으로 불리며 어느 한 쪽에도 정착하지 못하고 있다.

이들은 화폐일까, 자산일까? 그것도 아니라면 무가치한 정보 덩어리일 뿐일까? 사실 화폐와 자산은 모두 돈이라는 범주 안에 있는 단어들이다.

돈: 자산과 화폐

돈의 사전적 의미는 '사물의 가치를 나타내며, 상품의 교환을 매개하고, 재산 축적의 대상으로도 사용하는 것'이다. 돈을 정의하기 위해 '가치, 교환, 축적'이 모두 쓰인다. 자산의 정의가 가치를 축적한 것, 화폐의 정의가 가치의 교환 수단이라고 한다면, 돈은 자산과 화폐를 모두 포함하는 뜻이 될 것이다.

그런데 자산과 화폐의 구분이 명확하지 않은 경우가 많다. 예를 들어 1억원의 돈이 있다면 이것은 화폐일까, 아니면 자산일까?

돈의 정의

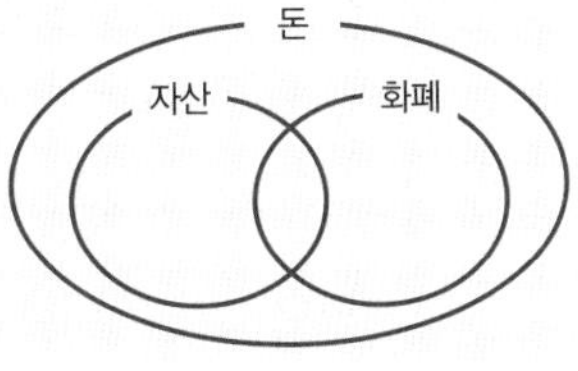

1억원의 돈은 5만원권 지폐 2,000장이라고 생각하는 사람에게는 화폐로 보일 확률이 높고, 1억원이라는 말을 듣고 은행이든 부동산이든 주식이든 축적되어 투자된 상태를 떠올리는 사람에게는 자산으로 보일 확률이 높다. 여기서 자산과 화폐를 가르는 중요한 단어는 '축적'이다. 돈을 축적하면 자산이 된다.

그렇다면 테헤란로에 있는 빌딩은 자산일까, 아니면 화폐일까?

이것은 누구나 자산이라고 말할 것이다. 하지만 만약 이 빌딩을 리츠회사를 통해 유동화해서 증권을 발행한다면 어떨까? 빌딩의 시세를 1,000억원이라 가정하고, 이를 1,000만 개의 증권으로 나누어 한 주당 10,000원으로 만든다면, 빌딩의 소유주는 이 증권을 교환수단으로 사용해서 자금을 조달할 수 있다. 또한 이 증권을 매입한 사람은 교환에 다소 어려움이 있겠지만, 다른 재화나 서비스로 바꿀 수 있을 것이다. 즉, 완전하지는 않지만, 화폐의 역할을 기대할 수 없었던 부동산 자산이 화폐로서의 기능을 갖게 되었다. 이렇듯 어떤 가치가 있는 것을 충분히 나누면 화폐의 역할을 할 수 있다.

사실 종이화폐의 시작은 금 보관증이었고, 예전의 달러는 미국 중앙은행이 보유한 금을 유동화한 증권이었다. 현재의 달러는 미국의 자산, 특히 미국인들이 가진 시간 자산의 합을 유동화한 증권이라는 의미가 크다.

결국 **돈을 축적하면 자산이 되고, 이 자산을 유동화하면 화폐가 된다. 따라서 자산과 화폐를 돈의 범주 안에서 구분하는 것은 큰 의미가 없다. 결국 모두 돈이기 때문이다.**

돈이 되는 것은 무엇인가?

그렇다면 현실세계에서처럼 가상세계에서도 자산이니 화폐니 따지는 것보다 '돈이 되는 것은 무엇인가'에 집중할 필요가 있다. 결국 돈의 정의에서 주목할 것은 '가치가 있는가'이다.

가치는 사람들이 만들어낸다. 조개껍데기가 가치가 있다고 생각하면 조개껍데기가 화폐가 되기도 하고, 미크로네시아 연방의 야프 섬에서처럼 돌이 가치가 있다고 생각하면 돌을 캐다가 식료품과 교환할 수도 있다. 소금 또는 말린 대구가 그 역할을 대신하기도 했다. 결국 **가치를 가진다는 것은 사람들의 관심, 믿음, 욕심을 이끌어내는 어떤 것이라는 의미가 되고, 만약 사람들의 관심, 믿음, 욕심을 이끌어낼 수만 있다면 이는 가치를 가진다고 볼 수 있을 것이다.**

비트코인, 이더리움 등의 암호화폐, 암호자산은 변하지 않고 사라지지 않을 것이라는 사람들의 믿음 하나만으로도 그 가치가 있다. 훌륭한 화폐로서의 기능적인 면이 부족하고, 내재가치를 측정할 수 없어 자산으로 보기 힘들다고 할지라도, 돈으로서의 가치는 가지고 있는 셈이다. 다가오는 메타버스, 가상세계에서 이를 믿는 사람들이 많아질수록 그 가치는 더욱 커질 것이고, 현실세계의 돈처럼 투자자에게 무한한 기회를 제공할 것이다.

자산으로서의 역할에 대해 덧붙이자면, 이미 가상세계의 금융 생태계에서 암호자산을 이용해서 현금흐름을 일으킬 수 있는 기회를 제공하고 있다. 이더리움의 경우 스테이킹Staking, 은행의 정기예금처럼 암호화폐를 예치하고 이자를 받는 것을 하면 연 2~20%현재는 약 4~5%의 현금흐름을 이더리움으로 받을 수 있다. 이자 또는 배당 머신으로 접근한다면, 사실 이미 내재가치를 지니는 자산으로 보는 것이 타당하다.

암호자산이 투자대상이라면 투자의 원칙은 같다. 투자는 자산을 늘리는 모든 활동이고, 암호자산이 자산이라면 그 자산을 늘려가면 되는 것이다. 좋은 투자방법은 '암호자산의 가치를 측정하고 싸게 사서 현금흐름을 일으키며 보유하는 것'이다. 이에 대해서는 3장의 '공간의 자유' 편에서 좀더 자세히 설명한다.

자산

자산의 속성: 에너지와 엔트로피

『부자 아빠 가난한 아빠』의 저자 로버트 기요사키는 '내 주머니에 돈을 넣어 주는 것', 즉 '현금흐름을 가져다주는 것'을 자산으로 보았다. 하지만 이보다 더 포괄적으로 자산을 **돈이나 시간이 충분히 모인 것**이라고 정의할 경우, 자산의 속성에 대해 알아보자.

자산은 돈이나 시간이 '충분히' 모인 것

바닷가의 모래는 자산일까? 질문을 바꾸어 보면, 바닷가의 모래는 돈이나 시간이 충분히 모인 것일까? 모래 알갱이 하나는 수없이 많은 규소와 산소 등의 원자, 그리고 그것이 모인 분자로 이루어져 있다. 이 모래 알갱이들에는 영겁의 시간이 담겨 있다. 그렇다면 이것들은 자산일까? 다들 아시다시피 모래 알갱이들은 자산이 아니다. 자산이 될 만큼 충분히 모이지 않았기 때문이다. 하지만 다음 그림처럼 충분히 모인다면 자산이 된다.

골재를 모으는 데는 시간과 돈이 들어가고, 이때 모인 시간과 돈의 가치는 골재더미의 가치를 반영하게 된다. 여기서 '충분히'라는 말은 단지 '많은 양'뿐만 아니라 '좋은 질'을 의미한다. 단순히 아무 바다모래나 쌓아서는 안

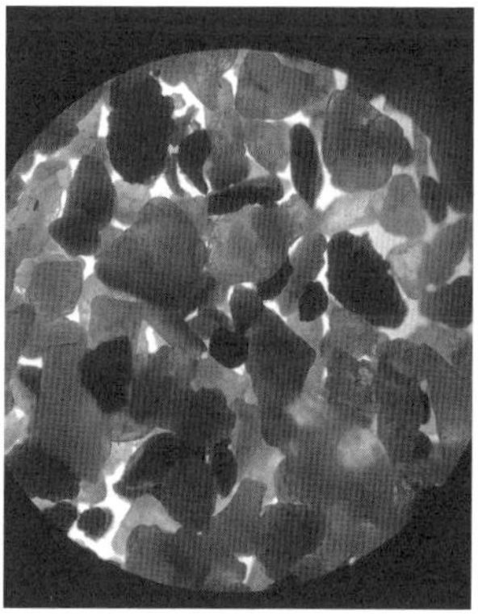

모래 알갱이들은 자산이 아니다.

골재 채취 중. 모래 알갱이들이 많은 양과 좋은 질로 충분히 모이면 자산이 된다.

되고, 질 좋은 모래를 찾거나 불순물을 제거하려는 노력을 해야 한다.

다른 자산도 마찬가지다. 자산을 만들 때 공부하고 경험한 것을 바탕으로 충분히 질이 좋고 많은 양을 모아야 한다. 여기에는 에너지가 쓰인다.

자산을 만들 때는 에너지가 필요하다

시간과 돈으로 이루어진 투자계시스템, System가 있다고 하자. 이 시스템 안의 시간과 돈은 흩어져 있다. 이를 자산으로 바꾸려면, 즉 시간과 돈을 충분히 모으려면 에너지를 사용해야 한다.

자산을 만드는 데는 에너지가 필요하다

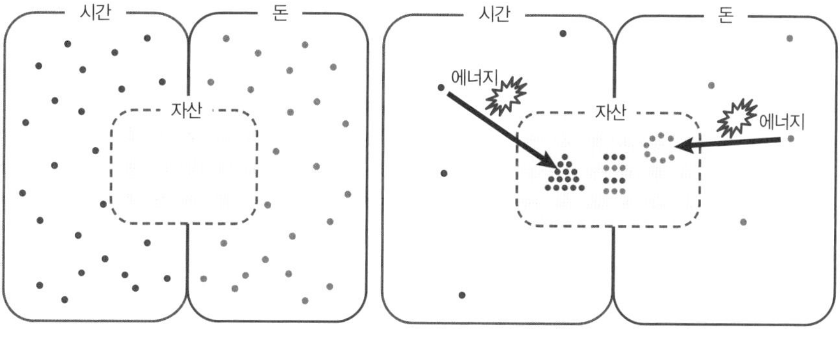

돈과 시간을 충분히 모으는 것, 자산을 만들고 늘려가는 것, 즉 투자를 한다는 것은 매우 수고로운 일이다. 하지만 우리는 그 일을 해낸 존재들이다.

이 글을 읽고 있는 여러분은 세포 하나에서 출발해서 수없이 많은 세포 분열과 분화를 거쳐 하나의 개체로 태어났고, 걷고 뛰고 듣고 읽는 훈련을 통해 여기까지 왔다. 이 글을 읽는 자체가 수없이 많은 돈과 시간을 충분히 모은 결과이다. 더욱이 우리 몸의 구성원소는 우리 조상의 그것이고, 우리 몸에도 영겁의 시간이 담겨 있다. 우리는 이미 시간 자산을 가진 훌륭한 투자자이다.

자산에서 현금흐름이 나온다

우리가 자산을 만드는 궁극적인 이유는 무엇일까? 아마도 현금흐름일 것이다. 현금흐름의 유혹은 달콤하다. 맛있는 것을 먹거나 쇼핑을 할 수 있다. 또한 시간을 산다면 자유롭게 여행을 다니고 원하는 일을 마음껏 할 수 있다. 즉, 현금흐름으로 재화와 서비스, 즐거운 경험과 자유를 살 수 있다. 우리는 이런 것들을 얻기 위해 더 많은 현금흐름을 원한다. 이런 현금흐름은 자산으로부터 나온다.

자산에서 현금흐름이 나온다

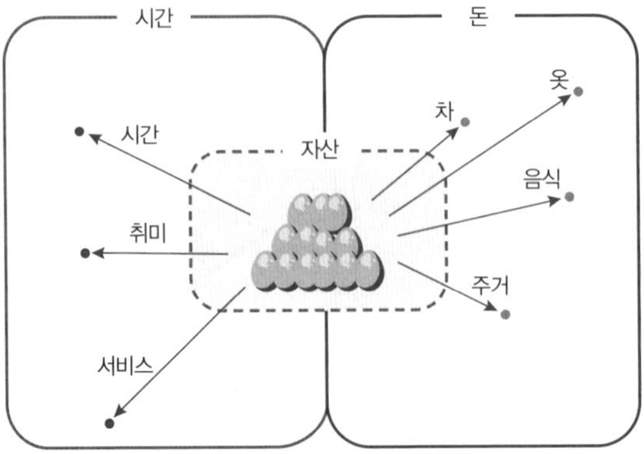

하지만 자산에서 나온 현금흐름을 모두 소비에 사용해서는 안 된다. 자산을 늘리는 데 사용해야 더 많은 현금흐름을 만들어낼 수 있지만, 더 중요한 이유는 자산에서 나온 현금흐름을 자산을 돌보는 데 사용하지 않으면, 결국 자산이 흩어져 버리고 말기 때문이다.

자산은 가만두면 흩어져 버린다

바닷가에 열심히 모은 모래산을 가만히 두었을 경우, 세월이 흐르면 어떻게 될까? 비와 바람, 그리고 파도를 맞은 모래들은 서서히 흩어질 것이다. 요즘 점점 문제가 되고 있는 농촌의 폐가는 사람이 시간과 돈을 들여 관리하지 않으면 자산이 어떻게 되는지를 직관적으로 보여준다.

자산은 돌보지 않으면 흩어진다.

앞에서 말했듯이, 자산을 만드는 과정은 에너지를 사용해 충분한 돈과 시간을 질서정연하게 한곳에 모으는 것이다. 하지만 이것은 사실 우주의 법칙을 거스르는 일이다.

다음 그림처럼 흩어져 있는 입자들시간과 돈이 우연히 오른쪽 그림처럼 한곳에 질서정연하게 모일 확률은 거의 0에 가깝다. 이는 '열역학 제2법칙'이 증명한다. 우주는 무질서한 방향으로 흐른다. 좀더 정확히 표현하면, 엔트로피무질서도가 증가하는 방향으로 진행될 확률이 거의 1이다.

투자자가 자산을 만드는 과정

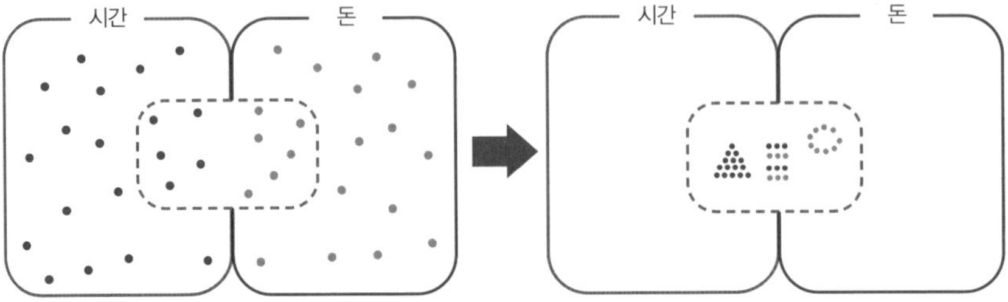

하지만 투자자인 우리는 이런 일을 하려고 한다. 우주는 이 일을 방해한다. 따라서 자산은 가만히 두면 흩어져 버리는 것이다.

자산은 가만두면 흩어진다

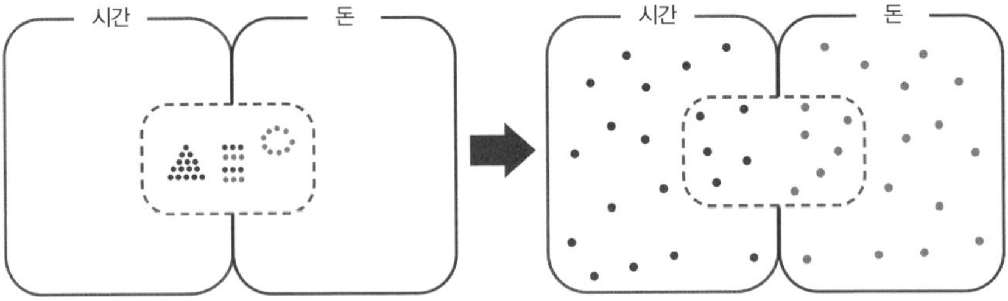

투자자는 끊임없이 자산을 돌보아야 한다. 신체를 건강하게 유지해 나의 시간 거위가 아프지 않도록 해야 하고, 부동산 거위가 탈이 나지는 않는지, 주식 거위의 축사에 전염병이 돌지는 않는지, 다른 거위들이 적응을 잘하는지 등 자산이 흩어지지 않도록 농장 운영에 주의를 기울여야 한다. 현금흐름이 많아진다면 농장 운영을 다른 사람에게 맡기거나, 여유가 있으니 황금알을 좀 적게 낳더라도 관리에 큰 노력이 들지 않는 튼튼한 거위를 모아갈 수도 있다.

정리하면, 투자의 시작은 '이것이 자산인가?'에 대한 물음에서 출발해야 한다. 자산은 돈이나 시간이 충분히 모인 것이며, 자산을 만드는 과정은 에너지를 사용하기에 수고롭다. 자산에서 나온 현금흐름은 다시 자산을 만들거나 보충하는 데 사용해야 하고, 그렇지 않으면 우주의 법칙에 의해 흩어져 버린다.

자산

시간 거위의 확장 1

자산이라고 하면 돈 자산만 떠올리는 경우가 많지만, 시간 자산도 거위농장의 핵심 자산이다. 시간 자산, 즉 시간 거위는 크게 두 가지로 나누어 생각해 볼 수 있다.

좁은 의미: 현금흐름을 가져오는 시간 자산

먼저, 좁은 의미에서 시간 거위는 시간을 이용해 현금흐름을 얻는 시간 자산을 말한다. 직장인의 경우 출근해 회사에 황금알을 낳아주고, 그 황금알의 일부를 가져오는 시간 투자자이다. 자영업자도 자신의 자영업장에서 황금알을 낳고 상당부분 가져오길 기대한다. 사업가도 마찬가지이다. 자신의 회사에 시간을 투입하고 다른 사람의 시간을 레버리지 해서 더 많은 현금흐름을 얻길 기대하고, 투자가도 돈을 투자하기 위해 시간을 들이고 돈으로

현금흐름 4분면

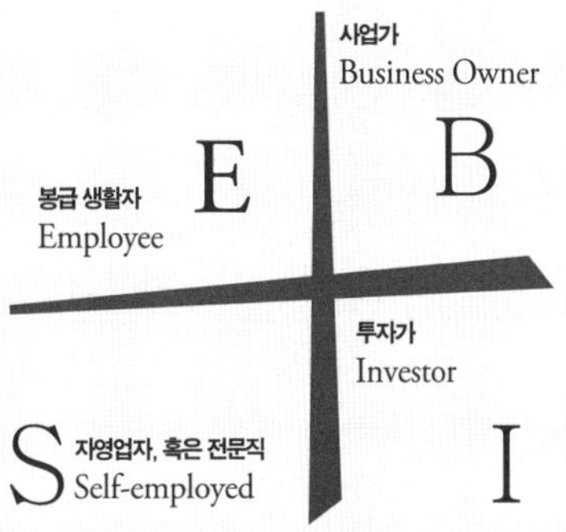

출처: 로버트 기요사키, 『부자 아빠 가난한 아빠』

부터 현금흐름을 얻는다.

결국 로버트 기요사키의 현금흐름 4분면에 있는 모든 사람은 현금흐름을 얻기 위해 자신의 시간을 많든 적든 투입하고 있다. 시간의 자유를 원하는 투자자는 자신의 시간을 최대한 적게 투입하면서 원하는 현금흐름을 얻도록 노력할 것이다.

여기서 우리는 이 시간 자산의 개념을 좀더 확장할 필요가 있다. 투자자 농장의 거위들 중에는 황금알을 낳는 거위도 있고, 아직 알을 낳지 않는 거위도 있다. 거위 모양을 하고 있는 모형거위도 있다. 그리고 시간 거위가 있다. 이는 앞서 설명한 좁은 의미의 시간 거위이다.

투자자의 시간 자산

하지만 시간 자산을 다음의 그림처럼 거위의 모양으로 표현할 때, 시간 거위의 속이 비어 있는 이유가 있다.

시간 거위는 물과 같아서 담긴 그릇에 따라 그 모양도 변하고 크기도 변한다. 시간 자산은 내가 현금흐름 4분면의 어느 위치에 있느냐에 따라 그 형태가 자유롭게 변할 수 있다.

봉급생활자이면서 투자가가 될 수도 있고, 투자가이면서 사업가가 될 수도 있다. 현금흐름 4분면의 4가지 영역에 모두 발을 담그고 있을 수도 있다. 그때마다 나의 시간 거위는 크기와 모양이 달라지며, 심지어 어떤 그릇이 되기도 한다.

조금 생소하고 이상하게 들리겠지만, 이에 대한 이해는 투자의 세계를 전체적으로 보는 데 도움이 된다.

넓은 의미의 시간 자산

시간 거위는 다음 그림처럼 투자자의 농장을 담을 수 있다. 이를 넓은 의미의 시간 거위라고 하자.

투자자의 시간 자산(넓은 의미)

투자자의 농장에는 수많은 거위들이 황금알을 낳기도 하고, 황금알과 교환되기도 하고, 또는 레버리지를 일으켜 황금알을 가져오기도 한다.

따라서 투자자의 농장에서 발생하는 황금알 현금흐름의 총량은 넓은 의미의 시간 자산이 낳는 황금알이라고 할 수 있다. 결국 투자자는 자신의 시간을 이용해 자산 거위 농장을 운영하는 농장주이며, 농장 안 시간 자산의 의미가 커져서 농장 운영자로 바뀌었다는 것을 알 수 있다. 다시 말해 이 투자자의 시간 거위는 농장을 품고 있고, 농장에서 나오는 전체 황금알은 투자자의 시간 거위가 낳는 황금알이 된다. 다만, 주의할 점은 이것이 그 투자자의 전체 가치를 말하는 것은 아니고, 투자 관점에서 보는 시간 자산의 가치라는 것이다.

기업의 시간 자산 가치

이런 논리라면, 우리는 투자자가 가진 시간 자산의 가치를 구할 수 있다. 투자자의 농장 전체에서 얻을 수 있는 단위시간당 황금알의 양, 즉 시간당 현금흐름의 크기는 투자자가 가진 시간 자산의 가치가 된다!

이것은 현금흐름으로 어떤 투자자가 가진 시간 자산의 가치를 나타낼 수 있는 방법이다 이에 대해서는 3장의 '시간의 자유' 편에서 상세히 설명한다. 이 논리를 좀더 확장하면, 어떤 기업이 가지고 있는 시간 자산의 가치를 구할 수 있다.

삼성전자를 예로 들면, 다음 그림처럼 기업의 농장에는 수많은 시간 거위들이 연구하고 제품을 만들고 판매하고 있다. 또한 기업의 관리자는 시간을 써서 자산을 관리하고 투자하며 레버리지를 일으키고, 수많은 투자자들도 시간과 돈을 써서 삼성전자의 주식과 채권에 투자하고 있다. 이 삼성전자의 농장은 삼성전자의 시간 거위가 품고 있다.

삼성전자의 시간 거위(넓은 의미)

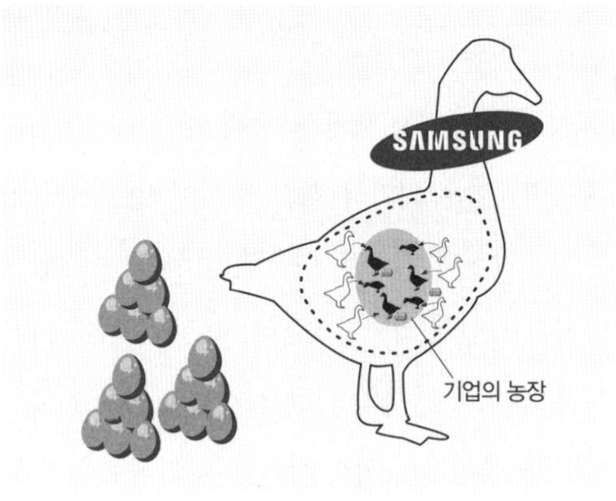

삼성전자가 가진 시간 자산의 가치는 여기에 참여한 모든 사람들의 시간과 돈의 가치를 더한 것에 비례할 것이다. 이는 삼성전자의 농장에서 단위시간당 발생하는 현금흐름의 양으로 그 가치가 매겨질 것이다. 다만, 여기서도 주의할 점은 이것이 삼성전자의 전체 가치를 말하는 것이 아니라는 점이다. 삼성전자는 영리기업으로서 시간 자산 가치의 극대화를 추구하는 존재이긴 하지만, 삼성전자도 기부나 다른 비영리활동으로서의 가치가 있기 때문이다.

국가도 마찬가지다. 대한민국에 기여한 모든 사람들의 시간과 돈의 가치를 더한 값은 대한민국이 가진 시간 자산의 가치와 비례할 것이다. 또한 이는 대한민국 농장에서 발생하는 모든 현금흐름의 양으로 그 가치를 대변할 수 있을 것이다. 마찬가지로 주의할 점은 이것이 대한민국의 전체 가치라고 할 수는 없다는 점이다.

우리는 모두 투자자이다. 투자자 한 사람 한 사람이 가진 시간 자산과 돈 자산의 가치는 함께 모여 기업의 시간 가치가 되기도 하고, 국가의 시간 가치가 되기도 한다. 이 시간 자산의 가치는 '각 투자자가 가진 시간 자산 가치의 합'으로 표현할 수 있고, 이는 현금흐름으로 계산할 수 있다.

시간 자산은 앞으로 살펴볼 '가치평가'의 중요한 단위가 된다. 정리하면, 시간 거위시간 자산는 현금흐름 4분면에서의 위치에 따라 크기와 모양을 달리한다. 또한 그릇 자체가 되기도 한다. **그릇이 된 시간 거위의 가치는 단위시간당 현금흐름으로 계산할 수 있다. 기업이든 국가든, 투자자의 시간과 돈이 모인 곳이라면 같은 방법으로 시간 자산의 가치를 측정할 수 있다.**

자산

시간 거위의 확장 2: 법인

가족 농장의 장기 플랜

2021년 4월, 조선일보가 주최한 「부동산 트렌드 쇼」에서 이상우 인베이드투자자문 대표가 다음과 같은 이야기를 했다.

"가문은 하루아침에 만들어지지 않는다. '어디를 사고 어디를 팔아서 얼마를 벌었다'보다는 가문의 재산을 대물림한다는 생각으로 장기적인 플랜을 세워 투자하셨으면 좋겠다."

여기서 주목할 말은 '가문'이다. 우선 투자라고 하면, 개인의 재산을 불리는 행위 정도로 생각하는 투자자가 많다. 특히나 장기적인 계획을 가진 투자자는 더욱 드문 것 같다.

투자는 하루아침에 끝내는 활동이 아니다. 장기적으로 20~30년 이상 계획을 세우고 차근차근 실행하고 반복하는 활동이다. 더 길게는 가문을 보고 100~200년 이상까지 바라보아야 한다. 이런 관점이라면 하루하루 코스피나 비트코인의 등락이 무슨 의미가 있을까?

가족의 자산 농장과 현금흐름표

이렇게 하기 위해서는 시간 거위를 확장해서 개념화할 필요가 있다. 40대인 직장인 A씨의 가족을 예로 들어보자. 결혼 후 배우자와 두 자녀가 있고 부모님이 있다고 하자. 이 가족 농장을 그림으로 그려보면 다음과 같다.

가족 농장에는 가족 구성원들의 시간 거위가 있다. 이는 좁은 의미의 시간 거위이다. 이 가족 농장의 주 관리자를 A씨라 가정한다면, 가족의 전체 시간 거위넓은 의미는 다음과 같이 표현할 수 있다. 이를 '가족의 시간 거위'라고 하자.

가족의 시간 거위는 황금알을 낳고 있다. 즉, 각 구성원의 시간 거위가 가져오는 현금흐름에 시간 외자산이 벌어다 주는 현금흐름을 더한 것은 가족의 시간 거위가 낳는 황금알이 될 것이다. 이것을 우리는 현금흐름도표로 표현할 수 있다.

현금흐름도표는 어느 특정 시간에 가족의 시간 거위가 낳는 황금알을 시간흐름에 따라 나열한 것이다. 이는 각 구성원의 시간 거위로 쪼개어 나타낼 수 있다. 즉, 가족의 시간 거위가 낳는 황금알은 각 구성원이 가져오는 현금흐름의 합이다.

가문의 재산을 늘리는 것은 가족 시간 거위의 가치를 높이는 것이다. 그러기 위해서는 구성원 전체가 가져오는 현금흐름을 늘리려는 노력을 해야 한다. 장기적인 안목을 가지고 현금흐름을 늘릴 수 있는 방법이 무엇인지 고민해야 하고, 필요 이상의 소비를 줄이는 노력을 해야 한다.

앞의 예에서 A씨 부부는 장기적으로 부모님을 부양해야 하고, 자녀들의 양육비를 부담해야 한다. A씨는 향후 이 마이너스(-) 현금흐름에 대비해야 하고, 그러기 위해서는 시간 자산이 벌어오는 현금흐름과 시간외자산들이 벌어오는 현금흐름을 늘리기 위해 노력해야 한다.

가족의 현금흐름도표

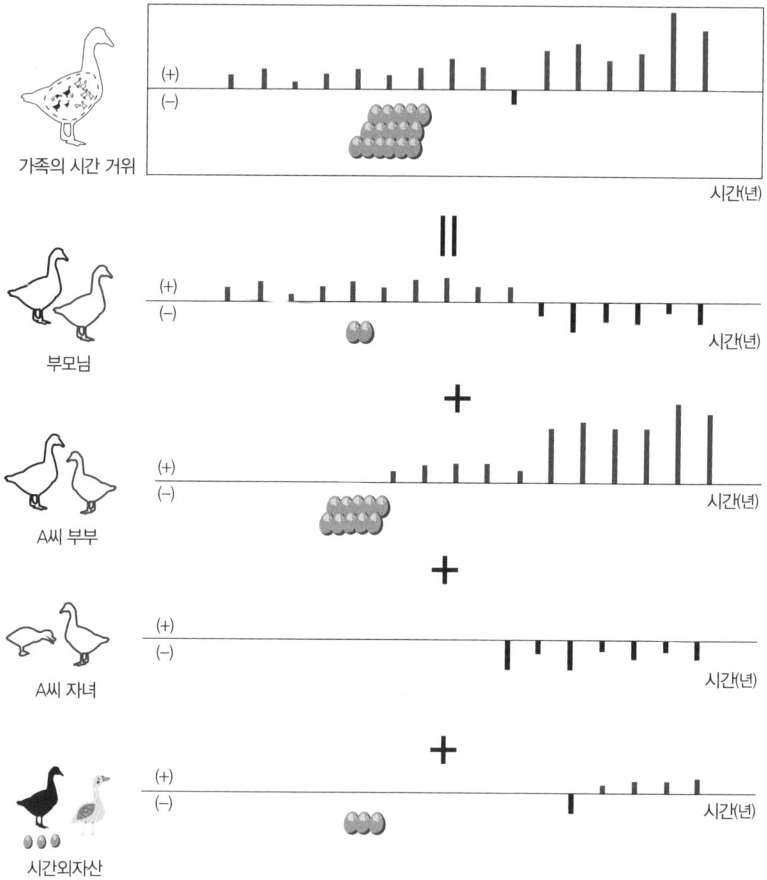

가족의 용병으로서의 법인

자산을 꾸준히 늘려가기 위해 법인은 좋은 도구가 될 수 있다. 몇 년 전에 개인투자자들이 법인을 세워 부동산 투자를 하는 것이 크게 유행했다. 그런데 부동산 투자에만 국한할 것이 아니라, 시간 거위 확장을 위한 수단으로 법인 설립에 관심을 가져보는 것도 좋다.

법인의 정의는 '법에 의하여 권리, 의무의 주체로서 자격을 부여받은 사람'이다. 이에 대응되는 말은 '자연인'이다. 투자에서 자연인은 시간상 제약이 있다. 반면 법인은 수명이 존재하지 않는다. 물론 법인의 자격을 부여하는 국가가 없어질 위험은 있겠지만, 자연인의 수명에 비해 그 기간이 훨씬 길 것이고, 안정적인 국가에 세운 법인은 거의 영속할 수 있을 것이다. 세계에서 가장 오래된 기업은 서기 578년에 세워진 일본의 건축회사 곤고구미다. 무려 1,500년 가까이 생존해 있다.

수명 이외에도, 법인의 가장 큰 장점은 '용병'으로서의 능력이다. 특히 투자를 가문의 범위로 확장할 경우, 법인은 우리 가족의 용병이 되어 한 구성원의 수명에 큰 영향 없이 투자를 이어갈 수 있게 도와준다. 법인을 설립해서 가족들의 거위농장을 통합한다면 부의 이전 및 영속성 측면에서 효과적일 수 있다.

부의 확장성

법인 설립의 또 다른 장점은 부의 확장성이다. 법인을 이용해서 세금을 절약하고 그것이 장기간 이어진다면 어떻게 될까?

『부자 아빠 가난한 아빠』의 저자 로버트 기요사키는 부자와 그렇지 않은 직원들의 차이를 다음과 같이 설명한 바 있다.

기업을 소유한 부자들	vs.	기업을 위해 일하는 직원들
1. 돈을 번다.		1. 돈을 번다.
2. 돈을 쓴다.		2. 세금을 낸다.
3. 세금을 낸다.		3. 돈을 쓴다.

여기서 기요사키가 말하고자 한 차이점이 느껴지는가?

법인의 목적 자체가 수익사업을 하고 그 이익을 구성원에게 배분하는 것이다. 따라서 법인을 이용해서 자산을 늘려간다면, 자산의 구입 및 관리 등에 드는 비용을 먼저 차감한 후 세금을 내기 때문에 개인 명의보다 유리한 면이 있다. 반면, 직장인의 경우에는 회사와 계약한 연봉에서 먼저 각종 세금은 모두 뗀 후에 세후소득을 받고, 그것으로 소비와 투자를 해야 하므로 불리한 측면이 있다.

법인의 돈을 개인으로서 가져오겠다는 생각을 버리면, 같은 현금흐름을 일으키는 투자에서 법인세가 개인의 소득세보다 훨씬 낮다. 이와 같은 절세 효과의 차이가 장기간 누적되었을 때, 복리효과로 따져본다면 그 차이는 어마어마하게 커질 수 있다.

법인을 이용했을 때의 이점은 세금에만 있는 것이 아니다. 국가에서 '안전'을 이유로 개인들에게 하지 못하게 막고 있는 많은 투자기회들이 법인에는 허용되는 경우가 많고, 여러 사람이 장기간 공동으로 투자하는 경우 비교적 안전한 방법이 될 수도 있다.

물론 법인이 장점만 가지고 있는 것은 아니다. 먼저 법인의 돈을 개인의 것으로 옮기려면 배보다 배꼽이 큰 세금을 물어야 할 수도 있다. 또한 세무비용과 사무실 임대료 등 법인을 유지하기 위해 들어가는 비용도 있다. 하지만 본인이 거주하는 집에도 법인을 설립할 수 있고, 최근 많아진 공유 오피스들을 활용하면 아주 적은 비용으로 사무실을 임대할 수도 있다. 또 세무비용도

크지 않기 때문에 법인 설립은 실행해 볼 만하다.

특히 장기적인 안목으로 가문의 부를 늘리거나, 더 넓은 투자세계에 발을 딛고자 하는 분들은 법인 설립에 관심을 가져보기를 적극 추천한다. 몇 년 전 유행했던 것처럼 단순히 부동산 투자에 국한해서 생각하는 것이 아니라, 모든 투자와 사업을 법인의 장점을 잘 활용해서 시도해 보는 것을 고려할 만하다.

법인이 가족의 농장에 들어온다면, 다음 그림과 같이 표현할 수 있다. 가족 농장에 있는 법인의 시간 거위는 넓은 의미의 시간 거위이고, 법인의 농장에 있는 다른 자산들을 포함하고 있다. 또한 법인의 시간 거위는 황금알을 낳고 있다. 이 황금알들은 가족의 시간 거위가 낳는 황금알에 더해질 것이다.

가족의 농장

정리해 보자. **투자는 장기적인 안목으로 계획을 세우고 실행, 반복해야 하는 것이다. 그 단위는 개인을 넘어 가족과 가문까지 확장해서 생각하는 것이 좋고, 이를 효과적으로 달성하기 위해서는 법인을 활용하는 것이 좋다.**

가치평가

가치평가의 시작: 가치와 가격을 구분하자

이제까지 자산의 속성과 특징, 그리고 자산을 모아가는 효과적인 방법법인을 이야기했다. 우리가 모아갈 만한 좋은 자산 후보를 발견했다면 투자자로서 해야 할 일은 무엇일까? 바로 그 자산의 가치를 평가해 보는 일이다.

부자들의 가치평가 습관

투자자들이 가장 흔히 저지르는 실수는 자산의 가치평가를 생략해 버리는 것이다. 자산의 가치평가라고 하면 일단 어려워 보이고, 어떻게 시작해야 할지 막막하기 때문에 외면해 버리거나, 다른 사람에게 물어보고 의존하려는 투자자들이 많다.

하지만 아무리 전문가라고 해도 자산의 가치를 정확하게 평가할 수 있는 사람은 없다. 만약 가치평가를 확실하게 할 수 있는 사람이 있다면 그는 순식간에 부자가 될 수 있을 것이다. 아마 부자가 된 사람또는 그 가문은 설령 맞든 틀리든, 지속적으로 자산의 가치를 평가해 보려는 습관을 가진 사람이었을 확률이 높다. 부자가 되고 자유를 얻기를 바라는 투자자는 맞든 틀리든 반드시 자산의 가치를 평가하는 연습을 꾸준히 해야 한다.

이 책에서는 부동산, 주식, 금, 원화, 비트코인 등 다양한 자산의 가치 대비 가격을 평가할 수 있는 방법을 설명한다. 처음에는 당연히 낯설겠지만, 가치평가의 원리를 이해하고, 현재 보유 중인 자산부터 하나씩 평가하는 연습을 해보기를 바란다.

가치를 말하는데, 모두가 가격을 말하고 있다

자산의 가치를 평가하는 데 정답은 없다. 처음에는 아주 쉽게 접근해 보자.

"이 주식이 5만원이라니…. 말이 안 되는 것 같은데?"

"월세가 50만원씩 나오니까 이 집의 가격은 1억원이면 적당하네."

"PER 주가수익비율 16배면 같은 섹터 내에서는 비싼 편이네."

이렇게 자산의 가치에 대한 자신만의 생각을 조금씩 해 보는 연습을 하는 것이다. 그런데 이런 식으로 자산의 가치를 평가할 때 나타나는 공통점이 있다. 위에서 예시로 든 자산가치 평가 문장들의 공통점이 보이는가? 바로 **자산의 가치를 평가하는 데 모두 가격에 대해 말하고 있다**는 점이다. 가치를 가격과 구분을 지어 생각하지 못하는 이유는 **자산가치의 단위를 가격의 단위인 화폐로 표시**하기 때문이다.

여기서 투자자들이 많이 저지르는 두 번째 실수가 나온다. 바로 자산의 가치와 가격을 동일시하는 것이다.

가치와 가격은 다르다

다음 질문에 답을 해 보자.

· 압구정 현대아파트 30평형의 가치는 얼마일까?
· 삼성전자 주식 한 주의 가치는 얼마일까?

다들 맞든 틀리든 직관적으로 생각할 수 있는 값이 있을텐데, 이때 단위는 당연히 우리 돈 '원'일 것이다.

· 애플 주식의 가치는 얼마일까?
· 금 1트로이온스의 가치는 얼마일까?

여기서 단위는 아마도 '달러'일 것이다. 질문을 조금 바꾸어 보겠다.

· 내가 쓸 수 있는 1시간의 가치는 얼마일까?
· 블로그나 유튜브를 한다면 그 채널의 가치는 얼마일까?

아마 이런 질문들에 대해 생각해 보지 않았을 확률이 높지만, 굳이 따지자면 얼마의 값을 생각할 것이고, 그 단위는 '원'이 될 수도 있고, 유튜브라면 '달러'가 될 수도 있을 것이다. 이처럼 다양한 자산의 가치에 대해 질문했는데, 대부분 원화나 달러와 같은 화폐의 단위로 대답한다. 여기에서 알 수 있듯이, 많은 사람들이 가격과 가치를 동일시하고 있다. 왜 그럴까?

네이버 경제학사전에서 '가격'을 찾아보면 다음과 같은 정의를 볼 수 있다.

가격 [價格, price]
· 본질적으로 어떤 한 재화가 다른 재화와 '교환'되는 비율 (경제학사전, 박은태)
· 재화의 가치를 '화폐' 단위로 표시한 것 (두산백과)

여기서 핵심 단어는 **교환비율**과 **화폐**이다. 현대사회에서 경제활동은 특별한 경우를 제외하고는 거의 대부분 '화폐'와 연관되어 있다. 특히 국가에서 정한 법정화폐가 그 나라의 거의 모든 재화의 소유와 교환의 척도가 된다. 우리나라에서는 원화가, 미국에서는 달러가 기준이 되는 것처럼 말이다.

모든 것이 원화로 표시되는 우리나라에서는 '돈'이라고 하면 대부분 '원화'를 떠올린다. 그만큼 사람들은 이 '원화'에 중독되어 있다. 월급을 받을 때도, 세금을 낼 때도, 물건을 살 때도, 자산을 거래할 때도 모두 원화를 기준으로 생각한다. 무역을 하거나 유학을 간 자녀에게 송금하는 등 특별한 경우에만 가끔 '원/달러' 환율을 생각해 보는 정도이다.

따라서 원화에서 벗어나려는 시도를 거의 하지 않는다. 원화를 절대기준으로 삼고 거의 모든 자산을 원화로 환산해서 가치를 매긴다. 투자 여부를 결정하기 위해 가격과 가치를 비교하려면 단위가 같아야 하기 때문일 것이다. 영어에 "apple to apple comparison"이라는 표현이 있는데, 어떤 대상을 비교할 때는 동일선상에 있는 대상을 비교대상으로 삼아야 한다는 것이다. 예를 들어 사과와 마늘을 비교하려면 비교 자체가 어렵다. 그래서 가치도 가격의 단위를 적용해서 비교하려고 하는 것이다.

자산가격 측정의 어려움: 부정확한 기준인 '원화' 화폐

가치의 단위는 사실 분명하지 않다. 그것이 자산의 가치를 평가할 때 어려운 점이다. 그래서 가치를 가격의 단위인 화폐로 환산하려다 보니 가치와 가격을 혼동하기 쉽다. 하지만 많은 사람들이 절대불변의 기준처럼 생각하는 화폐는 가치가 일정하지 않다는 큰 문제점을 안고 있다.

다음은 세계 최대 '높이'의 댐인 타지키스탄의 누렉 댐이다. 댐 뒤에는 호수저수지가 있다. 우리는 댐의 물을 담고 있는 이 호수를 바라볼 수 있어야 한다. 댐의 높이가 자산의 가격이라 한다면, 댐이 담고 있는 물의 양은 자산의 가치다. 물의 양자산의 가치이 댐의 높이자산의 가격와 상관이 없는 것은 아니겠지만, 너무 많은 사람들이 댐의 높이만 측정하고 예측하려 하고 있다. 자산의 가치를 측정하려고 하기보다는 자산의 가격에만 집중하고 있는 것이다.

댐의 높이자산의 가격 측정은 다음과 같은 두 가지 이유로 본질적인 어려

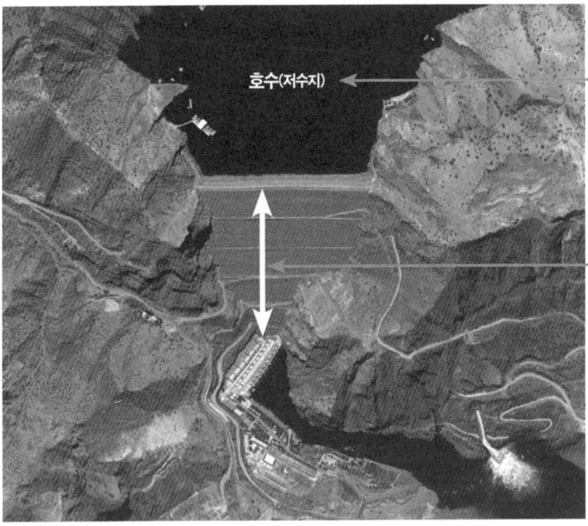

세계 최대 높이인 타지키스탄의 누렉 댐

움을 안고 있다.

첫 번째 문제는 가격의 단위가 계속 변한다는 점이다.

댐의 높이를 측정할 때, 고전적으로는 다음과 같은 수준기를 이용해 측정 지점의 수준측량을 하고 삼각측량을 통해 높이를 구하게 된다. 이때 기준이 되는 자를 수준척Staff이라고 하며, 멀리서도 정확히 읽을 수 있도록 특수한 형태의 눈금으로 이루어져 있다. 또한 삼각측량을 위해 각 지점 사이의

수준기와 수준척을 이용해 높이를 측량하는 모습

거리를 재는 데 필요한 자도 있다. 하지만 만약 기준이 되는 자의 눈금이 변한다면 어떻게 될까?

우리나라에서 가격은 '원화'라는 자로 측정하고 표시한다. 가격의 본질을 생각할 때 부딪히는 장벽이 바로 이 기준이 되는 자, 즉 화폐다. 가격의 단위인 '원'은 시간에 따라 끊임없이 변화한다. 짧은 순간만 보면 크게 변하지 않아 고정되어 있는 것처럼 보이지만, 긴 호흡으로 바라보면 그 간격이 끊임없이 늘어나고 있다.

'변화하는 자', 이것은 원화만의 문제가 아니다. 인류 역사상 그 가치가 보존된 법정화폐는 존재하지 않는다. 문명의 발달과 함께 화폐가치는 항상 하락해 왔고, 해당 화폐에 대한 믿음이 점점 사라지면서 그 가치가 0으로 수렴했다. 우리 원화도 달러도 시간의 문제일 뿐 언젠가는 그 가치가 0으로 수렴할 것이다. 따라서 가치의 단위를 원이나 달러 등 신용화폐로 매길 경우, 화폐가치의 하락을 항상 염두에 두어야 한다. 특히 현재의 부동산, 주식, 금, 석유, 원자재 등의 자산가치가 수십 년 동안의 추이에 비해 어떠한지 평가하고, 먼 미래에 이들의 가치가 어떻게 변화할지 예측할 때에는 더더욱 화폐가치의 변화를 생각하고 평가에 반영해야 한다.

압구정 현대아파트의 가치를 말할 때, 만약 1990년대의 가격이 1억'원'이고 현재의 가격은 20억'원'이라고 하자. 이때 압구정 현대아파트의 가치가 20배 증가한 것이 아니라, 그동안 원화의 가치가 대략 10배 감소한 것을 감안하여, 그 아파트의 입지와 상품의 가치가 20배가 아니라 2배 증가했을 것이라 판단하는 것이다. 이처럼 자산의 가치를 원화나 달러와 같은 화폐로 측정할 때는 항상 기준이 변할 수 있음을 기억해야 한다.

자산가격 측정의 어려움: 사람마다 제각각인 기준

두 번째 문제는 댐의 높이를 측정하는 사람의 기준도 제각각이라는 것이다.

한 사람이 아닌 여러 사람이 댐의 높이자산의 가격를 측정한다고 해 보자. 높이 측정도도 알려주지 않았고, 각자의 위치가 어딘지도 모르는 상태라고 한다면, 어떤 사람은 손가락 마디를 기준으로, 어떤 사람은 옆에 서 있는 나무를 기준으로, 또 어떤 사람은 그냥 눈대중으로 댐의 높이를 어림잡아 말할 것이다. 결국 가격은 여러 사람이 각자의 기준으로 제시하는 '원화'로 측정된 숫자이다. 즉, 시장에서 '미스터 마켓'이 제시하는 이 숫자는 정확한 방법으로 측정되지 않았을 뿐만 아니라, 설혹 정확한 방법을 사용했다 하더라도 그 기준 자체가 계속해서 바뀌고 있는 것이다.

이것이 우리 부부가 가격을 바라보는 관점이다. 자산의 가격은 부정확한 방법과 기준을 가진 사람들이 만들어낸 숫자에 불과하다. 그것이 화폐와 교환되는 비율로 표현되는 것이다.

투자에서 '자산을 산다'는 말은 미스터 마켓이 제시하는 숫자 중 맘에 드는 것을 고르고, 그 숫자에 맞게 화폐와 교환한다는 의미다. 그러려면 내가 생각하는 댐 높이자산의 가격의 대략적인 기준이 있어야 하고, 상대가 그 기준보다 낮은 숫자를 부를 때 그 댐을 인수하게 된다. 여기서 댐의 높이가 '정확히' 얼마인지, 그리고 앞으로 '정확히' 얼마가 될지를 측정하고 예측하려는 시도는 언제나 그랬듯 허무한 일이 될 것이다. 그 이유는 사실 '늘어나는 자'로 측정된 댐의 높이가 생각만큼 그리 중요한 것이 아니기 때문이다.

누렉 댐 뒤에는 '호수저수지'가 있다. 우리는 댐이 담고 있는 이 호수를 바라볼 수 있어야 한다. 그 너머의 호수를 바라보고, 얼마나 많은 물이 유입되고 있는지, 가뭄과 홍수 시에는 물의 양이 어떻게 되는지, 이 물을 사용해 어떤 이익을 얻을 수 있을지를 고민하는 사람은 많지 않다. 자산의 지형에서 대부분을 차지하는 것은 물의 양, 즉 가치다. 투자자인 우리는 댐 앞에 서서 댐의 높이를 측정하는 데 몰두하는 대신, 댐 너머의 가치를 측정하고 이를 어떻게 활용할 수 있을지를 고민해야 한다.

가치평가

가치 단위의 새로운 대안

앞에서 살펴보았듯이, 자산의 가치와 가격을 모두 '움직이는 자'인 화폐로 표시하려고 하니 측정 오류가 생기기 쉽다. 가치가 하락하는 화폐 대신, 대안으로 사용할 수 있는 자산가치 측정의 단위는 어떤 것이 있을까? 변하지 않는 어떤 가치를 측정 단위의 기준으로 삼는다면, 화폐가치의 하락을 고려하지 않아도 되지 않을까?

사실 '변하지 않는 가치'라는 것은 세상에 존재하지 않을 것이다. 하지만 41,000년을 주기로 지구의 자전축에서 위치가 3도 정도 바뀌는 북극성처럼, 짧게 100년 정도를 보면 가치가 크게 변하지 않는 것을 찾을 수 있을지도 모른다. 그런 예로 금을 검토해 보자.

금이 새로운 가치 단위가 못 되는 이유

금은 그나마 그 가치를 오랫동안 보존하고 있는 화폐이다. 금은 화학적으로 매우 안정적인 원소이고, 웬만한 에너지 없이는 원자구조가 바뀌지 않는다. 이런 믿음은 인류 역사 내내 증명되어 왔다. 금의 핵심가치는 '믿음'이다. 인류 역사상 금에 대한 믿음은 크게 변하지 않았다. 따라서 그 믿음의 가치를 기

국제 금 가격 추이

단위: 트로이온스당 달러 | 출처: FRED

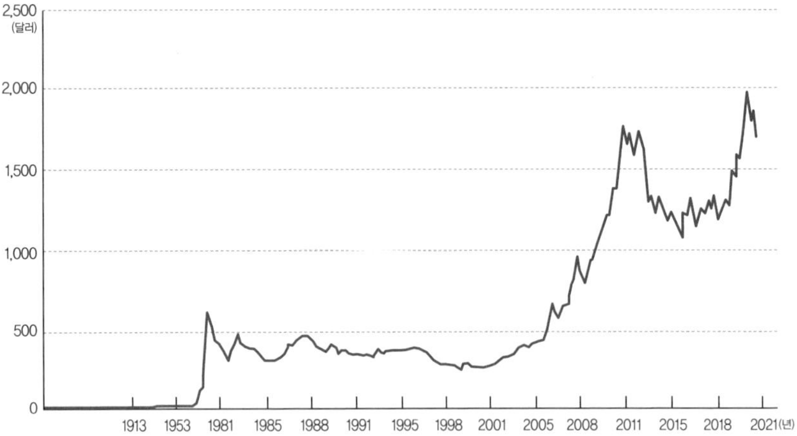

준으로 다른 자산의 가치를 매기는 것은 일견 타당해 보인다.

하지만 위의 그래프처럼 금에 대한 사람들의 관심이 가격에 반영된다. 금에 대한 관심이 많아지면 가격이 상승했다가, 금에 대한 관심이 줄어들면 가격도 내려간다.

따라서 압구정 현대아파트의 가치가 금 1,000트로이온스라고 한다면, 금의 가격변동에 따라금에 대한 관심가치의 변동에 따라 압구정 현대아파트의 가치도 시시각각 변하게 나올 것이다. 결국 '원'이나 '달러'로 측정하는 것과 크게 다르지 않을 것이고 오히려 더 복잡하게 만들 수도 있다.

새로운 가치 단위, 시간

다시 우리는 새로운 가치 기준, 또는 가치의 단위를 찾아야 한다. '시간'이 가치 기준의 한 대안이 될 수 있다. 우리 모두는 투자자이고, 투자자의 시간 자산넓은 의미의 가치는 자산농장에서 발생하는 현금흐름으로 구할 수 있다. 이 현금흐름(명목)의 누적은 그 자산의 가치를 대변하기 때문이다.

'시간'을 가치 기준으로 쓴다면 어디서부터 시작해야 할까? 개인소득의 장기 시계열 데이터는 구하기 어렵다. 특히 우리나라는 소득통계의 역사가 짧아 사용할 수 없다. 반면, 미국 연방준비은행FRB의 경제 데이터베이스인 FRED Federal Reserve Economic Data는 1979년부터 분기별로 미국 근로자의 평균 주당 임금 데이터를 발표하고 있는데, 아쉬운 대로 이 데이터를 가공하면 평균 '근로자' 시간 자산의 현금흐름을 알 수 있다. 그리고 이 미국 근로자들의 평균 현금흐름평균 주당 명목 임금을 누적하면 시간 자산의 가치를 '달러'로

미국 근로자의 현금흐름(평균 주당 명목 임금, 분기별) 출처: FRED

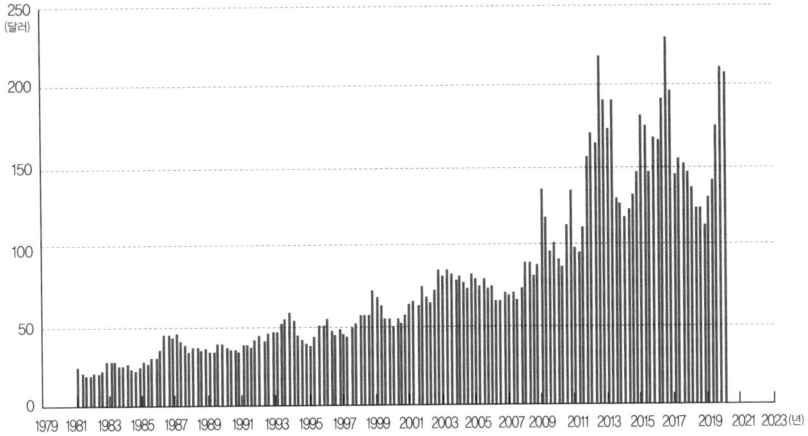

미국 근로자의 시간 가치와 통화량(M2)의 상관관계 출처: FRED

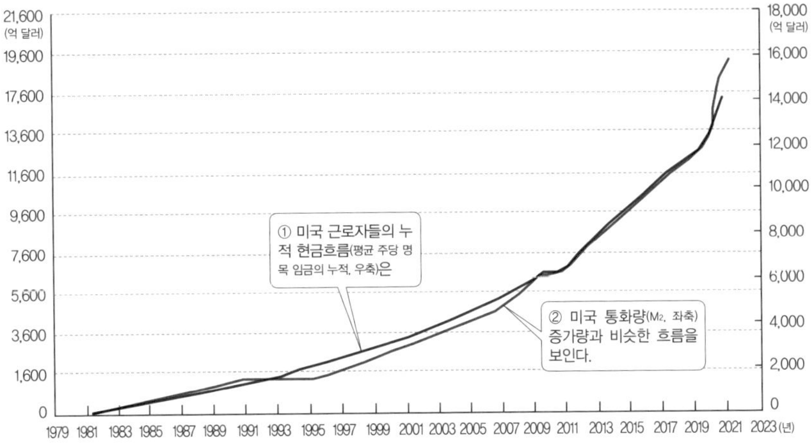

표현할 수 있다. 신기하게도 이는 미국 통화량M2의 증가와 거의 일치한다.

미국 근로자가 가진 시간 자산의 '가치달러 대비'는 달러의 유통량통화량 M2을 따라간다. 이는 다른 말로 하면, 평균 근로자의 시간 자산 가치는 거의 변하지 않았다는 것을 의미한다. 경제철학적 관점에서도 근로자노동자의 평균 시간 가치는 거의 일정하게 유지되었을 것으로 생각할 수 있다. 인간이 삶을 영위하는 데 필요한 평균 노동시간은 일정한 범위 내에 있을 것이고, 약 50년 정도의 짧은 시계열에서는 큰 변화가 없을 것이기 때문이다. 이제 우리는 변화가 적은 가치, 즉 북극성을 얻은 셈이다.

시간 가치 기준으로 본 금 가격 추이

조금 더 생각해 보면, 앞에서 살펴보았듯이 시간 자산의 가치가 통화량을 따라가기 때문에, 사실 통화량을 자산의 가치를 평가하는 기준으로 삼아도 된다. 다만, 통화량을 가치평가의 기준으로 삼으면, 단위가 다시 '화폐'가 되기 때문에 화폐가치의 하락을 염두에 두고 가치를 평가하는 문제가 생긴다. 반면, 평균 시간 자산 가치를 자산의 가치를 평가하는 새로운 단위로 사용해 정의한다면, 우리는 가치와 가격을 동일하게 생각하는 오류를 피할 수 있게 된다. 예를 들어 근로자의 1주일 시간 가치를 1boum이라 정의하는 것처럼 말이다boum은 필자가 임의로 만든 시간 가치 단위이다. 필자의 사이트 스페이스봄(www.spaceboum.com)에서 봄(boum)은 시공간의 시간을 의미한다.

금을 예로 들어보겠다. 금의 가치는 다음의 첫 번째 그림처럼 시간 자산의 가치또는 통화량를 따라갈 것이다. 그리고 시간 가치의 추세선을 1boum의 선이라 한다면, 금의 가치는 다음의 두 번째 그림과 같이 나타낼 수 있을 것이다. 금의 가치가 변하는 이유는 사람들의 관심이 변하기 때문이다. 현재 금의 가치는 1.1boum 정도라고 할 수 있다. 미국 근로자의 평균 시간 자산 가치보다 조금 높은 수준이다. **이처럼 가치의 단위를 화폐가 아닌 다른 단위**예를 들어

시간 자산 가치와 금 가격

출처: FRED

시간 자산 대비 금의 가치

출처: FRED

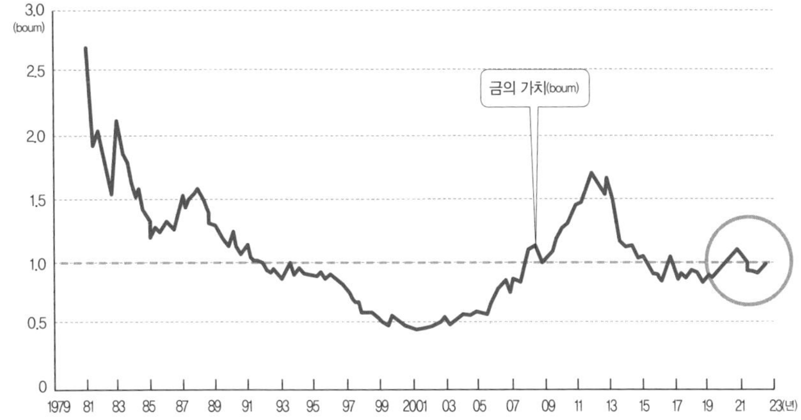

boum**로 사용한다면, 우리는 화폐가치가 영원불멸할 것이라는 착각에서 조금 더 벗어날 수 있을 것이다.** 예를 들어 자장면 한 그릇의 평균적인 가치나 효용은 10년 전이나 지금이나 크게 변함이 없다. 다만 우리 돈 원화의 가치가 떨어졌기 때문에 '원화 대비 자장면의 가치'가 변한 것이다. 이를 평균 근로자의 시간 가치로 표현하거나, 그 단위를 화폐가 아닌 다른 것으로 교체한다면, 크게 변하지 않는 어떤 기준으로 세상을 바라볼 수 있게 될 것이다.

가치평가

가치의 층위: 내재가치에 집중하자

투자의 세계에서 우리가 흔히 접하는 가치평가는 증권사 애널리스트가 작성하는 주식 리포트이다. 애널리스트들은 회사가 보유한 유무형 자산들의 가치를 종합적으로 평가해서 그 회사의 적정가치는 OO만원이라고 결론을 내린다.

그래서인지 우리는 가치란 화폐로 명확하게 표현되는 것이라고 착각하기 쉽다. 하지만 현실세계의 다양한 자산들은 그렇게 숫자로 딱 떨어지지 않는 경우가 더 많다. 특히나 시간 자산과 같이 무형의 자산은 더욱더 그렇다.

가치는 층위로 표현될 수 있다

가치는 층위Level로 표현될 수 있다. 이는 사람들의 마음이 어떤 재화의 가치를 결정하기 때문이고, 또한 사람들의 마음에는 단계가 있기 때문이다.

나는 압구정 현대아파트, 테슬라, 삼성전자 같은 특정 자산에 얼마만큼의 가치를 인정할까? 지인의 추천으로 그냥 관심을 가지는 정도일까, 아니면 내 돈과 시간을 바로 투자할 정도인가?

만약 내 돈과 시간을 투자한다면 그 자산의 가치를 높게 평가하는 것이고, 또는 그 자산을 지나치지 않고 꾸준히 지켜보는 정도라면 그 자산의 가치를 관심을 가질 정도로 인정하는 셈이다아직은 돈과 시간을 투자하지는 않았지만.

예를 들어 보겠다. 어떤 식당이 오픈을 했다고 하자. 사람들은 이 식당 앞을 지나며 관심을 보인다.

관심: "여기 식당이 생겼나 봐." "뭘 파는 곳이지?" "맛있으려나?"

얼마의 시간이 지나고 식당에 대한 좋은 소문이 퍼지기 시작한다. 식당의 음식이나 서비스의 질에 대한 사람들의 믿음이 생겨난다.

믿음: "여기 맛있대." "친절하고 깔끔하대." "인테리어도 분위기 있나 봐."

사람들은 이 식당에 가고 싶은 욕심이 생긴다.

욕심: "가고 싶다." "나도 먹어 보고 싶다." "이번 주말에 가야지."

대기 줄이 생겼다. 식당에 방문한 사람들은 대기하며 시간을 쓰고, 식비로 돈을 지불한다. 또한 식당에 다녀온 것에 대해 시간을 써서 알린다.

시간과 돈: 대기시간, 식비 지출, 지인에게 알림.

자산가치의 5가지 층위

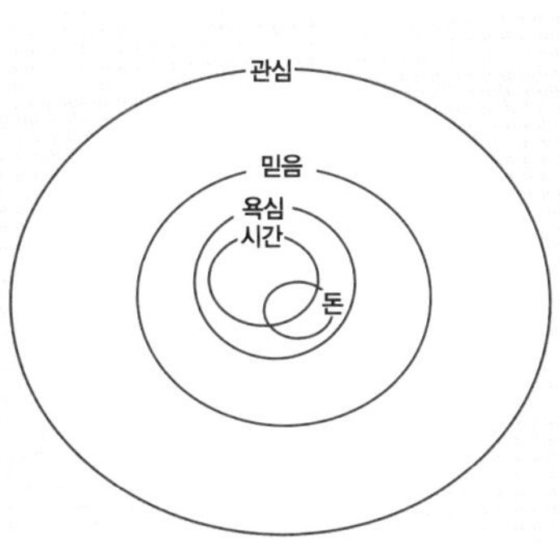

여기서 이 식당의 가치를 그림으로 그려 보면 다음과 같다.

이 식당 자산의 내재가치핵심가치는 식당에서 벌어들이는 현금흐름을 누적하면DCF, 현금흐름 할인법 구할 수 있을지도 모른다'명목 현금흐름의 누적' 편에서 자세히 설명한다. 이를 좀더 정확히 말하면, 이 식당의 내재가치는 서비스와 음식의 품질에 만족하며 돈과 시간을 쓰는 사람들의 시간 자산의 가치를 합한 것과 같을 것이다.

그렇다면 욕심, 믿음, 관심의 가치는 어떻게 측정할 수 있을까? 이는 내재가치와 같이 이 식당에 가고 싶은 사람, 이 식당의 서비스와 품질을 믿는 사람, 이 식당에 관심을 가지는 사람의 시간 자산 가치의 합을 구하면 될 것이다. 이것이 각각 식당이 가지는 '욕심'의 가치, '믿음'의 가치, '관심'의 가치가 된다.

가치의 층위는 내재가치로 갈수록 밀도가 높다

자산가치의 밀도

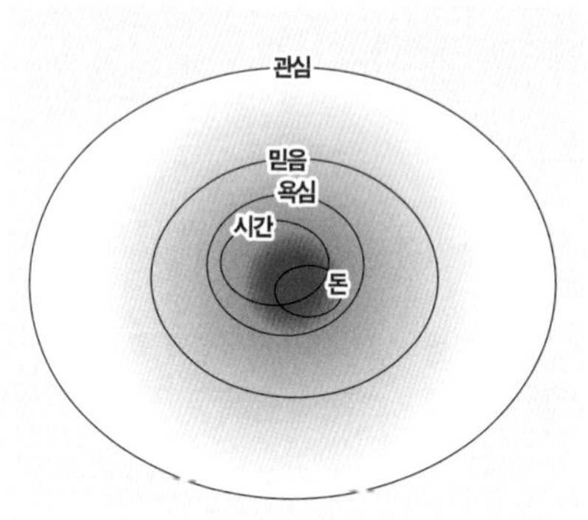

자산의 가치가 모여드는 모습

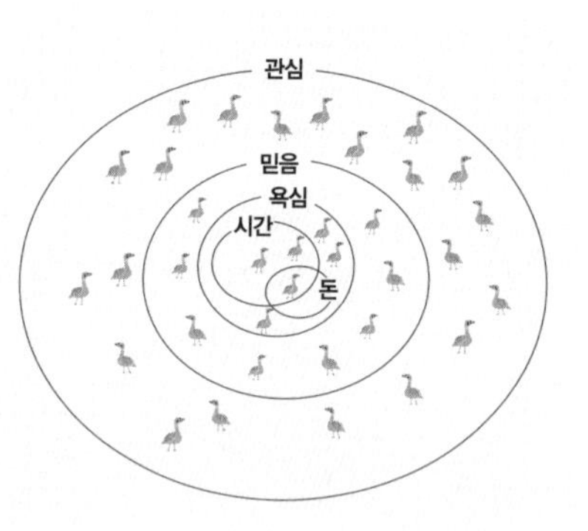

가치를 결정하는 밀도, 즉 가중치는 중심으로 갈수록 높아진다. 만약 가치가 사람들의 마음에 의해 좌우되는 것이라고 한다면, 언제든지 관심의 가치, 믿음의 가치 또는 욕심의 가치는 사라질 수 있다. 앞의 예에서 든 식당에서 오픈 이후 시간이 지나면서 언제든 사람들의 관심이나 믿음이 사라질 수 있는 것이다. 반면, 식당에서 사람들이 쓰는 시간과 돈의 가치는 상대적으로 견조할 수 있다.

앞에서 우리는 시간 거위의 확장에 대해 알아보았다. 시간 자산은 마치 물과 같아서 그릇의 크기와 모양에 따라 그 크기와 모양이 바뀌고, 심지어 어떤 그릇이 되기도 한다. 이 시간 자산들이 모여드는 것은 시간 자산의 가치가 모여드는 것과 같다.

시간 자산 가치의 합을 구할 수 있다면, 우리는 자산 또는 재화의 가치를 구할 수 있게 된다. 여기서 주의해야 할 점은 가치의 층위가 다르다는 것이다. 즉, 가치의 밀도가 다르다.

가치의 밀도는 내재가치핵심가치**에서 가장 크다.** 이 가치의 밀도 분포는 어떤 확률 밀도 함수를 따라간다고 가정할 수도 있다. 예를 들면 파레토 분포와 같은 멱함수 분포처럼 말이다.

가치의 밀도 분포가 중요한 이유는 각 층위에 시간 거위들이 모여들 때, 단순히 그 가치들의 합이 그 자산의 가치를 대변하지는 않기 때문이다.

예를 들어 관심의 영역에 100만 명이 모였지만 시간과 돈을 쓰는 사람이 10명인 자산, 그리고 관심은 그리 높지 않아 1만 명 정도지만 시간과 돈을 쓰는 사람이 1,000명인 자산을 보자.

두 자산을 비교하면 단순히 시간 거위의 합은 '1,000,010 대 11,000'이겠지만, 가치의 합은 후자가 더 높을 수 있다. 왜냐하면 가치의 층위가 내재가치로 갈수록 그 밀도가 크게 높아질 것이기 때문에, 시간과 돈을 쓰는 사람이 100배 많은 자산의 가치가 더 높다고 할 수 있기 때문이다.

자산의 내재가치

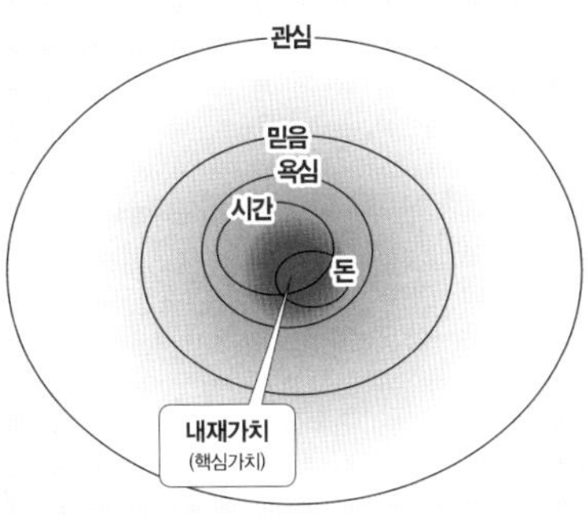

자산가치의 밀도 분포

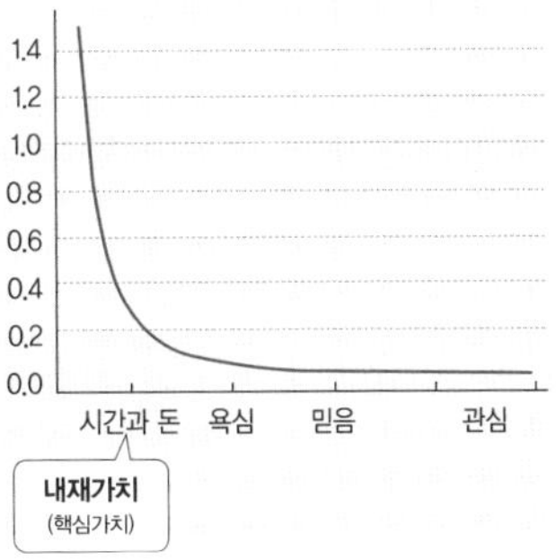

자산에 대한 관심도의 변화

비트코인의 경우, 비트코인에 시간과 돈을 쓰는 사람들이 꾸준히 증가해왔다. 비트코인에 투자된 돈과 사람들의 시간비트코인 연구나 채굴 등이 비트코인의 내재가치를 키워 오고 있다.

앞으로 비트코인이 '사라지지 않고 변하지 않는다'고 믿는 사람들이 늘어나서 금과 같이 여겨지게 된다면, 비트코인의 핵심가치는 믿음의 가치가 될 수도 있다. 반면, 비트코인에 대해 잘 알지 못하고 가격이 오르면 잠깐 관심을 가졌다가, 가격이 떨어지면 관심에서 멀어지는 것은 관심의 가치라고 할 수 있다. 비트코인의 핵심가치를 이 중에서 어디까지 인정하는지는 투자자의 성향에 따라 달라질 것이다.

이것을 주식을 예로 든다면, 흔히 말하는 '성장주'와 '가치주'의 차이로 볼 수 있다. 우리는 성장주, 가치주의 구분을 옳다고 생각하지 않지만, 일반적으로 생각하는 성장주는 혁신적인 기술을 이용해서 앞으로 크게 성장할 기업의 주식 정도의 의미인 것 같다. 물론 성장주 기업에 시간과 돈을 쓰는 사람들도 많이 늘어났지만내재가치, 2021년까지 급증한 시장 유동성에 힘입어 성장주들에 대한 사람들의 관심이 크게 늘어났었다. 하지만 2022년 시장 유동성이 축소되며 가격과 관심의 가치가 하락했다. 이처럼 관심의 가치는 가격에 따라 요동친다.

자산의 핵심가치를 어디까지 인정해야 할까?

자산에 대한 관심도의 변화(예: 비트코인)

출처: 구글 트렌드

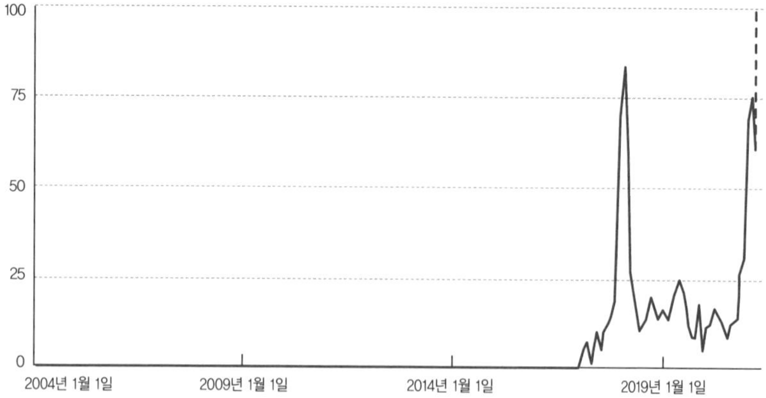

우리 부부와 같은 일반 투자자들에게는 핵심가치를 내재가치, 즉 시간과 돈으로 이루어진 가치로 보기를 추천한다.

많은 사람들이 주목하고 있는 '핫한' 자산은 관심의 가치가 크다. 이런 때는 가격이 이미 높아져서 내재가치 대비 매우 비싼 경우가 많으므로, 이런 경우에는 투자를 하지 않는 편이 낫다. 즉, 다른 말로 하면 사람들의 관심이 많은 자산은 우리의 관심에서 멀리하자. 이는 "소문에 사서 뉴스에 팔아라" 같은 말과 어느 정도 맞닿아 있다.

만약 언론에서 '요즘 뜨는 핫한 자산'이라고 홍보하는 기사가 나왔다면, 우리는 그 자산에 관심을 가지기보다는 멀리해야 한다. 반대로, 언급만 했을 뿐인데도 주위 지인들이 말리는 자산군이 있다면 지나치게 저평가된 것은 아닌지 한번 관심을 가져봄 직하다.

이처럼 관심보다 내재가치 평가에 집중하고, 혹은 관심이 많아 고평가되어 있는 자산은 아닌지 살펴보는 것만으로도 장기적으로는 투자의 실패를 줄일 수 있다.

가치평가

내재가치 측정 원리의 분류

앞에서 자산의 가치는 여러 층위로 이루어져 있고, 이 중에서 리스크가 적은 보수적인 투자를 위해서 집중해야 할 가치는 '내재가치'라고 했다. 이제 자산의 내재가치를 어떻게 측정하고 평가하는지 알아보자.

자산의 내재가치 측정법

댐과 저수지의 예를 생각해 보면, 댐 뒤에는 저수지가 있다. 우리는 댐이 담고 있는 저수지를 바라볼 수 있어야 한다. "이 댐은 세계 최고의 높이를 자랑하는 멋진 댐입니다!"라고 했을 때, 우리는 그 뒤에 담겨 있는 물의 양도 댐의 높이에 걸맞은지 알고 싶다. 댐의 높이가 '자산의 가격'이라고 한다면, 그 댐이 담고 있는 물의 양은 '자산의 가치'라고 할 수 있다. 우리가 알고 싶은 것은 물의 양, 즉 자산의 가치다. 어떻게 알 수 있을까?

댐으로 막은 지형에 따라 물의 높이가 달라질 것이고, 따라서 물의 높이는 지형과 물의 양에 따라 결정된다.

물의 높이 = f(지형, 물의 양)

물의 높이는 자산의 가치를 대변할 수 있다. 정확히 말하면, 물의 부피가 자산의 가치가 될 것이지만, 자산의 가격과 비교되는 '자산가치의 값'은 물의 높이라고 생각해도 무방할 것이다.

자산가치의 값 = f(자산의 지형, 자산의 가치)

여기서 우리가 알고자 하는 것은 자산의 가치, 즉 물의 양이다. 물의 양은 정적인 상태에서는 고정되어 있는 것처럼 보이지만, 동적인 상태에서는 시간에 따라 항상 변한다. 그 변화는 다음 그림과 같이 흘러 들어오는 양, 흘러 나가는 양, 강우에 의해 증가하는 양, 증발에 의해 감소하는 양, 땅으로 흡수되는 양에 의해 일어난다.

자산가치(물의 양)의 변화

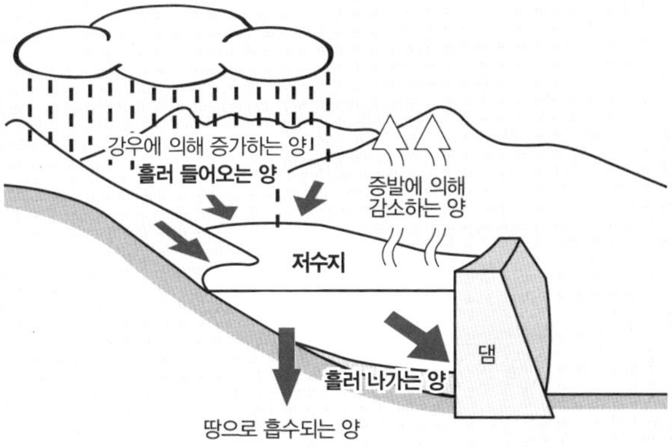

이처럼 가치는 고정불변한 값이 아니라 공간의 시간 변화에 따라 변한다. 따라서 이 모든 것을 측정하고 예측하는 것은 불가능하다. 게다가 그 값은 우리가 이해하고 있는 가격의 단위와 다른 단위로 표현될 것이기에 더욱 이해하기 힘들 것이다.

만약 물의 높이, 즉 가치의 값을 중심으로 생각한다면 그나마 쉽다. 물의 양이 얼마가 될지, 그리고 그 단위가 무엇인지에 상관없이, 물의 높이를 댐의 높이를 측정했던 것과 비슷한 단위로 측정한다면, 우리는 어렴풋하게나마 가치를 대변할 수 있을 것이다. 즉, 우리가 알고 싶은 것은 댐에 담긴 물의 양이지만, 이것을 판단하는 것은 불가능하기 때문에, 그나마 우리에게 익숙한 '물의 높이가치의 값'를 측정하는 것이 가치를 대변할 수 있다는 것이다.

자산가치의 값을 측정하는 원리

댐과 저수지는 자산이다. 댐의 높이는 '가격'이고, 댐에 담긴 물의 양은 '가치'이며, 물의 높이는 '가치를 대변하는 값'이다. 우리는 현재 이 가치의 값을 측정해 보고 싶은 것이다.

가치의 값에 영향을 주는 요소는 너무나 많겠지만, 우선 가장 영향을 미치는 요소들 위주로 살펴보겠다. 단, 여기서는 전체 시장 상황의 변화즉, 강우나 증발, 또는 지형의 변화로 인한 물의 높이 변화는 없다고 가정하겠다. 이런 변화는 경제에서는 전쟁, 금융위기, 시장경제체제의 변화 등을 의미하는 것으로, 투자자가 예측할 수 있는 범위를 벗어난 것이기 때문이다.

물의 높이자산의 가치를 대변하는 값를 결정하는 요인 중 가장 큰 것은 기존에 있던 물의 양일 것이고, 그다음으로 영향이 큰 것은 저수지에서 나오는 물, 저수지로 들어가는 물의 양일 것이다.

1. 기존에 있던 물의 양

2. 나오는 물의 양

3. 들어가는 물의 양

전체를 바라보려면, 우리는 댐과 저수지, 그리고 들어오는 물의 흐름과 나가는 물의 흐름을 한눈에 바라볼 수 있도록 높은 곳으로 올라가야 한다. 하지만 현실적으로 이렇게 바라볼 수 있는 방법은 없다. 우리는 겨우 자산의 댐 앞에 서서 상상해 볼 뿐이다.

위에서 내려다보면 지형과 댐, 물의 흐름이 한눈에 보인다. 하지만 자산의 가치를 이렇게 볼 방법은 없다. 우리는 겨우 자산의 댐 앞에서 상상해 볼 뿐이다.(출처: 구글 어스)

이처럼 자산을 전체적으로 바라보는 것은 고사하고, 자산의 가치를 바라볼 생각조차 하기 힘들다. 실제로 그렇게 하는 사람은 드물다. 겨우 댐의 높이만을 어떻게 측정하고 예측할지 고민해 볼 뿐이다. 그중 현명한 사람은 다음과 같이 나오는 물의 양을 가지고 댐 뒤에 얼마나 많은 물이 있을지 예측해 보기도 한다.

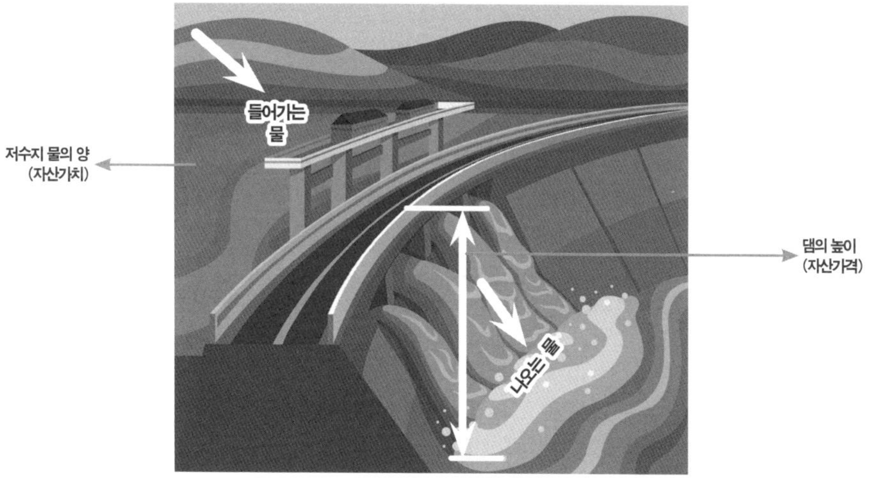

즉, 자산으로부터 나오는 현금흐름을 바탕으로 '자산가치'의 값을 측정해 보려는 것이다. 우리는 이것을 '내재가치의 측정'이라고 여긴다. 하지만 여기서 측정된 어떤 숫자는 자산의 가치가 아닌 가치 값수위일 뿐만 아니라 그 숫자도 정확한 값이 아닐 것이다. 따라서 나오는 물이 없다고 해서 댐 뒤에 물이 없다고 단정할 수 없는 것처럼, 현금흐름이 없다고 해서 그 자산의 가치가 없을 것이라는 주장 또한 잘못된 것이다.

측정 원리의 분류

지금 우리는 댐 앞에 서 있고, 이 댐에 투자할지를 결정하려고 한다. 누군가가 댐의 높이가격를 제시한다. 어떻게 해야 할까? 우리는 어떻게든 댐 너머에 담겨 있는 물의 양, 즉 자산가치를 측정해 보아야 한다.

다행스럽게도 수많은 사람들이 겪었던 이런 과정을 꽤 긴 기간 기록해 둔 자료가 존재한다. 바로 자산가격의 시계열이다. 자산가격의 장기 시계열을 통해 자산의 가치를 엿볼 수 있다. 정확히 말하면 자산가치의 값이지만, 투자자 입장에서 이것이라도 예상해 볼 수 있는 것은 다행스러운 일이다. 게다가 자산가격의 시계열이 상당히 긴 시간이라면 더 믿음을 가질 수 있어 좋다.

자산가치 측정의 원리는 다음과 같이 크게 물의 흐름현금흐름이 있는 경우, 물의 흐름이 없는 경우로 구분할 수 있다.

자산가치 측정의 원리

<table>
<tr><th colspan="2" rowspan="2">물의 흐름
(현금흐름)</th><th colspan="2">시스템의 상태</th></tr>
<tr><th>정상 상태</th><th>동적 상태</th></tr>
<tr><td rowspan="2">물의 흐름 있음</td><td>나오는 물
(Outlet)</td><td rowspan="2">안정적인
월세 부동산,
배당 귀족주 등</td><td>대부분의 자산
(테슬라, 전세 레버리지 등)</td></tr>
<tr><td>들어가는 물
(Inlet)</td><td>비트코인, 이더리움,
스타트업, 프로토콜 등</td></tr>
<tr><td colspan="2">물의 흐름 없음</td><td colspan="2">금, 토지, 예금(낮은 이자) 등</td></tr>
</table>

물의 흐름이 있는 경우

물의 흐름은 들어오는 물, 나가는 물 등 두 가지이다. 그리고 물 흐름의 상황은 정상 상태와 동적 상태로 구분할 수 있다.

정상 상태

정상 상태Steady state는 시간의 흐름에 따라 물의 양자산가치이 변하지 않는 상태를 말한다. 즉, 들어오는 물과 나가는 물이 균형을 이루어 물의 높이수위가 변하지 않는 것이다. 이는 특별한 경우로, 자산으로 말하면 가치가 크게 변하지 않는 상태를 말한다.

사실 정상 상태를 가정하고 자산의 가치를 예측하는 것이 가장 쉽다. 왜냐하면 들어오는 물과 나오는 물의 양이 같기 때문에, 댐 앞에 서서 나오는 물의 양만으로 가치를 계산하면 되기 때문이다. 그 예로 안정적인 월세 부동산이나 배당 귀족주를 들 수 있다. 이들 자산은 시간에 따라 가치가 크게 변하지 않는다고 가정할 수 있고, 나오는 현금흐름이 주기적이고 일정한 편이다. 이런 경우 우리는 현금흐름을 누적해서 자산가치의 값을 예측할 수 있다. 그 원리에 대해서는 뒤의 '명목 현금흐름 누적의 원리'에서 더 설명하겠다.

사실 세상에 가치가 변하지 않는 것은 없지만, 그럼에도 불구하고 정상 상태를 가정하는 것은 계산의 편의를 위해서이다. 들어오는 물의 양을 측정하는 것은 너무 어려우니, 나오는 물의 양만으로 댐에 담긴 물의 양자산가치을 예측해 보려는 시도이다. 그나마 안정적인 월세 부동산이나 오랜 시간 동안 뻔한 현금흐름을 가져다주는 배당 귀족주는 비교적 긴 보유기간 동안 자산 가치가 크게 변하지 않을 수도 있을 것이라는 기대를 하고 계산하는 것이다.

동적 상태

동적 상태Dynamic state는 시간에 따라 자산의 가치가 변하는 상태라고 정의할 수 있다. 거의 대부분의 자산이 여기에 속한다. 평가하는 방법은 다음과 같은 물의 흐름으로 분류한다.

A. 나오는 물의 흐름Outlet

B. 들어가는 물의 흐름Inlet

이 중에서 어느 것을 사용할지는 투자자의 자유이다. 자산가치의 변화를 가장 잘 반영할 수 있는 흐름을 찾아야 한다. 우리의 목적은 최대한 물의 높이자산가격를 예측해 보는 것이며, 그것을 반복해서 비교적 믿을 만한 값을 찾으려는 것이지, 정확한 값을 구하려는 것이 아니다. 따라서 이것이 정확한 방법인가를 따지는 것보다 자산의 가치를 최대한 반영할 수 있는 값을 찾는 데 집중해야 한다.

나오는 물의 흐름(Outlet): 테슬라, 전세 레버리지 등

댐 안에 물이 많다면자산가치가 높다면 한번에 나올 수 있는 물의 양도 많아질 것이다. 이때 나오는 물의 양을 어떻게 측정할 수 있을까에 대해 고민해야 한다. 또한 그 물의 양을 대변할 수 있는 값이 무엇일지도 고민해야 한다. 즉, 자산의 가치를 대표할 수 있는 것, 다시 말해 자산으로부터 나오는 어떤 흐름, 이것을 찾는 것이 핵심이다.

예를 들어 지난 몇 년 동안 테슬라 주식의 가치는 지속적으로 증가해 왔다. 테슬라라는 댐 안에 물이 차오르고 있는데, 이 가치의 변화를 대신해 댐 밖으로 나오는 물의 흐름은 무엇일까?

지난 몇 년 동안의 테슬라처럼 기업의 가치가 폭발적으로 성장한 회사 같은 경우, 가치의 성장을 가장 잘 보여주는 지표는 잉여현금흐름Free Cash Flow, FCF, 영업이익, 매출 등을 떠올려볼 수 있고, 그중에서 테슬라의 누적매출이 그나마 가치를 잘 반영하는 것으로 보인다.

실제로 누적매출은 정상 상태를 가정한 존슨앤존슨JNJ 주식에서도 효과적인 가치평가 방법이 될 수 있다. 다만, 테슬라의 경우 주가의 시계열이 짧기 때문에 아직은 정확한 가치를 반영한다고 할 수 없다. 앞으로 시간이 지나면서 자료가 쌓인다면 가치평가에 좋은 도구가 될 수 있을 것이다.

전세 레버리지의 경우는 나오는 물의 흐름을 '전세가의 상승분'으로 본 경우이다 2장의 '현금흐름도표: 은마아파트 사례' 참고. 이때 전세가 상승분의 누적은 전세가의 변화가 되는데, 전세가는 변화가 심하기 때문에 통화량으로 보정해 주어야 한다. 즉, 통화량으로 보정된 전세가의 변화는 그 주택의 자산가치를 반영한다고 할 수 있다.

들어가는 물의 흐름(Inlet): 비트코인, 스타트업 등

앞에서 이야기한 예들은 들어가는 물의 흐름은 알기 힘들지만, 나오는 물의 흐름에 대한 자료는 충분히 쌓여 있는 경우이다. 그런데 만약 '들어가는 물'의 흐름을 파악할 수 있는 자산이 있다면, 우리는 이를 통해서도 자산의 가치를 측정해 볼 수 있다. 여기서 다시 한번 자산의 가치를 보여줄 수 있는 것, 즉 자산으로 들어가는 어떤 흐름을 찾아야 한다.

대표적인 경우가 바로 비트코인이다. 비트코인이라는 댐과 저수지가 있다고 가정해 보자. 이 저수지에는 물이 채워지고 있다. 하지만 댐 앞에서 보았을 때, 아직 나오는 물은 거의 없다시피 하다. 댐의 높이도 들쑥날쑥 제멋대로인 것처럼 보인다. 하지만 댐의 높이 자산가격 를 보지 말고, 댐에 담기고 있는 물의 변화 자산가치의 변화 를 보아야 한다. 대표적으로 댐에 물을 채우고 있는 것은 채굴자들의 시간과 돈 에너지이며, 여기에 비트코인 사용자들이 지불하는 수수료가 포함된다. 만약 채굴 에너지를 누적하거나 수수료를 누적한다면 비트코인의 가치를 반영할 수 있을 것이다.

이와 같은 방법으로 수수료를 이용해 암호화폐 이더리움의 가치를 평가해 볼 수 있다 3장의 '이더리움 가격평가' 참고. 여기서는 이더리움 전체를 자산 거위로 보고, 이 자산 거위가 낳는 황금알현금흐름을 가스비Gas fee, 코인 거래 시 일종의 통행료로 본다. 이는 가스비를 이더리움이라는 자산에서 나오는 물의 흐름현금흐름으로 본 것이지만, 사실 이는 이더리움으로 다시 들어가는 물이므로 자산의 가치를 증가시키는 데 사용된다.

스타트업이나 블록체인의 새로운 프로토콜의 경우도 들어가는 물의 양으로 가치를 측정할 수 있을 것이다. 창업 초기 사업이나 프로젝트의 경우, 아직은 매출 성장과 같이 가시적인 성과가 없을지라도 대표와 팀원들의 시간 에너지, 투자자들의 돈 에너지는 이 작은 댐 뒤에 물을 채울 것이기 때문이다. 다만, 여기서는 정량적 데이터보다는 정성적 평가에 치우칠 수밖에 없다. 스타트업 구성원의 에너지, 그리고 그 배후에 있는 멘토나 투자자들의 기여와 에너지를 평가해야 한다.

물의 흐름이 없는 경우

물의 흐름이 없는 대표적인 경우는 금이다. 금으로부터 나오는 물의 흐름도 없을 뿐만 아니라, 이제는 들어가는 물의 흐름도 거의 없다시피 하다. 바다 정도 넓이의 호수 같은 느낌이라고 생각할 수 있다. 이런 자산의 물의 높이는 거의 변화가 없다. 따라서 금의 가격을 평가할 때 통화량과 직접 비교가 가능하다3장의 '금의 가격평가' 참고. 이 외에도 토지, (초저금리) 예금 등도 물의 흐름이 거의 없는 자산일 수 있다.

가격평가

해외 주식 테슬라

앞서 '가치의 층위' 편에서 가치에는 '관심, 믿음, 욕심, 시간과 돈의 가치' 등의 단계가 있는데, 우리는 이 중에서 내재가치를 핵심가치로 보고, 자산가치의 평가에 주로 활용하고 있다고 설명했다. 내재가치는 자산이나 재화에서 발생하는 현금흐름의 합, 정확히 말하면 시간과 돈을 투입하는 모든 사람들의 시간 가치의 합으로 정의할 수 있다.

투자자의 성향에 따라 핵심가치로 인정하는 범위가 달라지겠지만, 관심이 많은 자산의 경우 자산의 가격이 내재가치 대비 고평가 상태일 가능성이 있으므로 주의해야 한다. 여기서는 위의 논리를 바탕으로 테슬라의 주가를 분석해 보겠다.

테슬라의 내재가치

모든 사람이 테슬라의 내재가치를 정확히 알 수 있다면, 증권시장은 지금과는 전혀 다른 모습을 가질 것이다. 다행인지 불행인지 우리는 테슬라의 내재가치를 알 수 없다. 다만, 누군가는 코끼리의 다리를 만져보고 기둥 같다고 할 것이고, 누군가는 코를 만져보고 큰 뱀과 같다고 말할 뿐이다.

하지만 우리는 항상 이 내재가치의 어렴풋한 모습이라도 파악해 보려는 노력을 계속하는 것이 좋다. 당장 코끼리의 전체적 형상은 알 수 없지만, 경험이 많은 사람은 대충 동물의 몸에서 지면에 닿아 있는 부분이 다리인데, 다리가 이 정도로 굵으면 전체 몸 크기는 대략 어느 정도는 되겠다는 감이 생기기 때문이다. 그리고 그 동물을 지속적으로 파악해 보면장기 시계열 대략적인 모습을 파악할 수 있을지도 모르기 때문이다.

워런 버핏이 말했듯이, 기업의 내재가치를 평가하는 유일한 방법은 현금흐름을 현가화해서 모두 더한 값이다. 즉, 현금흐름 할인법DCF이다. 이 경우 원래는 미래의 현금흐름을 할인율을 적용해서 현가화하고 잔여기간 동안 모두 더해 주어야 하지만, 과거 명목 현금흐름의 누적도 내재가치 파악에 중요한 자료가 될 수 있다.

시간의 가치를 더해 생각한다면, 테슬라의 내재가치는 결국 지금의 테슬라를 이루는 데 도움이 된 모든 사람들의 시간 가치의 합으로 정의할 수도 있다. 예를 들어 일론 머스크가 테슬라에 쏟아부은 시간의 가치는 고스란히 테슬라의 내재가치에 녹아 있을 것이다. 테슬라 임직원들의 시간 가치와 초기 투자자들의 시간 가치도 포함될 것이고, 제품에 만족해 대기시간과 돈을 지불한 소비자들의 시간 가치도 포함된다. 물론 모델 S를 타고 열심히 테슬라에 도로 정보를 주고 있는 사람들의 시간 가치도 포함될 것이다.

여기서 주목할 것은 사람들의 시간 가치가 각기 다르다는 점이다. 일론 머스크의 시간 가치는 이제 막 테슬라에 입사한 신입사원의 시간 가치와 다르다물론 어디까지나 현재 시점의 시간 가치이고, 신입사원의 미래 시간 가치는 당연히 크게 성장할 수 있다. 따라서 테슬라에 기여한 모든 사람의 시간을 단순하게 합한 것이 내재가치를 반영하지는 않을 것이다.

그럼, 테슬라의 내재가치를 어떻게 구할 것인가? 모른다. 하지만 테슬라를 전체 거위자산로 보았을 때, 우리는 테슬라가 낳는 황금알현금흐름을 가지고 테슬라의 가치를 파악하려는 시도를 할 수 있다.

테슬라의 시간 거위가 낳는 황금알은 어떻게 정의할까?

우선 이 황금알은 현금흐름이나 잉여현금흐름FCF, Free Cash Flow이라고 할 수 있다. 실제 영업으로 현금흐름을 얻기 때문에 영업이익이라고 할 수도 있을 것이고, 더 넓게는 매출을 이야기할 수도 있을 것이다.

테슬라의 시간 거위(넓은 의미)

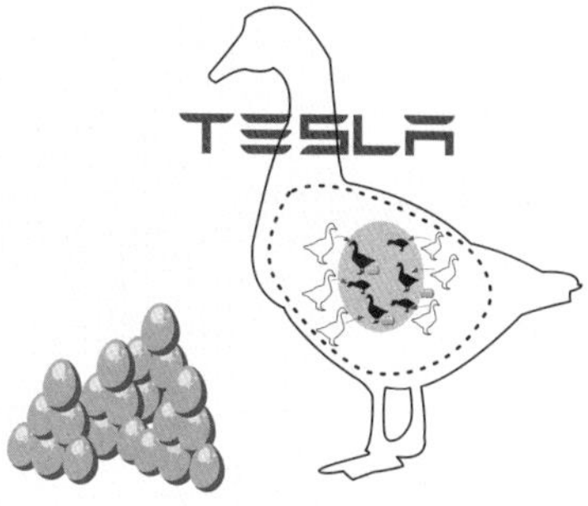

테슬라와 같은 기업의 경우, 사업이 급성장하고 급변하는 영역에 있기 때문에 혁신과 투자를 계속해야 한다. 따라서 재무제표상의 영업이익이나 잉여현금흐름FCF은 매년 크게 변동할 것이다. 실제로 테슬라는 최근을 제외하고는 거의 수익이 없거나 마이너스(-)였다.

테슬라가 좀더 안정적인 기업이 되었을 때는 잉여현금흐름이나 영업이익의 누적이 내재가치를 반영할 수 있게 될 것이다.

테슬라 같은 급성장 기업의 경우 '매출'을 거위가 낳는 황금알로 볼 수도 있을 것이다. 실제로 누적 매출이 기업의 주가를 설명하는 경우는 많다. 우리 부부가 좋아하는 존슨앤존슨JNJ의 경우, 우리는 배당주 시스템이 아닌 존슨앤존슨 기업 자체를 분석하는 경우 '누적 매출'을 지표로 사용하기도 한다.

테슬라도 같은 방법으로 '누적 매출'을 이용해 주가를 평가할 수 있다. 2009년부터 지금까지의 테슬라 매출을 누적하고 그 추세선과 주가를 살펴보면 다음과 같다. 실제 누적 매출액을 잘 설명하는 모델이 선정되었고결정계수 0.999, 이것이 테슬라의 내재가치를 반영하지 않을까 생각해 볼 수 있다.

물론 코끼리의 코 정도만 만져보고 코끼리 형상을 상상하는 정도이다. 하지만 만약 이 작업이 장기간 지속적으로 이루어진다면 점점 그 기업의 전

존슨앤존슨(JNJ)의 누적 매출액 대비 주가 추세선과 주가의 관계

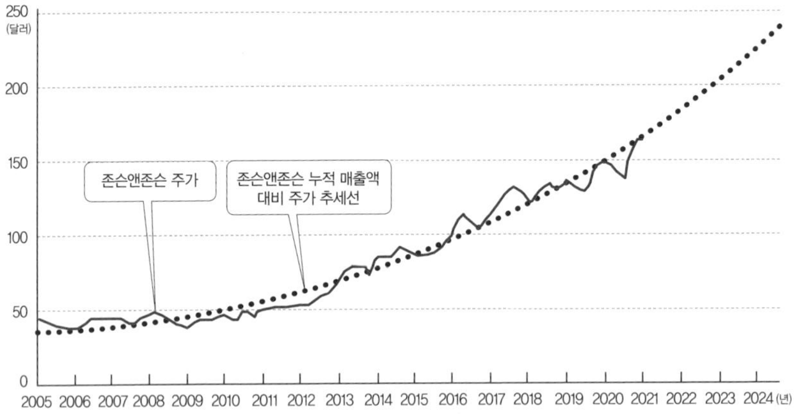

테슬라의 누적 매출액 대비 주가 추세선과 주가의 관계

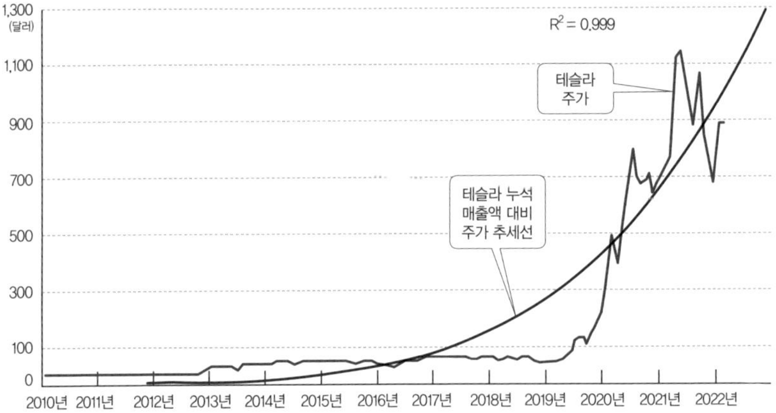

체 모습을 그릴 수 있을 것이다.

테슬라의 관심가치

테슬라는 사람들의 많은 관심을 받고 있다. 워낙 셀럽인 일론 머스크가 CEO인 것도 관심을 받는 데 큰 영향을 미치고 있다. 암호화폐, 전기차, 자율주행, 우주 등등 최근 각광받고 있는 이슈들도 테슬라에 관심을 집중시키고 있다.

이것은 구글 트렌드로도 잘 나타나고 있다. 테슬라 주가와 구글 트렌드의 추세선을 비교하면 다음 그래프와 같다.

구글 트렌드의 테슬라 주식 관심도와 주가의 관계

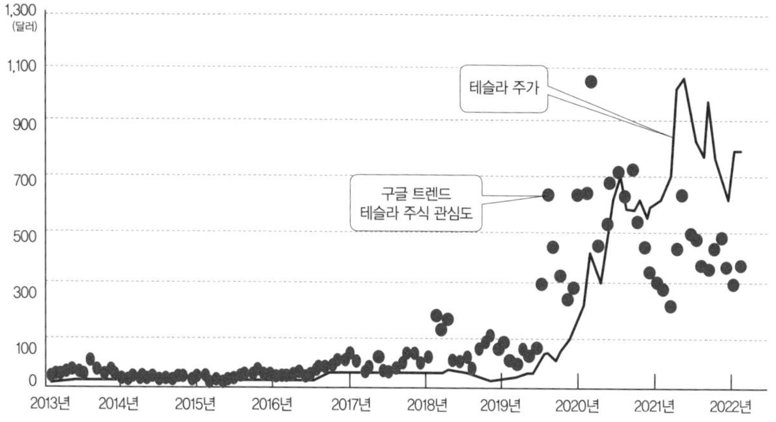

테슬라의 주가가 사람들의 관심도에 따라 출렁이는 것을 볼 수 있다. 사람들의 관심은 언제든지 급변할 수 있으므로 관심의 가치보다는 내재가치에 집중해야 한다. 장기적으로 주가는 내재가치에 수렴할 것이기 때문이다. 여기서 많은 사람들은 다음과 같은 오해를 할 수 있다.

"그럼, 앞으로 테슬라 주가가 떨어질 거라는 거야?"

"구글 트렌드를 보고 테슬라 주식을 사고팔면 되는 거야?"

하지만 우리가 계속해서 강조하고 있는 것은 '가격은 예측할 수 없다'는 것이다. 특히 단기의 가격 변화는 예측할 수 없다. 가격 변화를 예측해서 '싸게 사서 비싸게 팔겠다'는 전략은 일반인들이 해서는 안 되는 전략이라고 생각한다.

"그럼, 테슬라에 투자하지 말라는 거야?"

여기서 존슨앤존슨JNJ 주식 이야기를 해 보자. 존슨앤존슨은 1960년대 후반에서 1970년대 초까지 가장 매력적인 주식 50개 중 하나였다. 이들을 '니

프티 피프티Nifty Fifty'라고 불렀다. 어찌 보면 지금의 테슬라, 미국 증시를 견인하던 테크 주식과 같다고 할 수 있다. 1960년대 후반에서 1970년대 초반 존슨앤존슨의 주가 변화는 다음과 같다.

1962년~1970년대 초반 존슨앤존슨의 주가 추이

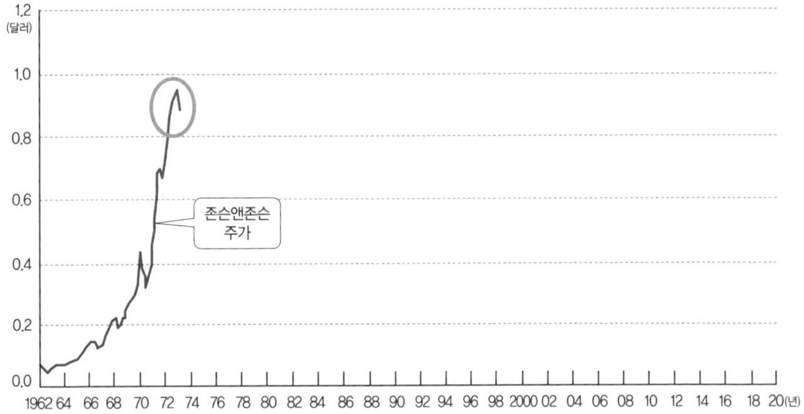

불과 몇 년 사이에 엄청난 주가 상승을 보였다. 많은 사람들의 관심과 환호 소리가 느껴진다. 이후 어떻게 되었을까? 1970년대 중후반 존슨앤존슨의 주가 변화를 보자.

1970년대 중후반 존슨앤존슨의 주가 추이

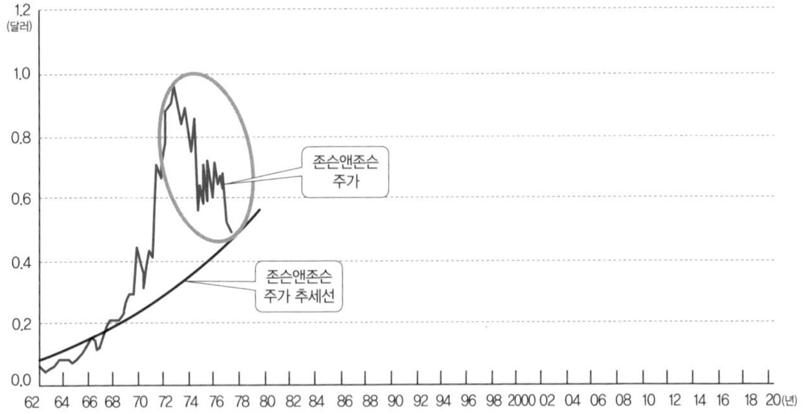

존슨앤존슨의 주가는 결국 우리가 생각하는 어떤 점선으로 회귀했다. 고점에 샀던 사람들은 절규했을 것이고, 전 재산을 투자했던 사람은 생을 마감했을지도 모른다. 더 장기간으로 늘려 보면 어떨까?

존슨앤존스 주가의 약 60년 장기 시계열을 보면, 1962~1970년대 초반, 그리고 1970년대 중후반, 그 격동의 시기는 파동의 흔적도 보이지 않는다. 존슨앤존슨의 주가는 중간중간 사람들의 과도한 관심이나 무관심으로 출렁였지만, 결국 '어떤 내재가치'를 따라갔을 뿐이다.

1962년~2022년 존슨앤존슨의 주가와 추세선

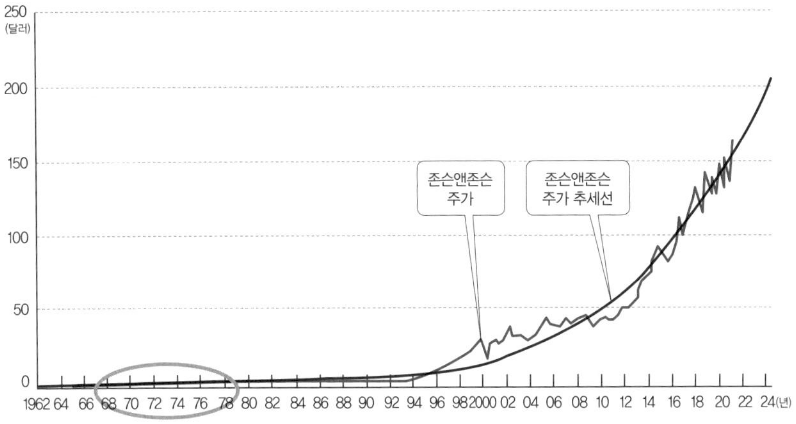

가격

가격은 환율이다

모든 자산의 매입은 거래로 이루어지고, 거래는 자산과 자산의 교환이다. 예를 들어 부동산 투자를 한다면, 아파트, 상가 같은 부동산형 자산을 화폐형 자산인 원화와 교환하는 거래를 하게 된다. 이때 거래는 자산 간의 교환비율, 즉 '넓은 의미의 환율'에 영향을 받는다. 결국 중요한 것은 '환율'이다. 우리가 잘 아는 환율부터 시작해 보자.

"1달러의 가치는 얼마일까?"

우리는 원화에 익숙해져 있기 때문에, 지금의 원/달러 환율인 "1300'원' 정도"라고 말하는 사람이 많을 것이다. 일본에 있는 사람은 1달러의 가치를 136'엔/달러'라고 할 것이고, 중국에 있는 사람은 6.76'위안/달러'라고 말할 것이다. 이 모든 것은 1달러를 나타내는 가치의 단위들이다. 더 넓게 암호화폐를 거래하는 사람들은 비트코인BTC이나 이더리움ETH으로 1달러를 계산할 것이다. 즉, 0.000047'BTC/달러', 0.00071'이더/달러' 등으로 말이다.

암호화폐를 거래해 본 사람이라면 거래소의 거래쌍에 대해 잘 알 것이다. BTC/USDT, ETH/USDT, XRP/BTC, BNB/ETH 등의 쌍은 왼쪽의 자산을 가지고 오른쪽의 자산으로 거래할 때 현재의 교환비율, 즉 환율이다.

다음 질문들도 한번 생각해 보자.

"반포자이아파트 35평형의 가치는 얼마인가?"

"삼성전자 우선주의 가치는 얼마인가?"

"당신이 운영하는 유튜브의 가치는 얼마인가?"

이를 원화 또는 달러화로 계산하는 경우, 조금만 유의해 보면 교환을 염두에 두고 생각하고 있다는 것을 알 수 있다. 여기서 사용하는 것이 교환비율, 즉 환율이다.

존슨앤존슨의 가치를 생각할 때, 존슨앤존슨의 한 주 가격을 178'달러/주'로 생각하는 것처럼 말이다. 이 '달러/주'는 거래쌍이고, 거래 시 주식을 팔고 달러자산을 가진 상대방과 교환하는 비율을 말한다.

원화로만 계산하는 습관을 버리자

많은 사람들이 거래에서 교환에 사용하는 비율, 즉 환율이 가격을 결정한다는 사실을 잘 모른 채 자산의 가치에 대해 이야기한다. 특히 한 나라에서만 거래를 해 온 사람들은 그 나라의 통화를 자산가치의 기준으로 삼고, 모든 투자기회를 그 화폐로만 계산하는 오류를 범하기 쉽다.

자산의 가치를 원화 환율로만 계산하는 습관을 버려야 한다. 한국에서 산다면, 당연히 모든 자산의 가치를 원화로 계산하는 습관을 가지고 있을 것이다. 자주 드는 예로 자장면 가격을 보면, 1980년대 초반 200원이던 한 그릇의 가격은 현재 7,000원 정도까지 올랐다. 이는 자장면의 가치가 35배나 오른 것이 아니라 교환비율인 '원/그릇'이 변했기 때문이다. 즉, 원화의 가치가 떨어져서 자장면 한 그릇과 거래되는 환율이 크게 상승했기 때문이다. 이는 달러 가치 대비 원화가치가 크게 떨어져 원/달러 환율이 치솟는 것과 마찬가지다.

자산의 가치를 원화로만 계산하는 경우, 원화가치의 하락을 간과하면 자산의 가치를 평가할 때 오류를 범하기 쉽다. 원화와 다른 자산 간의 환율은 계속 변하고 있는데, 이것을 고정되어 있다고 생각하면 안 된다. 따라서 자산의 가치를 평가할 때 나만의 환율을 가지고 있으면 도움이 된다. 만약 아파트나 주식 등을 거래할 때의 예를 들면 이렇게 말이다.

"반포자이아파트 35평형 한 채의 가치는 분당 구축 35평형 아파트 2~3채 정도 되지…"

"존슨앤존슨 주식 1주의 가치는 배당 누적액의 1.5배쯤 되지…"

"유튜브의 가치는 구독자 수와 시청시간의 곱의 3.3배쯤 되네…"

부득이하게 원화로 자산의 가치를 평가해야 하는 경우에는 꼭 원화가치의 하락을 염두에 두고 계산하는 것을 잊지 말자.

성공적인 투자란 환율이 좋아지는 자산을 모아가는 것

성공적인 투자란 결국 환율이 좋아지는 자산을 모아가는 것이다. '환율이 더 좋다'는 것은 가치가 더 있다는 말과 비슷하다. 만약 원/달러 환율이 높다면, 즉 1달러로 교환할 때 원화가 더 많이 필요하다면, 더 가치 있는 것은 달러가 된다. 자장면 한 그릇을 살 때 더 많은 원화가 필요하다면, 자장면이 더 가치 있어졌다는 말이고, 원화의 가치가 그만큼 떨어졌다는 것을 의미한다.

원화 1억원과 1억원의 가치가 있는 아파트가 있을 때, 원화의 가치가 떨어지고 아파트의 가치가 오를 것으로 예상된다면, 우리는 원화를 아파트로 교환해야 한다. 즉, 환율인 '원/채아파트'가 오를 것이라고 예상될 경우 원화를 버리고 아파트를 취하는 것이다. 현재의 경제 시스템이 유지된다고 가정할 때, 원화의 가치는 장기적으로 하락할 것이므로, 대부분의 자산을 원화로 가지고 있는 것은 '환율이 나빠지는 자산'을 가지고 있는 것이다.

가치가 높은 자산으로 교환

좀더 복잡한 경우를 생각해 보자. 목돈을 전세자금 대출 없이 전세 보증금으로 넣는 것은 임차인세입자이 원화를 임대인집주인에게 무이자로 빌려주는 것과 같다. 이는 임차인이 앞으로 원화의 가치가 높아질 것이라고 생각해서, 원화 자산을 보유하는 것이라고 생각할 수 있다. 만약 원화 환율이 변동해서 원화의 가치가 떨어지는 경우대부분의 경우 원화의 가치는 하락한다 전세 임차인은 이 투자에서 손실을 입게 된다. 따라서 가치가 상승할 것이라 예상되는 자산으로 최대한 빨리 교환해야 한다. 좋은 자산으로 빨리 교환하지는 못하더라도, 적어도 가치가 떨어질 것이라 생각되는 자산은 최대한 빨리 처분해야 한다는 것을 기억하자.

현금흐름 자산에 더 집중해야 하는 이유

하지만 여기에는 큰 문제가 있다. 즉, 우리가 자산가치의 상승을 얼마나 높은 확률로 예측할 수 있느냐의 문제이다. 다시 가치의 함정에 빠졌다! 자산가치를 예측하는 것은 둘째치고, 정확한 자산가치를 측정하는 것조차 불가능하기 때문이다. 그래서 현금흐름이 중요하다.

자산의 가치에서 현금흐름이 주는 이점은 다음과 같이 요약할 수 있다.

1. 현금흐름을 이용하면 자산의 가치를 '그나마' 손쉽게 측정하고 예측할 수 있다.
2. 만약 최종 환율자산의 가치 예측이 잘못되었다고 하더라도, 보유기간에 발생한 현금흐름으로 손실을 어느 정도 만회할 수 있다.

즉, **현금흐름은 자산의 가치를 측정하는 것을 돕고 투자의 성공 확률을 높여준다.** 가치가 낮은 자산은 되도록 빨리 처분하여 가치가 높은 자산으로 교체하고, 가치가 높은 자산은 꿋꿋이 계속 보유해야 한다. 다만, 자산의 가치를 비교적 손쉽게 측정할 수 있다는 장점, 그리고 자산가치 예측의 실패를 대비하기 위해 현금흐름이 있는 자산에 더 집중해야 하는 것이다.

초등 교실에서 환율 보기

옛날 초등학교 시절, 어느 반에 딱지놀이를 주로 하는 그룹과 구슬치기를 주로 하는 그룹이 있었다. 만약 딱지를 치다가 구슬치기를 하고 싶으면, 딱지를 구슬로 바꾸어 구슬치기 그룹에 참여하면 된다. 이때 구슬 1개는 딱지 7장과 바꿀 수 있었다.

딱지와 구슬 환율(교환비율): 7딱지/구슬

이 반의 '짱'은 구슬치기를 주로 하는 아이였고, 그래서 구슬치기 그룹 아이들의 힘이 강했다. 구슬로는 다른 물건과 교환도 가능했는데, 급식으로 나온 요플레를 더 먹고 싶으면 요플레를 가진 아이와 구슬로 거래할 수 있었다. 하지만 딱지는 요플레로 교환할 수 없었다. 짱이 그렇게 정했기 때문이다. 구슬로 요플레를 교환할 경우 요플레 하나에 구슬 20개가 필요했다.

구슬과 요플레 환율: 20구슬/요플레

딱지를 가진 아이들이 요플레를 먹고 싶다면, 딱지로 요플레를 바로 바꿀 수 없었기에, 먼저 딱지를 구슬로 교환한 다음 다시 요플레로 바꾸어야 했다. 이

경우 딱지와 요플레의 환율은 다음과 같이 계산된다.

$$\text{딱지와 요플레 환율} = \frac{7\text{딱지}}{\text{구슬}} \times \frac{20\text{구슬}}{\text{요플레}} = 140\text{딱지/요플레}$$

단위의 환산에서 앞 분모의 단위와 뒤 분자의 단위는 방정식의 미지수처럼 소거될 수 있다. 따라서 딱지와 요플레의 환율은 140딱지/요플레가 된다. 여기에는 짱에게 주는 약간의 수수료가 있지만, 계산의 편의를 위해 생략하겠다.

어느 날, 딱지 부자인 아이가 전학을 왔다.

갑자기 그 반의 딱지 양이 두 배가 되고 흔해졌다. 따라서 딱지와 구슬의 환율에도 변화가 생겼다. 이제는 딱지 7장이 아니라 14장을 가져와야 구슬 1개와 교환할 수 있게 되었다. 딱지를 가진 아이들은 억울했지만, 짱이 구슬치기를 하기 때문에 어쩔 수 없었다. 그리고 딱지와 요플레의 환율도 바뀌었다.

$$\text{딱지와 요플레 환율} = \frac{14\text{딱지}}{\text{구슬}} \times \frac{20\text{구슬}}{\text{요플레}} = 280\text{딱지/요플레}$$

하루아침에 딱지의 가치가 반토막이 되어 버렸다. 며칠 전 딱지를 구슬로 바꾸어 놓았던 아이들은 환호성을 질렀다. 이제 구슬을 딱지로 바꿀 때 두 배나 많은 딱지를 얻을 수 있기 때문이다. 이들은 마치 엄청나게 투자를 잘한 것 같은 착각에 빠졌다. 하지만 요플레의 가치는 변하지 않았다는 것을 눈치채지 못한다. 딱지 그룹에서의 상대적인 자산 순위에만 집중하기 때문이다. 딱지 그룹만 생각한다면 맞는 이야기지만, 전체적으로 보면 딱지의 가치가 하락한 것일 뿐이다.

그러던 중 언제부터인가 교실 구석에서 ***새로운 놀이가 시작되고 있었다. 바로 '지우개 따먹기'다.***

처음에는 소수의 아웃사이더 아이들이 주로 했기 때문에 별 인기가 없었지만, 점점 지우개 따먹기에 흥미를 보이는 아이들이 많아졌다. 따라서 구슬로 지우개를 교환하고 싶은 아이들도 늘었다.

특히 짱의 횡포에 반기를 드는 아이들이 중심이 되어 구슬 중심의 교환 시스템을 바꾸어 보자는 움직임이 일어나자, 지우개는 더욱 인기를 얻게 되었다.

처음에는 구슬 1개와 지우개 1개가 1 대 1로 교환되더니, 점점 지우개의 인기가 높아져 얼마의 시간이 지난 후에는 지우개 1개와 구슬 10개가 교환되기 시작했다.

구슬과 지우개 환율: 10구슬/지우개

요플레도 원래는 구슬로만 거래할 수 있었지만, 아이들은 지우개 따먹기를 하고 싶은 욕망에 짱 몰래 구슬 대신 지우개를 거래하기 시작했다. 요플레와 지우개의 환율은 다음처럼 계산할 수 있었다.

$$\text{지우개와 요플레 환율} = \frac{\text{지우개}}{10\text{구슬}} \times \frac{20\text{구슬}}{\text{요플레}} = 2\text{지우개/요플레}$$

이제 딱지를 가진 아이들도 구슬을 가진 짱을 통하지 않고, 지우개를 딱지로 교환해서 요플레를 몰래 거래하기 시작했다. 이 경우 딱지와 요플레의 교환 비율을 다음처럼 계산된다.

$$\text{딱지와 요플레 환율} = \left(\frac{14\text{딱지}}{\text{구슬}} \times \frac{10\text{구슬}}{\text{요플레}}\right) \times \frac{2\text{지우개}}{\text{요플레}} = 280\text{딱지/요플레}$$

당연한 이야기지만, 이전 딱지/요플레 환율과 같다. 다만, 구슬로 바로 교환

하지 않고, 지우개로 교환하는 단계를 거쳤다는 것이 다른 점이다. 앞에 있는 괄호 안의 곱셈은 딱지와 지우개의 환율을 계산하기 위한 식이다. 이처럼 구슬로 교환하는 단계를 직접 거치지 않아도, 각각의 환율을 조합하면 새로운 환율을 만들어낼 수 있다 이것을 숙지하는 것이 매우 중요하다.

그러던 어느 날 짱이 이 사실을 알아챘다.

화가 많이 난 짱은 앞으로 요플레와 지우개를 교환하지 못하게 하고, 심지어 지우개 따먹기도 금지시키겠다고 발표한다. 구슬의 '화폐'로서의 지위를 지켜야 했기 때문이다.

하지만 이미 지우개 따먹기에 흠뻑 빠진 아이들은 짱의 눈을 피해 방과 후 집 근처에서 지우개를 거래하기 시작했고, 짱은 갖은 노력을 기울였지만 이것까지 막을 수는 없었다.

가격평가

원화

2장의 '자산의 속성' 편에서도 이야기했듯이, 자산은 돈이나 시간이 충분히 모인 것이므로, 화폐도 충분히 모이면 자산이 된다.

그러나 장기적으로 화폐, 즉 현금을 늘려가는 것은 좋은 투자라고 보기 어렵다. 왜냐하면 법정화폐는 장기적으로 통화량이 늘어나면서 가치가 희석되기 때문이다. 하지만 단기적으로는 화폐의 가치가 높아질 때도 있음을 유의해야 한다.

원화의 변동

자산의 가격은 '화폐 대비 교환비율'이라는 것을 기억하자. 원화를 자산으로 본다면, 우리는 투자를 할 때, 원화라는 자산을 주고 다른 자산과 교환하는 것이기 때문에 원화의 가격도 살펴보아야 한다.

최근 통화량의 변화와 현수선을 추세선으로 가정한 그래프를 보면, 다음의 그래프와 같다.

원화 통화량(M2)과 추세선(현수선)

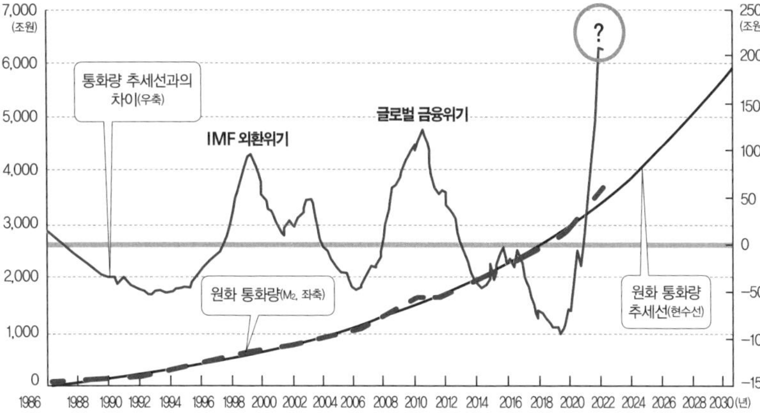

여기서 알 수 있는 유의미한 변화는 최근 통화량점선의 급증이 둔화되고 있다는 점이다. 추세선과의 차이별색 실선를 살펴보면 최근 몇 개월째 통화량 증가가 멈추고 있다. 이는 통화량이 추세선으로 회귀하고 있다는 것을 보여 준다.

그런데 원화 통화량과 통화량 추세선과의 차이를 거꾸로 뒤집어 보면, 다음 쪽의 그림에서처럼 색다른 의미를 발견할 수 있다. 이것을 '원화의 가격 평가'라고 할 수 있다.

다음의 그래프를 해석하자면, 현재 원화의 가격이 가치 대비 꽤 저평가 되어 있다고 할 수 있다. '원화의 가격'이라는 말이 생소하겠지만, 원화를 자산으로 본다면 이해하기 쉬울 것이다.

예를 들어 원화를 KRW 코인이라고 해 보자. 여기에 어떤 가치의 기준이 되는 절대화폐가 있다고 가정하면, 이 KRW 코인의 시가총액은 절대화폐의 시가총액 대비 교환비율환율, 가격의 등락이 있을 것이고, 이것을 표현한 것이 다음의 그래프인 것이다. 이 그래프에서 보듯이, 현재 원화는 저평가 구간에 있고, 차후 저점을 찍고 반등을 준비할 것으로 보인다.

원화의 가격 평가

화폐가격 상승기는 위기 시기와 비슷

화폐의 가격이 상승하는 시기에 일어나는 일들은 우리가 직간접적으로 '위기'라고 부르던 시기와 비슷한 모습일 것이다.

화폐의 가격 상승은 자산가격의 하락을 가져온다. 자산의 가격이 화폐와의 교환비율이기 때문이다. 여기서 자산은 주식, 부동산만을 의미하지는 않는다. 국가, 기업, 가계, 그리고 개개인의 시간 자산까지 포함한다. 개인이 가진 시간 자산의 가격이 하락하면 대규모 실업으로 나타날 수 있다. 한계기업은 채권단으로부터 신용을 잃고 쓰러질 것이고, 부채비율이 높은 국가도 신용위기를 맞을 것이다. 이런 일들은 모두 현금이 귀해지면 일어날 수 있는 일들이다.

이런 시기에는 단기적으로 현금을 '롱' 하는 전략이 좋다. 롱Long은 자산을 매수하거나 보유하는 전략으로, 가치 있는 자산을 대하는 전략이다. 화폐를 모은 것도 자산이므로 뒤의 '자산을 파는 것의 의미' 편 참고, 현금을 롱 한다는 것은 화폐자산을 가치 있게 본다는 것이다. 장기적으로 화폐는 숏Short, 매도 등으로 보유하지 않음 해야 하지만, 지금처럼 화폐가 매우 저평가되어 있고 다시 그 가치를 찾아가는 경우, 앞에서 이야기한 리스크에 대비하기 위해 일시적인 롱 전략을 취하는 것이다.

현금을 롱 하는 방법은 크게 3가지가 있다.

1. 현금을 확보한다.
2. 현금을 빌리지 않는다 현금 대출을 상환한다.
3. 현금을 빌려준다.

현금을 확보한다

우선 현금을 확보하는 방법으로는, 자산으로부터 현금흐름을 얻는 3가지 방법 중에서 첫 번째 방법인 거위자산가 낳는 황금알월세·배당 등, 두 번째 방법인 거위를 팔아 얻는 황금알시세차익이 있다. 여기서 세 번째 방법인 레버리지 일으키기를 제외한 이유는 화폐의 가치가 올라갈 때는 현금을 롱매수 및 보유하기 위해 '현금을 빌리지 않는다'는 전략과 상충되기 때문이다.

시간과 돈 자산으로부터 현금흐름을 잘 만들고 있는 분들은 그것들을 잘 관리하는 것도 현금을 롱 하는 것이다. 즉, 직장이나 자영업, 프리랜서 등으로 수입을 얻는 경우 그 업에 충실하게 임하고, 사업 또는 임대수입이나 배당수입 등의 경우에도 자산이 안정적으로 현금흐름을 낳아줄 수 있도록 관리하는 것이다.

경우에 따라서는 리스크를 헤지하기 위해 자산을 팔아서 현금흐름을 얻어야 하는 경우도 있다. 특히 자산의 상태가 좋지 않거나, 원하는 현금흐름이 충분히 나오지 않을 것으로 예상되는 경우에는 현금으로 교환해 두는 것이 좋다.

현금 자산의 종류는 다양하다. 원화뿐만 아니라 달러, 금 등도 위기 대비용으로 좋은 화폐형 자산이 될 수 있다. 부동산, 주식 등을 매도해서 원화를 확보했다면, 금과 달러 등으로 분산해 보는 것도 고려해 볼 수 있다.

현금 대출을 상환한다

자산으로부터 현금흐름을 얻는 세 번째 방법은 '레버리지'이다. 하지만 레버리지를 일으키는 것은 현금을 숏 하는 전략이다. 경제위기에 대비하기 위해서는 이 전략을 잠시 멈추는 것이 유리하다. 만약 레버리지를 과도하게 사용했다면, 비효율적인 레버리지는 최대한 상환해야 한다.

현금이 중요해지는 시기는 신용이 축소되는 시기이다. 즉, 자산에 대한 믿음이 사라지는 시기이다. 그렇기에 시간 또는 돈 자산을 담보로 대출을 받았다면 상환 압박을 받을 수 있다. 채권자 입장에서는 돈을 돌려받지 못할 수 있다는 불신이 생길 수 있는 시기이기 때문이다. 사실 금리상승으로 인한 대출이자의 증가보다 이것이 더 위험한 일이다. 따라서 내가 사용하고 있는 레버리지를 점검해 보아야 한다.

현금을 빌려준다

추가로 현금을 '롱' 할 수 있는 전략으로는 현금을 빌려주는 방법이 있다. 현금을 빌려주는 방법에는 여러 가지가 있다. 말 그대로 채권을 갖는 방법들이다. 국채는 국가에 돈을 빌려주는 것이고, 회사채는 회사에 돈을 빌려주는 것이고, 예금이나 적금은 은행에 돈을 빌려주는 것이다. 또는 '믿을 수 있는' 개인에게 빌려주는 것도 가능하다. 다만, 빌려준 돈을 돌려받지 못할 위험이 있기 때문에 조심해야 한다. 꼭 '믿을 수 있는' 자산에만 레버리지를 제공해야 한다는 것을 기억하자.

가격

'싼 가격에 산다'는 것의 의미

좋은 투자의 시작은 자산의 가치를 제대로 평가하고 '싸게' 사는 것이다. '싸게 산다'는 것에 대해 많은 투자자들이 오해하는 부분이 크게 두 가지가 있다.

첫째, 과거 자산가격보다 싸게 사는 것으로 착각하는 경우가 많다. 어제까지 3억원이던 아파트를 오늘 급매로 2억8,000만원에 산다면 싸게 사는 것일까? 그 후에 가격이 더 떨어지면 결과적으로 싸게 산 것이 아닐 수도 있다.

둘째, 자신이 평가한 가치에 대비해 싸게 사는 것으로 착각하는 것이다. 하지만 '싸게 산다'는 것은 자산가치를 평가해서 그보다 더 낮은 가격에 사는 것이 아니다. 앞에서 말했듯이, 자산의 정확한 가치는 누구도 알 수 없다. 그럼에도 굳이 자산의 가치를 평가하는 이유는 자산가치 대비 지나치게 높은 가격에 사는 리스크를 줄이기 위해서이다.

'싸게 산다'는 것의 진정한 의미는 **적은 투자금으로 가치가 높은 자산을 사는 것**이다. 투자의 목적은 자산을 통한 현금흐름이므로, 현금흐름이 많고 투자금이 적게 든다면 좋은 자산, 가치 대비 저렴한 자산이라고 할 수 있다. 즉, '투자수익률이 높은 자산'을 사는 것이 싸게 사는 것이다. 높은 투자수익률의 기준은 투자자마다 다르다. 우리는 이것을 '나만의 기준금리'라고 한다.

'나만의 기준금리'를 알자

'나만의 기준금리'란 나의 현재 재정상황에서 목표하는 미래로 가기 위해 달성해야 할 기준 수익률을 말한다. 예를 들어 40세 A씨가 종잣돈이 3억원이고, 연수입 중 생활비를 빼고 연 2,000만원을 투자할 수 있으며, 투자목표는 10년 후 월 500만원의 현금흐름이라고 했을 때, 앞으로 10년 동안 어떤 투자를 해야 할까? 이때의 기준이 '나만의 기준금리'다 '나만의 기준금리'는 우리가 운영하는 스페이스봄 사이트 www.spaceboum.com에서 무료로 쉽게 구해볼 수 있다.

A씨의 경우 나만의 기준금리ROI, 투자수익률는 10.4%가 나온다. 그렇다면 A씨는 앞으로 10년 동안 최소 연 10.4%의 투자수익현금흐름 기준, 자산 증가가 아님을 올릴 수 있는 투자를 해야 투자목표를 달성할 수 있다. 만약 어떤 투자기회가 생겼을 때, 투자수익률을 계산해서 10.4% 이하가 예상된다면 그 투자는 패스해야 한다. 이처럼 이 기준금리는 말 그대로 나만의 기준금리가 되어 준다.

예를 들어 입지가 훌륭한데, 주인의 사정으로 급매로 나온 상가가 있다고 하자. 상가를 사서 임차를 맞추는 방식으로 계산해 보니, 대출레버리지을 쓰더라도 예상 투자수익률이 5%라면 싸게 사는 것이 아니다. 예상 투자수익률이 '나만의 기준금리'보다 낮기 때문이다.

하지만 이 상가에서 A씨가 직접 무인카페를 운영해서 15%의 투자수익률이 예상된다면 싼 가격에 사는 것이 된다. 이처럼 똑같은 자산이라도 각자의 활용 방식과 '나만의 기준금리'에 따라 누군가에겐 비싸고, 누군가에겐 싼 가격이 된다.

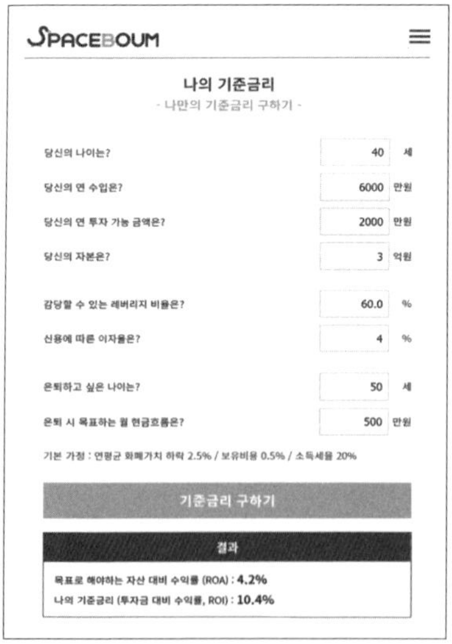

스페이스봄에서 '나만의 기준금리' 구하기

현금흐름

명목 현금흐름의 누적

현금흐름의 중요성

현금흐름은 자산의 가치를 그나마 손쉽게 측정할 수 있도록 도와주므로 매우 중요하다. 여기서는 현금흐름을 이용해서 자산의 내재가치를 측정하는 원리를 알아보자.

우리 부부는 자산의 가치를 평가할 때, 앞서 이야기한 가치의 층위 중에서 '내재가치'에 집중한다. 현금흐름을 이용해서 내재가치를 측정하기가 비교적 용이하기 때문이다. 또한 가치의 층위 중 가장 보수적인 기준을 적용하므로, 자산의 가치를 과대평가할 리스크도 줄일 수 있다는 것도 장점이다.

명목 현금흐름의 누적

자산의 내재가치를 평가하기 위해 우리 부부가 활용하는 방법은 과거 명목 현금흐름의 누적을 이용하는 것이다. 우연히 발견하게 되었지만, 정확도가 높아 자주 사용하고 있다. 전세 레버리지용 아파트, 배당주 등 과거 현금흐름 시계열이 있는 자산이라면 이 방법을 활용할 수 있다.

워런 버핏이 말했듯이 '기업의 내재가치는 기업의 잔여수명 동안 발생할 수 있는 모든 현금흐름의 현재가치'이다. 즉, 현금흐름 할인법DCF이다. 이에 따르면 내재가치를 구하는 가장 합리적인 방법은 미래 현금흐름을 현재가치로 환산해서 모두 더해 주는 것이다.

$$\text{현금흐름 할인법(DCF)} = \sum_{n=1}^{\text{잔여수명}} \frac{\text{현금흐름}\ n}{(1+\text{할인율})^{n}}$$

현금흐름 할인법DCF을 이용하기 위해서 우리는 3가지 변수를 알아야 한다.

1. 미래 현금흐름
2. 할인율
3. 잔여수명

과거 명목 현금흐름의 누적은 내재가치를 반영한다

여기서 이런 의문을 가질 수 있다.

"왜 꼭 미래 현금흐름이어야 할까?"

설혹 미래 현금흐름을 정확히 예측했다고 하더라도, 할인율과 잔여수명을 주관적으로 대입해야만 한다. 잔여수명도 마찬가지지만, 특히 할인율은 조금만 차이가 나더라도 내재가치가 크게 달라진다. 이를 직관에 맡긴다면, 우리는 어렵게 현금흐름을 예측하고도 내재가치 측정에 실패하게 된다. 워런 버핏이 현금흐름 할인법DCF을 사용하지 않는다는 말은 이런 뜻이라고 생각한다.

여기서 생각을 다르게 해보자. 좀 전의 질문으로 다시 돌아가 보겠다.

"왜 미래 현금흐름을 할인해야만 할까? 우리가 이미 알고 있는 과거 현금흐름으로는 안 될까?"

하지만 여기서도 문제가 발생한다. 바로 과거 할인율을 어떻게 정할 것인가 하는 문제이다. 잔여수명이야 그냥 자산이 발생한 시점부터 쭉 더하면 되겠지만실제로는 충분한(!) 과거 시계열 데이터가 존재하는 시점부터 더하게 된다, 할인율은 너무 주관적인 값이다. 물론 3년물 국채금리 정도로 할인율을 퉁칠 수는 있겠지만, 뭔가 찝찝한 마음은 여전히 남는다. 그래서 우리는 내재가치를 평가할 때 할인율을 적용하지 않았다. 이것을 우리는 '명목 현금흐름'이라 부른다.

자, 그러면 과거 명목 현금흐름을 현재가치로 더해 준 값, 즉 과거 현금흐름 할인법DCF은 어떤 의미를 가질까?

$$\text{과거 현금흐름 할인법(DCF)} = \sum_{n=\text{충분한 과거시점}}^{\text{현재}} \frac{\text{현금흐름 } n}{(1+\mathbf{0})^n}$$

예를 들어 보겠다. A씨가 식당을 시작했다고 하자. A씨의 식당 자산식당 거위이 황금알을 낳았다. A씨는 이를 어떻게 사용할까? 일부 소비를 하고 일부 재투자를 할 것이다. 다음해에 A씨는 다시 황금알을 얻었는데 양이 조금 늘어났다. 다시 일부를 소비하고, 일부는 재투자를 하거나 다른 거위예금, 적금, 부동산, 주식 등에 투자를 한다. 다음해에 각 자산들에서 또 황금알이 생겼다. A씨는 다시 소비, 재투자, 투자를 반복할 것이다.

A씨가 가진 자산 거위들의 가치는 어디서 생겼을까? 식당을 포함한 자산 거위들이 가져다주는 황금알에서 출발했다. 거위들이 낳은 황금알을 실제 수익률로 현재가치화를 해서 누적하면, 정확히 A씨가 가진 자산 거위의 가치를 구할 수 있다. 즉, 과거 현금흐름황금알의 현재가치의 합은 A씨가 가진 자산의 가치를 대변하고 있다.

여기서 A씨의 수익률을 '0'이라고 가정해 보겠다. A씨의 수익률을 0으로 가정하는 이유는 정확한 수익률을 구하기 힘들기 때문이기도 하지만 계산의 편의를 위해서인데, 이렇게 했을 경우 과거 현금흐름을 과소평가하는 경향이 있다. 이는 투자결정에서 유리하다. 왜냐하면 자산의 평가가치를 실제 가치보다 조금 낮게 평가하면, 실제로 그 자산이 평가가치보다 저평가되어 있을 경우, 미래에 더 가치가 있는 자산이 될 확률이 높아지기 때문이다.

앞에서 말했듯, 과거 명목 현금흐름을 누적한 값은 자산의 내재가치를 반영한다. 이는 자산의 실제 내재가치보다 낮게 평가되며, 이는 투자결정 시 유리할 수 있다.

"미래를 알려면 과거를 봐라."

이는 투자결정에서 상당히 정확하고 강력한 도구가 될 수 있다.

미국 배당 귀족주 존슨앤존슨의 가치평가

앞서 말했듯이, 명목 현금흐름을 누적하면 현금흐름 시계열이 있는 거의 모든 자산의 가치를 평가하는 데 사용할 수 있다. 우리 부부는 미국 배당 귀족주를 분석할 때, 이를 논리적 근거로 하여 '배당누적지수'를 사용하고 있다.

예를 들어 존슨앤존슨JNJ과 같은 배당주의 경우 오랫동안 지급해 온 배당금을 명목 현금흐름으로 볼 수 있다. 이 과거의 명목 현금흐름을 누적하면 다음 그림과 같은 곡선을 얻게 된다.

그리고 과거의 명목 현금흐름은 오랫동안 누적되었기 때문에, 이와 같은 행태가 미래에도 반복된다고 가정하면, 이 배당누적지수누적 현금흐름 추세선

존슨앤존슨의 배당(명목 현금흐름)과 배당누적지수 추세선

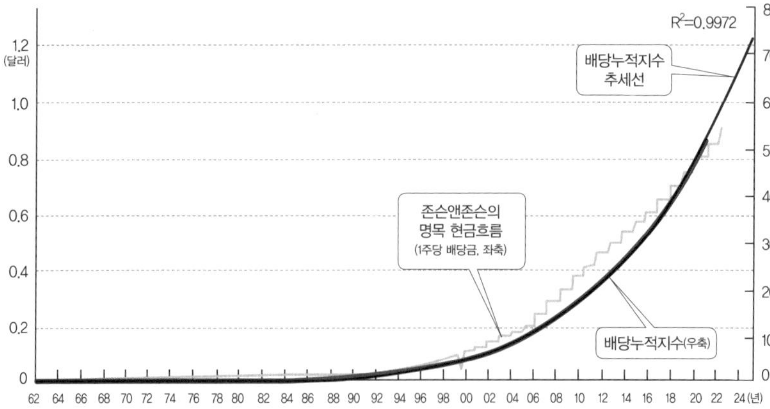

을 이용해서 미래를 예측할 수 있다. 이 경우 배당누적지수 추세선의 상관계수는 매우 높다. 따라서 이 추세선을 연장하면 미래의 배당금배당주 투자의 미래 현금흐름을 예측할 수 있다.

이렇게 추세선을 그리는 이유는 미래 현금흐름을 예측하기 위해서이다. 하지만 더 강력한 이유는 이 배당누적지수 추세선이 존슨앤존슨의 배당 시스템의 자산가치를 대변할 수 있기 때문이다. 다음 그림에서 보는 것처럼, 명목 현금흐름의 누적으로 배당 시스템의 가치를 평가할 수 있는 것이다.

존슨앤존슨의 주가와 배당누적지수 추세선

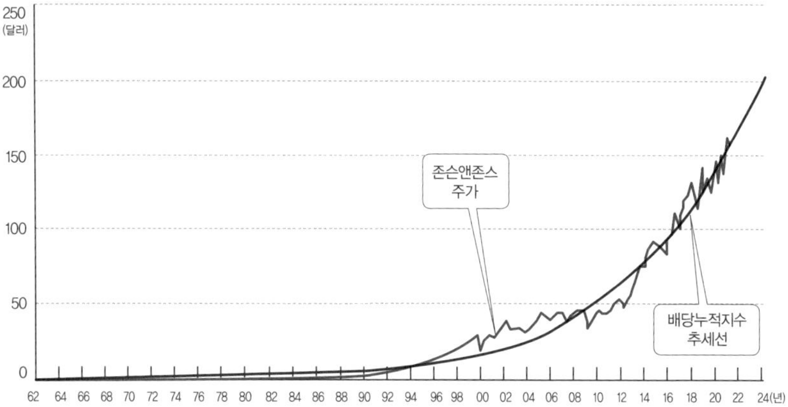

전세 레버리지 투자의 가치평가

전세 레버리지 투자를 하는 경우, 현금흐름의 누적은 '전세가'라고 할 수 있다. 전세 레버리지 투자를 한 주택의 가치는 과거에 현금흐름전세금 상승분을 얼마나 잘 증액해 왔는지, 그리고 미래에도 그만큼 증액할 수 있는지에 달려 있기 때문이다. 배당주 투자에서 이것과 대응되는 것은 배당누적지수이다.

앞에서 살펴보았듯이 전세가와 배당누적지수는 둘 다 누적 명목 현금흐름을 보여주는 지표이다. 그리고 이들을 통해 얻은 추세선은 매매가의 가치를 평가하는 데 사용할 수 있는 것이다.

은마아파트의 전세가 변동(월 평균)과 추세선

출처: 부동산 뱅크

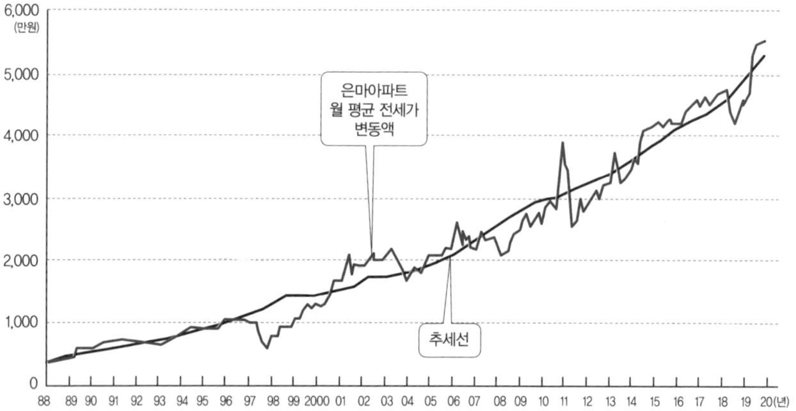

이제 지금까지 살펴본 것을 정리해 보자.

1. 과거의 누적 명목 현금흐름은 내재가치를 반영한다.
2. 과거의 누적 명목 현금흐름의 추세선은 미래 현금흐름을 예측하고, 자산의 가치를 평가하는 데 매우 강력한 도구가 될 수 있다.

자산의 내재가치를 분류하는 원리와 '누적 명목 현금흐름' 데이터를 잘 활용하면, 거의 대부분 자산의 가치를 평가할 수 있게 된다.

가격평가

국내 주식 삼성전자

삼성전자를 내재가치 측정 원리의 분류에 대입해 보면, 물의 양이 변하는 상태동적 상태이고, 매출, 현금흐름 등 '나오는 물'의 통계가 어느 정도 장기간 기록되어 있는 경우이다. 따라서 관건은 삼성전자라는 저수지의 물의 양자산가치을 평가하기 위해 저수지에서 나오는 물 중에서 유의미한 값을 찾는 것이다. 우리는 이것을 '매출'로 보았다.

누적 명목 현금흐름으로 삼성전자 주가 평가하기

1993년부터 28년간 삼성전자의 연도별 매출연결 기준이라는 현금흐름을 누적하면, 다음의 그림처럼 자산의 가치값을 엿볼 수 있다. 삼성전자의 누적 매출액과 자산가치의 결정계수는 0.9998로 예측력이 높음을 알 수 있다.

이를 바탕으로 삼성전자의 누적 매출액과 시가총액의 상관도를 분석해 보면, 다음의 두 번째 그림과 같다.

삼성전자의 매출액 및 누적 매출액 추이

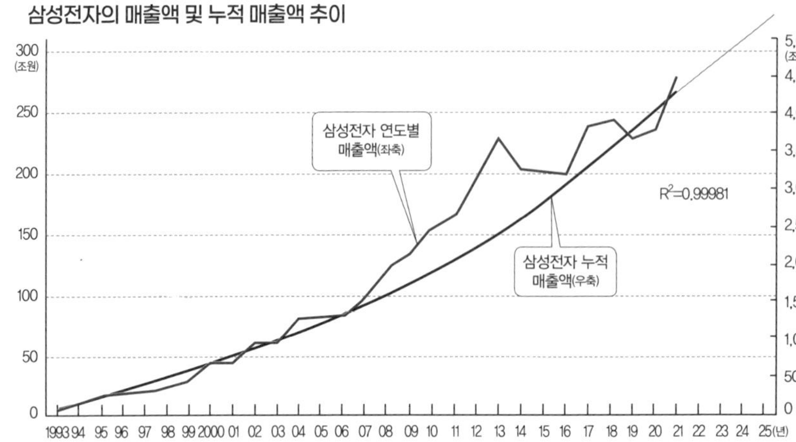

삼성전자의 누적 매출액과 시가총액의 상관관계

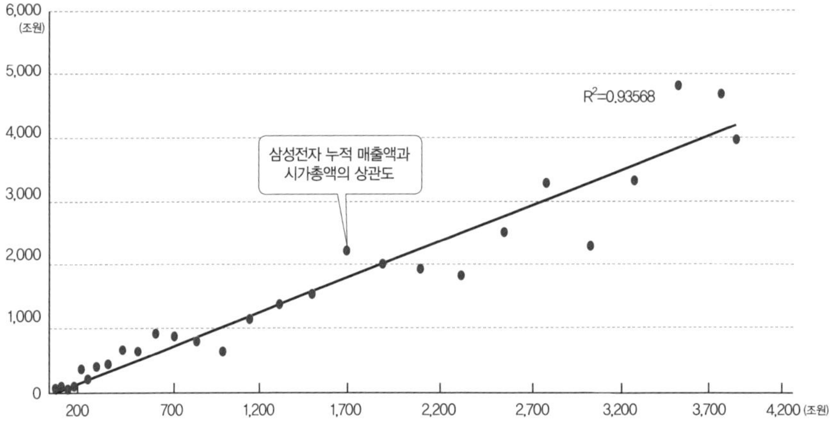

삼성전자의 누적 매출액과 시가총액의 상관관계를 이용해서 시가총액과 추세선을 그리면 다음 그림과 같다. 그리고 다음의 두 번째 그림처럼 삼성전자의 시가총액을 주식의 발행량으로 나누어 주면, 삼성전자의 주가와 추세선을 구할 수 있다.

우리는 '명목 현금흐름의 누적'을 이용해서 자산의 내재가치 값을 구하는 이 과정을 미국 배당주, 아파트 전세 레버리지, 금, 비트코인 등 거의 모든 자산의 가치를 평가할 때 적용하고 있다.

삼성전자의 시가총액과 추세선

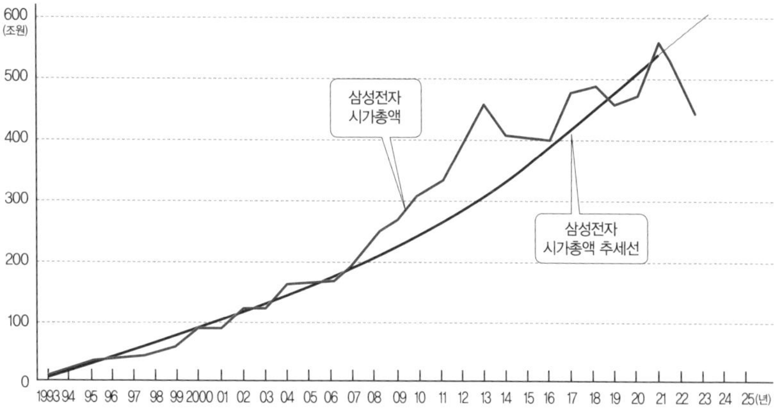

삼성전자의 주가와 추세선

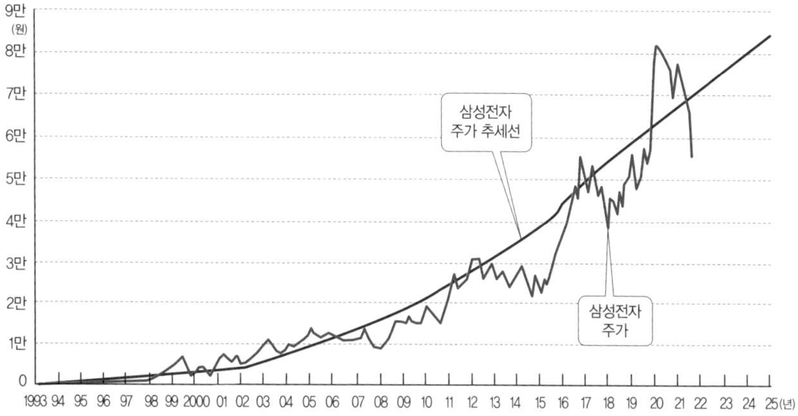

이와 같은 기준으로 살펴보았을 때, 2022년 9월 현재 삼성전자의 주가는 고평가 구간은 아니었다. 따라서 삼성전자를 믿는다면 고평가 구간이 아닐 때 매수하는 것도 나쁜 선택은 아닐 것으로 생각한다. 삼성전자는 우리 부부가 보유한 몇 안 되는 국내 주식 중 하나이고, 우리는 현재 가격 수준에서 다시 삼성전자 주식을 조금씩 모아가고 있다.

현금흐름

현금흐름도표의 활용: 은마아파트 사례

"이 배당 귀족주를 사서 20년 이상 보유하면 어떨까?"

"이 아파트에 전세 레버리지 투자를 하면 어떨까?"

"금을 늘려가면서 금 옵션 매도를 병행하는 것은 어떨까?"

현금흐름도표를 이용하는 이유

위와 같이 다양한 투자기회를 만났을 때, 우리 부부의 투자판단 과정은 항상 동일하다. 이 투자에서 좋은 투자방법을 활용할 수 있는가를 보는 것이다. 즉, 먼저 투자대상이 늘려갈 만한 가치가 있는 자산인가를 생각해 보고, 만약 그렇다면 자산의 가치를 평가하고 싸게 사서 현금흐름을 일으키며 보유하는 것이다.

이때 우리가 애용하는 강력한 도구가 바로 현금흐름도표이다. 현금흐름도표는 매입시점에 투자금만큼 마이너스(-)가 되고, 보유기간 동안 플러스(+) 또는 마이너스(-) 현금흐름이 생기며, 매도시점에 매도금액에서 비용을 제한 만큼이 현금흐름에 플러스(+)가 된다.

대부분의 경우 다음과 같은 그림으로 그려질 것이다. 투자의 시작점과 끝을 포함한 투자기간 동안의 현금흐름을 엑셀을 이용해서 내부수익률Internal rate of return: IRR을 구해보면 시간가치를 감안한 예상 투자수익률이 나온다. 이 기대수익률과 나의 기준금리를 비교해서 우리가 할 만한 투자인지를 판단하는 것이다.

현금흐름도표

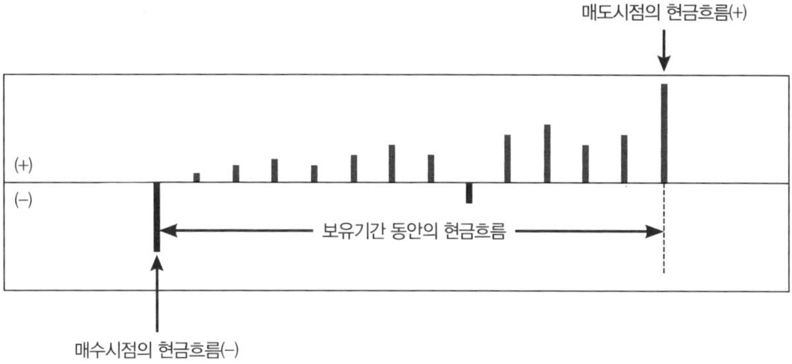

예를 들어 내가 연 10% 이상의 투자수익률을 기대하는 투자자인데나만의 기준금리가 10%인 투자자, 현금흐름도표의 내부수익률IRR이 15%가 나왔다면 이 투자는 해 볼 만하다고 판단할 수 있다. 반대로, 현금흐름도표를 그려 보았을 때 예상수익률이 5%에 불과하다면, 투자수익률 10% 이상을 기대하는 투자자로서는 하지 말아야 할 투자가 된다.

어떤 자산을 매입할 때, 이러한 현금흐름도표를 그릴 수 없다면 투자 여부를 진지하게 고민해 보아야 한다. 더 강하게 말한다면, 투자를 해서는 안 된다. 우리의 투자금은 소중하고, 투자를 하는 데 소비하는 시간은 더더욱 소중하기 때문이다.

예를 들어 비트코인에 투자할까를 고민한다면, 우선 현금흐름도표를 그릴 수 있는지 생각해 보아야 한다. 만약 예상 매도시점도 불분명하고, 매도시점의 가격도 알 수 없으며, 보유기간 동안 현금흐름도 없다면, 우리는 투자수익률을 계산할 수 없다. 무작정 매수해 놓고 '가즈아~'를 외치는 투자는 도박에 가깝다. 다가오는 메타버스 시대에 비트코인이라는 자산을 늘려갈 만한 가치가 있다고 믿고 변화에 대비하기 위해 조금씩 모아가는 것은 추천할 수 있지만, 현금흐름이 예측되지도 않는데 무턱대고 가격 상승 기대감에 무리해서 아까운 투자금과 시간을 투입하는 것은 말리고 싶다.

워런 버핏의 플로트 투자와 전세 레버리지

현금흐름도표를 이용해서 투자 판단을 하는 사례를 들어보겠다. 투자로 인해 예상되는 현금흐름을 이용해서 투자수익률을 계산하는 방법이기 때문에, 현금흐름이 어느 정도 예측되는 투자라면 현금흐름도표를 이용해서 투자 판단을 할 수 있다.

현금흐름이 어느 정도 예측되는 투자방법 중 하나가 바로 아파트 전세 레버리지 투자이다. 전세 레버리지 투자가 무엇인지 간단히 알아보고 시작하자. 부동산에 투자하는 방법은 수없이 많지만, 그중에서 가치 있는 자산을 오래 보유하면서 현금흐름을 일으키는 좋은 투자방법 중 하나가 바로 전세 레버리지 투자이다.

전세 레버리지 투자란 말 그대로 전세 보증금을 레버리지 해서지렛대로 삼아 아파트에 투자하는 것이다. 아파트를 전세를 끼고 사는 것이기 때문에, 매매가와 전세가의 차액만큼만 내 돈이 들어간다. 전세 보증금을 레버리지로 삼으면 이자가 없고 대출기한이 거의 영구적이라는 점이 가장 큰 매력이다.

무이자, 무기한 레버리지를 '플로트Float'라고 하는데, 이 플로트를 가장 잘 활용해서 세계적인 부자가 된 사람이 바로 워런 버핏이다. 워런 버핏은 보험회사를 인수해서 가입자들로부터 받은 보험료로 현금을 꾸준히 조달했다. 이 보험료는 수십 년 뒤에 돌려줄까 말까 한 돈이므로, 워런 버핏의 입장에서는 무이자, 거의 무기한 레버리지인 플로트가 되었다. 한국의 투자자인 우리는 전세제도 덕분에 전세 보증금이라는 플로트를 활용할 수 있다.

전세가와 매매가가 모두 저평가된 지역을 선별해서 전세 레버리지 투자를 한다면, 전세가는 2~4년마다 증액되면서 투자자에게 현금흐름을 만들어 준다. 하지만 이 책을 쓰고 있는 2022년 8월 현재, 우리 부부는 전세 레버리지 투자를 적극적으로 추천하지 않는다. 그 이유는 전세 레버리지 투자의 가장 중요한 전제 조건인 전세가와 매매가가 모두 저평가된 지역을 찾기 어렵기 때문이다.

우리는 전세 레버리지 투자의 가장 큰 리스크인 역전세 리스크에 대비하기 위해 전세가와 매매가가 모두 저평가된 지역을 찾는 것을 가장 중요하게 생각한다. 그래야 주택의 전세가가 완만하게 상승하면서 2~4년마다 현금흐름전세 보증금 증액분을 가져오는, 황금알을 낳는 거위가 되어 주기 때문이다. 전세 레버리지 투자는 전세가 상승분을 현금흐름으로 보고, 오래 보유한다는 면에서 매매가의 단기차익에 집중하는 갭투자와 다르다.

현금흐름도표의 활용: 2005년 은마아파트에 투자해야 했을까?

전세 레버리지 투자를 하려는 A씨가 2005년 6월에 은마아파트 30평형에 투자할지 고민했다고 하자시기는 아무렇게나 찍었다.

2005년 당시, 27년차를 맞이한 은마아파트는 재건축 기대와 수도권 부동산 상승 바람을 타고 급등했다. A씨는 은마아파트의 매매가 및 전세가의 변동을 분석했다. 물론 재건축이 되면 사용가치가 크게 높아져 아파트 가격이 크게 상승하겠지만, A씨는 현금흐름에 집중하기로 한다. 그럼, 전세가를 보아야 한다. 2005년 6월 당시, 연이은 공급 억제와 시장교란 정책으로 은마아파트의 전세가도 크게 상승했다가 이즈음에는 잠잠해진 모습이었다.

2005년 은마아파트의 매매가와 전세가(월 평균) 변동 출처: 부동산뱅크

A씨는 2005년 6월 현재까지의 통화량을 이용해서 은마아파트 전세가의 변화에 대한 추세선을 그려본다.화폐가치 대비 명목 현금흐름 누적의 가치를 비교하는 것이다.

A씨는 앞으로 10년 동안 전세가는 이 추세선을 따라갈 것이라고 예측한다. 예측이 맞든 틀리든, 투자자인 A씨는 현금흐름을 예측해야만 한다. 실사용가치를 반영하는 전세가는 통화량과 밀접한 관계가 있기 때문에 예측에 성공할 확률이 그나마 높다.실제 전세가의 변화는 그래프의 회색 점선과 같았다.

은마아파트의 전세가 변동(월 평균)과 추세선 출처: 부동산뱅크

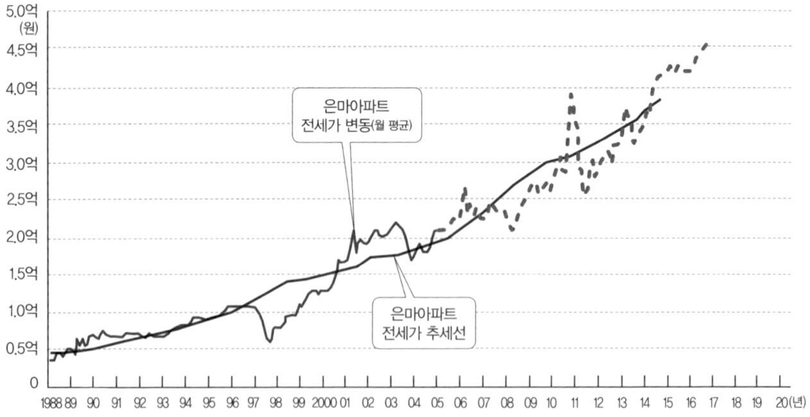

2005년 6월 당시, A씨가 앞의 현금흐름전세가 추세선을 이용해서 계산한 은마아파트의 가치는 다음과 같다. 2005년 6월 은마아파트의 매매가는 현금흐름 대비 고평가로 판단되었다. A씨는 고민에 빠졌다. 그런데 실제 10년 매매가의 변화는 그래프의 점선과 같았다. 이로써 시장의 가격매매가은 가치 대비 등락이 심하여 매매가를 예측하는 것은 거의 불가능하고, 이런 불확실한 예측으로 투자에 임하는 것은 위험하다는 것을 알 수 있다.

은마아파트의 매매가치

출처: 부동산뱅크

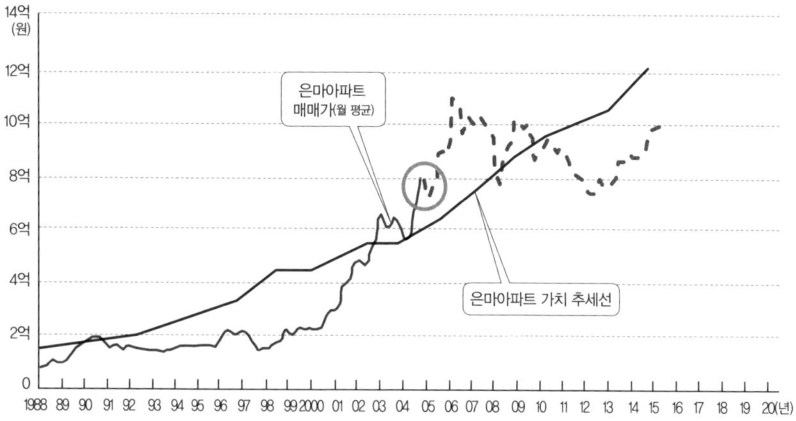

A씨는 여기까지 분석을 마치고 은마아파트를 살지 말지 고민하기 시작했다. 2005년 6월 당시 은마아파트 32평의 투자금은 매매가와 전세가의 차이인 6억 2,500만원에 각종 비용을 포함 6억5,000만원 정도를 예상되었다. 예상 현금흐름도표는 이런 판단을 할 때 도움이 된다.

다음은 아파트 전세 레버리지 투자의 예상 현금흐름도표 그리는 과정이다.

1. 전세가 추세선으로 예상 전세 증액분(현금흐름)을 2년마다 구한다.
2. 보유를 마치는 시점에 매매가치에서 전세금을 제외한 매도수익을 예상한다.
3. 세금과 중개수수료, 수리비 등 비용을 책정해서 현금흐름에 반영한다.

A씨는 2005년 6월 은마아파트에 대한 투자 여부를 결정하기 위해 1988년~2005년 전세가 및 통화량의 변화를 이용해서 전세가의 추세선을 만들었고, 이를 이용해서 현금흐름을 예측했다. 매매가치는 통화량의 추세선을 따라갈 것으로 예상하여 추정하고, 보유기간을 정하고 매도 시 매매가치를 매도금액으로 추정했다. 이 과정대로 구한 예상 현금흐름은 다음 표와 같다.

2005년 당시 은마아파트 전세 레버리지 투자의 예상 현금흐름

날짜	투자금	전세금 증액	매도수익	세금			비용		현금흐름
				보유세	간주 임대료	취득세/양도세	중개수수료	수리비	
2005년 6월	6억 2,500만원					891만원	445만원	1,164만원	-6억 5,000만원
12월				139만원					-139만원
2006년 6월									
12월				139만원					-139만원
2007년 6월		3,835만원					74만원	100만원	3,661만원
2007년 12월				234만원					-234만원
2008년 6월									
12월				221만원					-221만원
2009년 6월		5,033만원					90만원	100만원	4,843만원
2009년 12월				153만원					-153만원
2010년 6월									
12월				206만원	3만원				-209만원
2011년 6월		3,152만원					134만원	100만원	2,918만원
2011년 12월				194만원	16만원				-210만원
2012년 6월									
12월				174만원	30만원				-204만원
2013년 6월		3,018만원					147만원	100만원	2,771만원
2013년 12월				128만원	46만원				-174만원
2014년 6월									
12월				133만원	74만원				-207만원
2015년 6월			8억 7,325만원			1,160만원	1,020만원		8억 5,145만원

이제 현금흐름표를 이용해서 현금흐름도표를 그린다. 아울러 지금까지의 과정을 통합해 2005년 은마아파트의 현금흐름과 자산가치를 보면 다음과 같다.

2005년 은마아파트의 현금흐름과 자산가치

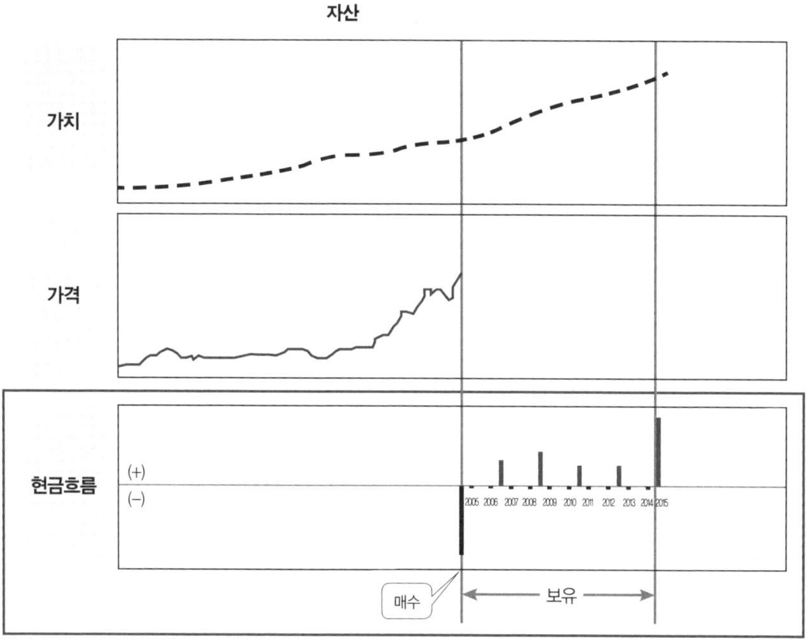

눈치 빠른 독자들은 아셨겠지만, 보유기간 동안 가격 그래프는 비어 있다. 가격은 예측할 수 없기도 하지만, 예상 투자수익률을 계산할 때 가격의 변화는 계산에 영향을 주지 않는다. 보유기간 동안의 가격 변화는 단지 자산의 증가일 뿐이다.

다만, 자산의 매입시점에는 가격을 중요하게 고려해야 한다. 투자수익률은 투자금을 줄일수록 커지기 때문이다. 자산을 매입할 때 이 가격이 가치 대비 저평가되어 있는지 확인하는 것은 투자결정에서 매우 중요하다. 가장 고전적이면서 합리적인 방법은 현금흐름을 예측하고, 그 현금흐름을 바탕으로 가치를 평가하는 것이다. 그래서 현금흐름이 더더욱 중요한 것이다.

2005년 은마아파트 투자 여부 결정

그럼, 다시 돌아가서 A씨는 2005년 6월 이 은마아파트 30평형에 투자해야 했을까?

여기서 A씨의 투자목표를 살펴보아야 한다. A씨가 구한 목표수익률나만의 기준금리이 8%라고 한다면, 예상 투자수익률이 이 기준금리 이상일 때만 투자해야 한다. 우리는 현금흐름도표를 이용해 수익률을 구할 수 있다. 132쪽의 표처럼 날짜에 따른 현금흐름표가 있을 때, 엑셀에서 내부수익률을 구하는 XIRR 함수를 이용하면 연 수익률을 쉽게 계산할 수 있다.

엑셀 프로그램에서 XIRR 함수로 연 수익률 구하는 모습

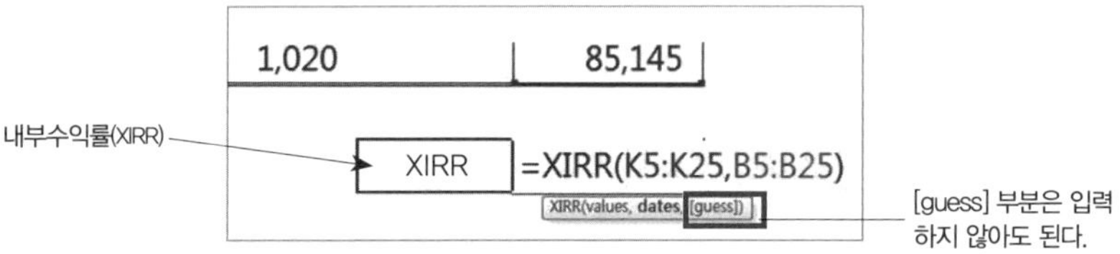

따라서 132쪽의 표와 같은 현금흐름이 예상되는 투자의 예상수익률은 다음과 같이 나온다.

2005년 A씨의 10년 예상 수익률(XIRR) = 4.5%

10년 동안 연 4.5%의 수익률이 예상된다고 나왔다. A씨의 목표수익률나만의 기준금리인 8%보다 예상 수익률이 작게 나왔기 때문에, A씨는 은마아파트에 투자하지 않기로 한다.

은마아파트가 저평가된 1999년에 투자한 경우

2005년 은마아파트의 경우 그동안 매매가가 크게 올라 가격이 가치보다 고평가된 상태였고, 전세가와의 갭도 매우 큰 상태였다. 따라서 당시 은마아파트를 매입했을 경우 투자금이 많이 들었기 때문에, A씨의 예상 수익률이

4.5%로 나온 것이다131쪽 그래프 참조.

만약 A씨가 1999년 은마아파트가 저평가 상태일 때 매입했다면, 같은 방법으로 계산했을 때 예상 투자수익률XIRR이 무려 20.5%에 달한다. 전세 레버리지 투자를 잘하기 위해서는 매매가가 가치보다 저평가된 시점, 또는 저평가된 지역에 투자해야 한다는 것을 알 수 있다.

A씨가 1999년 은마아파트에 투자했을 경우 현금흐름도표

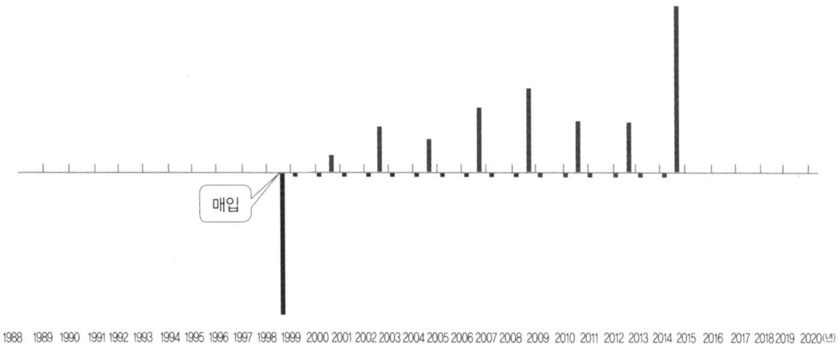

2022년 9월 현재, 서울 은마아파트는 전세 레버리지 투자로 어떨까?

지금 서울 아파트는 가치 대비 고평가 구간에 있다. 특히 은마아파트, 잠실주공5단지 등 사람들이 관심이 많은 아파트의 경우에는 더더욱 고평가되어 있다. 게다가 전세가도 고평가 구간에 들어서고 있어 향후 레버리지 상환 위험까지 있다. 투자로 이런 자산을 고려하고 있다면, 반드시 현금흐름도표를 작성해 보고 예상 투자수익률을 계산해 보기를 바란다.

현금흐름

현금흐름은 '원화'만이 아니다

현금흐름의 단위: 화폐

현금흐름을 이야기하면 대부분 말 그대로 현금, 즉 화폐를 떠올릴 것이다. 화폐貨幣에서 화貨는 조개貝, 폐幣는 비단巾을 의미하는 글자가 포함된 형성문자이다. 화폐의 단순한 의미는 문자 그대로 조개와 비단처럼 지불 기능을 가진 교환수단이라는 뜻이다. 이것이 현대사회로 발전하면서 사용의 편의성을 위해 종이로, 그리고 다시 디지털로 바뀌었을 뿐이다.

하지만 화폐의 기본적인 역할 중 하나인 '교환수단'으로서의 의미는 변하지 않았다. 물론 다양한 종류의 화폐가 있고, 특히 '법정화폐'는 국가의 주권이나 경제력 등의 의미를 함께 가지고 있기 때문에 단순히 교환수단의 관점에서만 볼 수는 없다. 따라서 우리는 '화폐로서의 가치'를 말할 때 항상 혼동하게 된다.

'화폐로서의 가치'는 단순히 교환수단인 것만으로도 가치를 가진다. 화폐가 되는 조건은 첫째, 교환수단으로서의 가치, 둘째, 충분한 수량, 셋째, 안정적인 가치 유지이다.

그런데 이것은 그저 '좋은' 법정화폐나 '좋은' 신용화폐가 되는 조건일 뿐이지, 이 조건들을 만족하지 않는다고 해서 화폐가 되지 않는 것은 아니며, 화폐의 가치가 없는 것은 아니다.

자산에서 나오는 현금흐름은 '원화'만이 아니다

현금흐름을 이야기하면서 화폐 이야기를 꺼내는 이유는 무엇일까? **사실 화폐가 될 수 있는 것은 무한히 많기 때문이고, 현금흐름의 종류도 화폐의 종류만큼이나 많아질 수 있기 때문이다.** 그리고 이것을 이해하는 것이 가상세계를 이해하는 열쇠가 되기 때문이다.

자산에서 나오는 현금흐름은 '원화'뿐만이 아니다. 미국 주식의 배당금과 금 콜옵션 매도 프리미엄은 '달러'로 나오고, 일본 주식의 배당은 '엔화'로 나오고, 팬케이크 스왑탈중앙화 거래소, DEX에서는 CAKE가 나온다. 그리고 앞으로 우리는 더 많은 현실세계와 가상세계 '국가'에서 현금흐름을 만들어낼 것이다.

이 모든 현금흐름은 서로 환율로 연결되어 있다. 현금흐름의 단위를 '원화'로 하고 원화로 계산하면, 직관적인 가치를 파악하는 데 익숙해져서 편하기는 하다. 하지만 너무 원화만 바라보는 것은 위험할 수 있다. 원화의 가치가 급격하게 하락하는 것에 대비하지 못할 수 있기 때문이다.

만약 현금흐름에서도 환율이 좋아질 것으로 예상되는 화폐가 있다면, 원화를 적극적으로 그 화폐로 교환해야 한다. 이를테면 원화를 팔아 달러나 엔화를 사는 식으로 말이다. 또는 환율이 좋아질 것으로 예상되는 화폐가 현금흐름으로 나올 수 있는 자산에 투자해야 한다. 달러 환율이 좋아질 것으로 예상될 때, 미국 주식이나 미국 국채에 투자하는 것이 그 예가 될 것이다.

보유

자산을 파는 것의 의미

좋은 자산을 가치평가를 하고 싸게 사서 현금흐름을 만들고 있다면, 오래 보유하는 것으로 좋은 투자가 완성된다. 투자가 자산을 사고팔며 수익을 남기는 것이 전부라고 믿는 투자자들은 보유의 중요성을 간과한 것이다. 보유를 무시한 잦은 거래는 시간과 비용의 소모가 커서 투자수익률을 떨어뜨리므로 신중해야 한다.

만약 자산을 판다면, 우리는 자산을 잃고 그 대신에 무엇을 얻게 되는 것일까? 답은 돈, 즉 화폐 '자산'이다.

자산을 팔 때는 '화폐를 산다'고 생각하자

우리말에는 '쌀사다'와 '쌀팔다'라는 재미있는 표현이 있다. 요즘에는 잘 안 쓰는 표현이지만, 표준국어대사전에는 다음과 같이 설명되어 있다.

> 쌀사다: (동사) 쌀을 팔아 돈으로 바꾸다.
> 쌀팔다: (동사) 쌀을 돈 주고 사다.

즉, 쌀을 사러 갈 때 "쌀을 팔러 간다"라고 한다. 왜 이렇게 표현했는지에 대한 이야기는 많지만, 예로부터 쌀이 교환의 수단이었기 때문이라는 설이 설득력이 있다. 여기에 쌀이 떨어져 구하러 간다는 말을 하기 싫은 체면까지 더해져서 쌀을 사러 가는 것이 '쌀을 팔러 간다'는 말이 되었다. 즉, 쌀을 사는 것은 '돈을 파는 것'이고, 쌀을 파는 것은 '돈을 사는 것'이 된다.

자산을 사는 것은 '화폐를 파는 것'이고, 자산을 파는 것은 '화폐를 사는 것'이다. 우리가 아파트를 팔았다면, 반대로 우리는 원화를 사는 것이 된다. 우리가 주식을 샀다면, 반대로 우리는 원화를 파는 것이 된다. 우리가 미국 주식을 샀다면, 우리는 원화를 팔고 달러를 사서 다시 그 달러를 미국 주식을 사느라 판 것이 된다.

화폐와 자산은 교환관계이다. 교환에는 교환비율, 즉 '환율'이 관여한다. 자산의 가격이 오르는 것은 단지 그 자산의 가치가 상승하기 때문만이 아니라, 교환되는 상대방, 즉 화폐의 가치가 떨어지기 때문이기도 하다.

이를테면 아파트 가격 상승은 그 아파트의 내재가치가 커졌기 때문만이 아니라, 우리 돈 원화의 가치가 하락했기 때문이기도 하다. 우리는 자산을 팔 때 '화폐를 산다'는 생각을 해야 한다.

자산을 팔기로 결정하는 두 가지 경우

투자란 '자산을 늘려가는 것'이다. 그 시작은 가치 있는 자산을 '싼 가격'에 사는 것이다. 자산을 팔아서 화폐 '자산'을 사려고 한다면, 우선 그 화폐가 가치가 있는지 살펴보아야 한다.

하지만 원화를 포함한 대부분의 화폐는 시간이 지나면서 장기적으로 가치가 점점 떨어진다. 통화량이 지속적으로 증가하며 화폐가 흔해지고 있기 때문이다. 자산을 팔아야 한다면, 즉 화폐를 사야 한다면, 화폐에 투자해야 하는 이유가 있는지 꼭 확인해야 한다.

거위농장주가 자산을 보유하지 않고 팔기로 결정하는 때는 다음의 두 가지 경우이다.

1. 자산의 상태가 좋지 않을 때
2. 더 좋은 자산이 나타났을 때

자산의 가격은 매도에 영향을 주지 않는다. 단순히 가격이 올랐다는 이유로 매도를 결정하지 않는다. 우리 부부도 지난 10년 이상 투자하면서 부동산, 주식, 금, 암호화폐 등 다양한 자산을 모아왔지만, 단순히 가격이 올랐다는 이유로 자산을 매도한 적은 없다.

우리 부부는 자산의 상태가 기대 이하이거나, 더 높은 수익률이 기대되는 자산으로 갈아탈 때만 매도를 한다. 되도록이면 가치가 없는 화폐를 사지 않기 위해서이다.

보유

롱숏과 더블숏: 자산을 대하는 전략

투자업계에서는 롱, 숏 포지션이라는 단어를 곧잘 쓴다. 일반적으로 롱Long 포지션은 '매수 후 보유buy & hold 상태'를 의미하고, 숏Short 포지션은 '매도 후 보유하지 않는sell & empty 상태'를 말한다. 간단히 말하면, 가격이 상승할 것으로 예상되는 자산을 사서 보유하는 것을 '롱 포지션'이라 하고, 가격이 하락할 것으로 예상되는 자산을 팔고 현재 보유하지 않는 것을 '숏 포지션'이라 한다.

가치 있으면 롱, 가치 없으면 숏

가치의 관점에서 바라보면, 둘의 차이가 좀더 명확해진다. 가치 있는 자산을 대하는 전략이 '롱'이라면, 가치가 없는 자산을 대하는 전략이 '숏'이다. 즉, 가치가 있으면 '롱' 하고, 가치가 없으면 '숏' 하는 것이 바른 투자법이다.

롱 포지션: 가치 있는 자산을 대하는 전략
숏 포지션: 가치 없는 자산을 대하는 전략

가장 간단한 예는 매수와 매도이다. 가치 있는 자산은 매수하고 보유하게 된다. 이는 전형적인 롱 포지션이다. 반면 가치 없는 자산은 매도하고 보유하지 않는다. 이는 전형적인 숏 포지션이다.

조금 복잡한 예는 공매도이다. 주로 주식투자에서 활용하는 숏 포지션으로, 가치 없는 주식을 빌려서대주 매도하고 기다린다. 이후 자산의 가치가 떨어졌을 때주로 주가가 떨어졌을 때, 다시 그 주식을 매수하여 이전에 빌렸던 주식을 상환한다. 선물의 경우도 마찬가지이다. 선물을 매수하고 보유하면 롱 포지션, 선물을 매도하고 만기까지 기다리면 숏 포지션이다. 즉, 현물과 선물 자산의 경우 매수와 보유는 롱, 매도공매도 포함한 후 대기하면 숏이다.

투자와 포지션

투자란 자산을 늘리는 모든 행위이므로, 특히 가치 있는 자산을 늘려가는 것이 현명한 투자방향이다. 투자를 할 때는 나의 어떤 투자행동이 롱 포지션인지, 숏 포지션인지 점검하는 것이 매우 중요하다. 왜냐하면 생각보다 많은 사람들이 자신이 가치 있다고 믿는 자산을 저도 모르게 숏 하거나, 가치 없다고 생각하는 자산을 롱 하는 실수를 하기 때문에, 이런 실수를 줄이기 위해서이다. 다음과 같은 질문을 해보자.

1. 전세를 살고 있는 사람은 어떤 자산을 롱 하고, 어떤 자산을 숏 하는 것일까?
2. 대부업자는 어떤 자산을 롱 하고 있을까?
3. 입지가 좋은(가치 있다고 믿는) 아파트를 보유하고 있는데, 경기침체로 저평가된 입지 좋은 상가 매물이 나왔다고 하자. 이 아파트를 팔지 않고, 즉 숏 하지 않고 교환할 수 있는 방법은 무엇일까?

사실 어떤 자산의 가치가 있는지 없는지를 구분하는 정확한 기준은 없다. 또한 사람마다 서로 다른 가치를 보고 가치 여부를 판단할 수 있기 때문에 어느 것이 맞다고 할 수도 없다. 다만, 자신이 판단하기에 가치가 있다고 믿는 자산은 롱 하고, 가치가 없다고 믿는 자산은 숏 하는 것이 현명한 투자 방법이라는 것만은 명확하다.

전세 임차인의 롱/숏 포지션

전세는 임차인이 집주인으로부터 집을 빌리고, 집주인에게 전세 보증금을 빌려주는 계약형태이다. 집이 자산이라는 것에는 이견이 없겠지만, 전세 보증금도 화폐가 모인 자산이라고 할 수 있다. 전세 임차인은 집과 보증금 자산 중 어떤 자산을 롱 하고, 어떤 자산을 숏 하고 있는 걸까? 질문을 바꾸면, 전세 임차인은 집과 현금 중 어떤 자산을 더 가치 있다고 믿고 있는 것일까?

만약 전세 임차인이 보증금화폐보다 집이 더 가치 있는 자산이라고 믿으면서도, 집을 빌리고 그 대가로 보증금을 대출해서 주었다면 현명하지 못한 투자라고 할 수 있을 것이다. 반면 그가 집보다 화폐가 더 가치 있다고 믿고 있다면, 집을 빌리는 것은 믿음에 따른 현명한 투자를 하는 것이다.

여기서 중요한 사실을 알 수 있다. **'자산을 빌리는 것'은 그 자산을 '숏' 하는 것이고, '자산을 빌려주는 것'은 그 자산을 '롱' 하는 것이다.** 전세는 집을 '숏' 하고, 보증금화폐을 '롱' 하는 투자전략이다. 이것이 맞든 틀리든, 화폐가치에 대한 믿음이 강할 때에 이 전략을 사용하는 것이 현명한 투자법이다.

대부업자의 롱/숏 포지션

대부업자도 마찬가지다. 대부업자의 주 업무는 차주대출자의 자산을 담보로 돈을 빌려주는 것이다. 즉, 차주의 자산을 빌리고, 대신 화폐 자산을 빌려준다. 이 경우 대부업자는 차주의 자산을 숏 하고, 화폐 자산을 롱 하는 투자를 하고 있다. 반면, 차주는 자신의 자산을 롱 하고, 대신 화폐 자산을 숏 하고 있다. 이런 거래가 가능한 이유는 서로의 믿음이 다르기 때문이다. 다시 말해 대부업자는 차주의 자산이 화폐 자산보다 가치가 작다고 믿고, 차주는 자신의 자산이 화폐 자산보다 가치가 더 크다고 믿는 것이다.

이때 대부업자와 전세 투자전략의 다른 점은 '이자'의 존재 여부이다. 이 경우 이자는 대부업자와 차주의 자산에 대한 믿음이 비슷해지는 지점까지 상승하게 된다. 즉, 이자를 포함한 돈의 미래가치, 또는 금리로 현가한미래에 지불할 일정금액을 현재 기준으로 계산한 금액 돈의 현재가치가 차주의 자산가치에 대한 믿음과 비슷해질 때 거래가 성사된다. 대부업자 입장에서는 돈을 빌려주는 대가로, 화폐가치의 하락을 고려하고도 가치를 가질 수 있을 만큼 높은 이자를 받는 것이 현명한 전략일 것이다.

좋은 자산을 팔지 않고도 늘리는 법

우리가 가치 있다고 믿는 자산이 있다면, 그 자산을 매수해서 최대한 오래 보유해야 한다.

예를 들어 입지가 좋은가치 있다고 믿는 아파트를 보유하고 있는데, 코로나 시국으로 저평가된 입지 좋은 상가 매물이 나왔다고 하자. 어떤 것이 더 가치 있는지 우열을 가리기 어려울 때, 어떤 자산을 숏 하고, 어떤 자산을 롱 할지 결정하기 어렵다. 이때 앞에서 소개한 롱/숏 전략을 적용해 보면 어떨까?

만약 아파트를 팔아서숏 상가를 산다면롱, 가치 있는 아파트를 잃게 되는 셈이다. 이 경우 아파트를 빌려주고롱, 전세 보증금이나 아파트 담보대출로 원화를 빌려서원화 숏 상가를 살 수도롱 있을 것이다. 이렇게 하면 가치 있다고 믿는 자산인 아파트와 상가는 모두 롱 하고, 가장 가치가 덜하다고 믿는 원화만 숏을 하는 셈이다. 이런 전략을 이용하면 가치 있는 자산을 숏 하지 않고도 자산을 늘릴 수 있다.

꼭 같은 자산군일 필요도 없다. 가치 있는 부동산을 보유하고, 이 부동산을 빌려주고롱 얻은 보증금, 또는 이 부동산을 담보대출로 원화를 빌려서 숏 가치 있는 저평가 주식을 매수하는롱 경우도 생각해 볼 수 있다. 이때 유의해야 할 점은 원화를 빌렸다는 것, 즉 원화를 숏 했다는 점이다. 원화를 빌리는 것은 레버리지를 일으키는 것이므로 리스크에 유의해야 한다.

레버리지

레버리지와 그 리스크에 대해 조금 더 들어가 보자. 레버리지의 정의는 다양하다. 여기에는 '돈을 빌려 더 큰 이익을 얻으려는 행위' 정도가 주를 이룬다. 우선 정의의 모호함은 뒤로 하고, 레버리지의 구성요소에 대해 알아보자. 이는 레버리지를 더 정확히 이해하는 방법이 될 것이다. 레버리지 구성요소는 다음의 4가지이다.

· 빌리는 주체

· 빌려주는 주체

· 빌려주는 것

· 빌리는 것

이것을 그림으로 나타내면 다음의 그림과 같다.

'빌리는 주체' 입장에서 바라보자. '빌리는 주체'는 빌려주는 주체로부터 무언가를 빌린다. 이때 빌리는 주체도 빌려주는 주체에게 무언가를 빌려준다.

레버리지의 구성요소

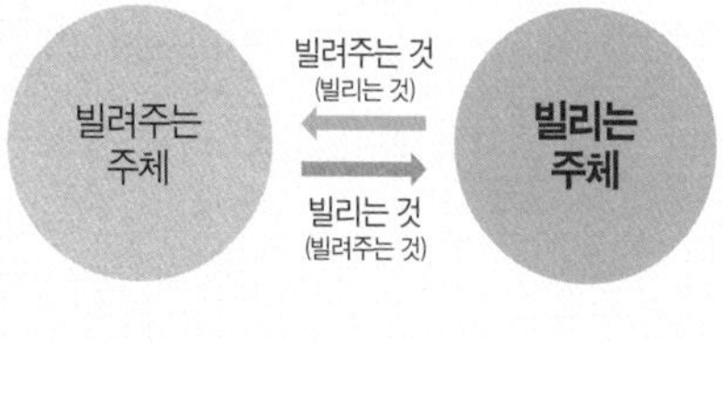

계약의 조건에 따라 조금씩 다르겠지만, 원칙적으로 빌리는 것과 빌려주는 행동은 동시에 일어난다. '빌려주는 주체' 입장에서 보면, 빌리는 것은 빌려주는 것이 되고, 빌려주는 것은 빌리는 것이 된다.

여기서 빌리는 주체가 '빌려준다'에서 어색할 수 있지만, '빌려준다'에 '잠시 맡기고 나중에 돌려받는 것' 정도의 의미를 부여한다면 이해하기 쉽다. 예를 들어 부동산 담보로 원화 대출을 받는 경우, 원화를 빌리는 주체 입장에서는 부동산을 빌려주는 것이 된다. 부동산을 채권자에게 잠시 맡기고 나중에 돌려받기로 약속계약하는 것이다. 물론 여기서 빌려주는 것은 부동산에 대한 모든 권리가 아닌 계약에 따른 처분권주로 경매 신청권이 될 것이다.

레버리지의 구성요소를 앞와 같이 그린다면, 스왑교환, 예: 매수/매도의 구성요소도 레버리지와 비슷하게 그릴 수 있다.

스왑(교환)의 구성요소

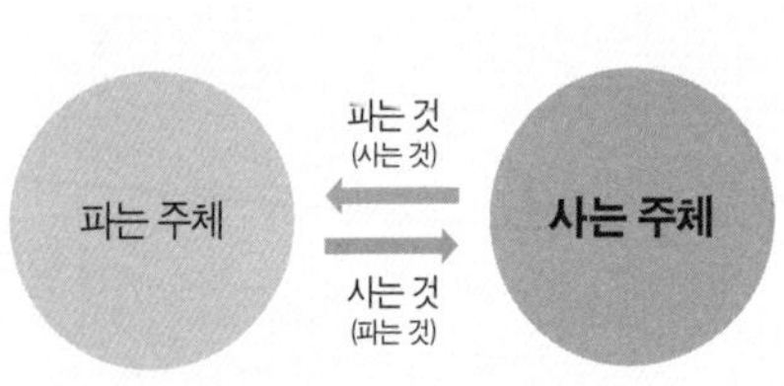

스왑의 구성요소에는 파는 주체와 사는 주체가 있고, 이 둘은 서로 팔면서 사게 된다. 따라서 스왑교환을 사고파는 행위라 정의한다면, 레버리지는 빌려주고 빌리는 행위라 정의할 수 있다.

여기서 만약 우리가 '돈'을 '원화법정화폐'라고만 생각한다면 투자를 이해하는 데 방해가 된다. 우리 부부는 '돈'을 '토큰화 할 수 있는 모든 것'이라 생각하고 있다. 위 부동산 대출의 예에서 빌리는 주체가 빌려주는 부동산의 권리는 부동산의 소유권과 별개로 토큰화 할 수 있다. 즉, 레버리지는 토큰을 빌려주고 다른 토큰을 빌리는 것이다. 또한 스왑은 토큰을 팔고 다른 토큰을 사는 것이다.

더블숏

따라서 레버리지는 롱과 숏이 동시에 일어난다. 빌려주는 주체가 롱 하는 자산이 빌리는 주체에게는 숏 하는 자산이 되고, 반대로 빌려주는 주체가 숏 하는 자산이 빌리는 주체에게는 롱 하는 자산이 된다.

다시 부동산을 예로 들면, 부동산을 담보로 원화를 빌리는 사람은 원화를 숏 하고 부동산을 롱 하는 것이고, 원화를 빌려주는 은행의 입장에서는 부동산을 숏 하고 원화를 롱 하는 것이다.

레버리지와 롱/숏 전략

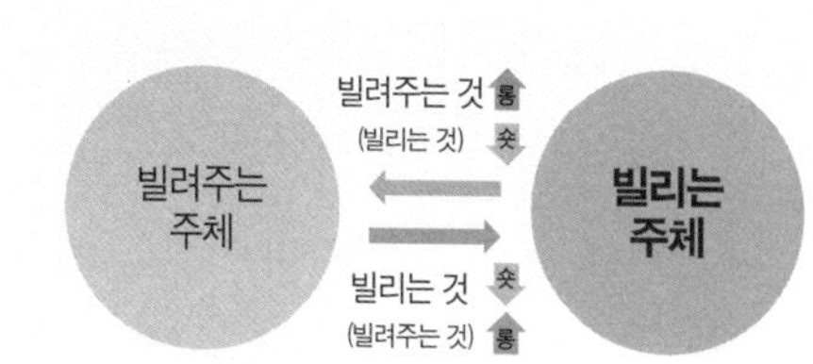

이는 스왑교환에서도 마찬가지로 일어난다. 파는 사람은 그 자산을 숏 하고, 사는 사람은 그 자산을 롱하는 전략이다.

스왑(교환)의 롱/숏 전략

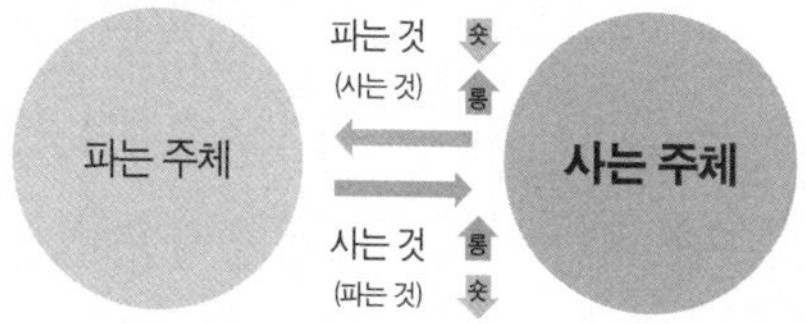

이번에는 부동산을 담보로 원화를 빌려서 다른 부동산을 사는 경우를 살펴보겠다. 이때는 두 번의 롱과 숏이 발생한다. 원화를 빌려서 부동산을 사는 사람은 원화를 두 번 숏 하게 된다.

원화 더블숏의 예: 부동산 담보대출로 다른 부동산을 사는 경우

사실 레버리지를 이용한 거의 모든 투자는 빌린 자산을 두 번 숏 하게 된다. 이것을 '더블숏Double Shorts 전략'이라고 한다.

숏 전략이 상대적으로 가치가 없다고 믿는 자산을 대하는 전략이라 했을 때, 더블숏은 그 자산을 한 번 더 가치가 없다고 믿는 것이다. 이것이 거의 모든 리스크의 원인이 된다. 상대적으로 가치 없다고 믿었던 자산의 가치(?) 상승은 위기일 수 있다여기서 가치 상승이라고 했지만, 정확히 말하면 가격의 상승이다.

현실세계에서는 특별한 경우를 제외하고는, 빌리는 자산은 법정화폐일 수밖에 없고, 그 나라의 자산을 매수하기 위해서는 법정화폐를 사용해야 한다. 따라서 투자를 진행할수록 지속적으로 법정화폐를 더블숏 할 수밖에 없다.

현금이 중요해지는 시기에는 이것이 위기로 다가올 수 있다. 자산의 가치에 상관없이 자산의 가격원화와의 환율이 낮아질 수 있기 때문이다. 따라서 레버리지는 위험하며 잘 조절해야 한다. 이 리스크를 헤지하는 방법은 더블숏을 이해하고 조심스럽게 사용하는 것이다. 그럴 일은 없겠지만, 만약 자산을 담보로 원화를 빌려 그대로 가지고 있었다거나, 보유하고 있던 자산을 팔고 원화를 가지고만 있었다면 현금이 중요해지는 시기에 별다른 위험은 없을 것이다. 즉, 원화를 한 번만 숏 하는 것은 그리 큰 위험이 아니다물론 기회비용에서 손해를 볼 수 있다. 지금은 레버리지 비율을 높이고 현금을 더블숏 해 왔던 사람들은 조심해야 하는 시기이다.

현금흐름의 중요성

다시 강조하지만, 현금흐름은 이런 시기에 리스크 헤지에 큰 도움이 된다. 다음 그림에서 더블숏을 헤지할 수 있는 방법은 다른 자산으로부터 들어오는 원화, 즉 원화 롱 포지션이다.

현금흐름의 중요성: 원화 더블숏의 헤지

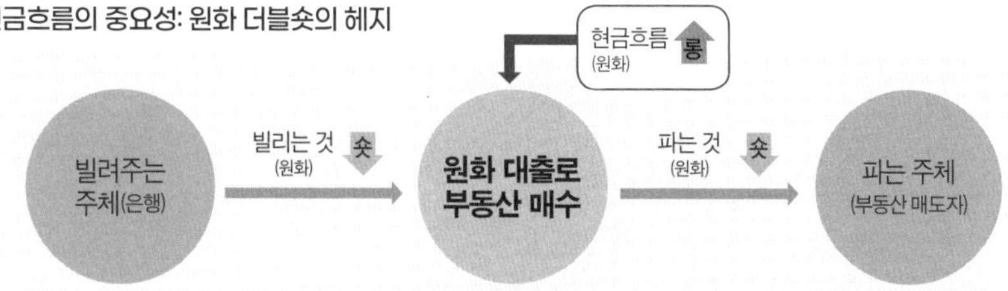

로버트 기요사키가 말한 '넘치는 현금흐름'은 이런 시기에도 투자를 지속할 수 있게 해 주는 원동력이 된다. 이런 시기에도 현금흐름을 일으킬 수 있는 자산은 매우 소중하다.

가상세계와 더블숏

가상세계는 현실세계보다 자유도가 높다. 그동안 인류가 발견한 물리법칙을 거스를 수도 있고, 그동안 인류가 만들어낸 경제적 통념을 바꿀 수도 있는 자유가 있다. 앞서 '돈'은 '토큰화 할 수 있는 모든 것'이라 했는데, 가상세계는 모든 자산을, 그리고 거의 모든 권리를 토큰화 할 수 있을 것이다.

그렇게 된다면 레버리지에서 빌리는 것의 범위를 법정화폐로 한정지을 필요가 없어진다. 따라서 다양한 투자전략이 가능하다. 예를 들어 삼성전자 주식을 담보로 현대 자동차 주식을 빌릴 수 있게 되고, 금을 담보로 은을 빌릴 수 있게 된다. 실제로 그런 일들이 일어나고 있다.

가상세계의 탈중앙화 금융인 디파이DeFi 중 각종 랜딩 프로토콜에서는 이더ETH나 비트코인BTC을 담보로 달러 스테이블코인인 USDC, 테더USDT를 빌릴 수 있는 것은 물론이고, 솔라나SOL, 폴리곤MATIC 등 토큰화된 자산을 빌릴 수 있다.

여기서 우리는 달러나 원화 자산이 아닌 다른 자산을 더블숏 할 수 있다. 만약 가치가 있다고 믿고 있는 A 토큰을 가지고 달러USDC를 얻고 싶은 사람이 있다고 가정해 보자. 이 사람이 가상세계에서 할 수 있는 방법은 다음 3가지 방법이다.

1. A 토큰을 팔고 USDC 토큰을 산다.
2. A 토큰을 담보로 USDC 토큰을 빌린다.
3. A 토큰을 담보로 B를 빌리고, B를 팔아 USDC 토큰을 산다.

결과는 USDC 토큰을 얻는 것으로 똑같아 보이지만, 투자의 관점에서는 전혀 다른 전략이 되어 버린다.

A 토큰을 팔고 USDC 토큰을 사는 경우

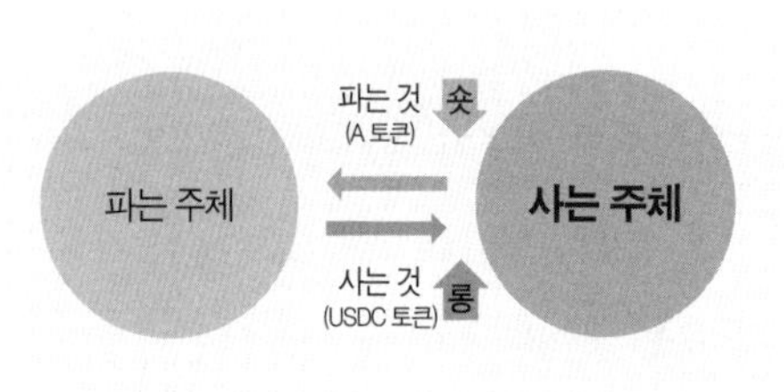

우선 1의 경우를 그림으로 나타내면 다음과 같다. A 토큰을 팔고 USDC 토큰을 사는 경우이다. A토큰을 숏 하고, 달러를 롱 하는 전략이다. 만약 이 사람이 A 토큰의 가치를 믿고 있었다면 해서는 안 되는 전략이다.

A 토큰을 담보로 USDC 토큰을 빌리는 경우

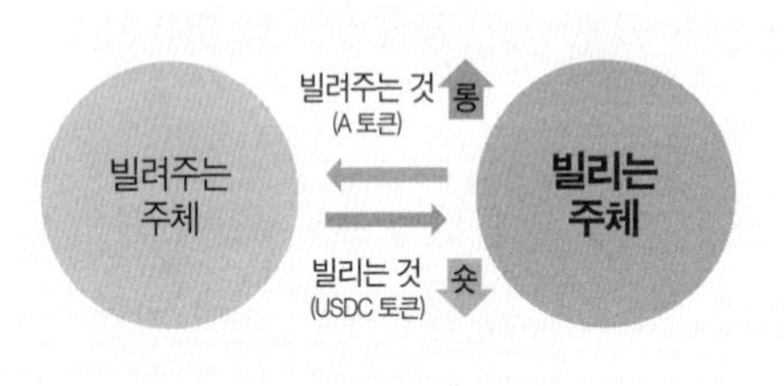

2의 경우는 다음 그림과 같다. A 토큰을 담보로 USDC 토큰을 빌리는 경우이다. A 토큰을 롱 하는 전략은 맞지만, 다시 달러 더블숏의 위험에 빠질 가능성이 있다. 만약 위기에 대비한 헤지 전략이 있다면 이 방법이 나쁘지는 않아 보인다.

마지막 3의 경우는 다음과 같다. A 토큰을 담보로 B를 빌리고, B를 팔아 USDC 토큰을 사는 경우이다. 이 경우 A 토큰을 롱 하면서 USDC 토큰을 롱 하게 된다. 물론 이렇게 얻은 USDC 토큰을 이용해 다른 자산을 산다면 결국 USDC 토큰을 숏 하게 되겠지만, 롱과 숏을 동시에 하게 되면 USDC 토큰의 가치(?) 변화에 중립이 된다. 이 방법에서 더블숏 하는 자산은 B 자산이다. 따라서 상대적으로 가치가 없다고 믿는 자산을 신중하게 선택해야 한다. 우리 부부는 B 자산을 선택하는 기준을 A 자산과 가격 변화달러와의 환율 변화가 비슷한 것으로 정한다.

A 토큰을 담보로 B를 빌리고, B를 팔아 USDC 토큰을 사는 경우

물론 3번 전략을 했을 때의 단점이 있다. A 자산의 가격달러와의 환율이 오를 때, A 자산으로부터 달러 현금흐름을 상승분만큼 자유롭게 꺼내올 수 없다. B 자산의 가격도 동시에 올라서 레버리지 비율이 낮아지지 않기 때문이다. 따라서 우리 부부는 A 자산으로부터 USDC 코인을 얻을 때 2번과 3번 전략을 동시에 사용한다.

정리하면, 레버리지는 '빌려주고 빌리는 행위'로 정의할 수 있다. 레버리지와 스왑은 더블숏을 만들어낸다. 현금을 더블숏 하는 전략은 현금이 중요해지는 시기에 리스크가 된다. 현실세계에서는 하기 힘든 방법이 가상세계에서는 가능하다. 더블숏 하는 자산을 잘 선택한다면 더 다양하고 안전한 투자 전략을 설계할 수 있다.

3장

우리가 꿈꾸는 3가지 자유

투자의 자유

"돈만 많으면 그것이 곧 경제적 자유, 시간의 자유 아닌가요?"

흔히 경제적 자유와 시간의 자유의 개념을 혼동해 사용하고 있지만, 우리는 자유를 다음의 3단계로 구분해 볼 수 있다.

돈의 자유	시간의 자유	공간의 자유

'돈의 자유' 또는 '경제적 자유'는 시간 자산좁은 의미**을 포함한 총자산으로부터 나오는 현금흐름이 원하는 수준이 되는 것을 의미한다. '시간의 자유'는 현금흐름을 만드는 데 사용하는 나의 시간 자산**좁은 의미**이 충분히 작아지는 것이고, '공간의 자유'는 주요 현금흐름을 만들어내는 자산들이 지정학적 위치에 상관없이 분포하는 것을 말한다.**

흔히 말하는 경제적 자유는 그 정의가 모호한데, 사전적 의미는 "경제생활에서 각 개인이 스스로의 의지로 행동할 수 있는 자유"네이버 지식백과이다. 즉, 경제적 자유는 경제활동을 할 때 남의 간섭을 받지 않고 스스로 결정할 수 있는 자유를 의미한다. 이런 의미에서 보면, 현 시대 우리나라 국민은 이미 경제적 자유의 삶을 살고 있다고 할 수 있다. 다만, 우리가 일반적으로 말하는 경제적 자유는 '돈이 충분히 있는 것'을 의미할 때가 많고, 돈의 자유에 더 집중되어 있다. 넓은 의미의 경제적 자유를 '경제활동을 스스로 결정할 수 있는 자유'라 하고, 좁은 의미의 경제적 자유를 '돈이 충분히 있는 상태'라고 한다면 다음 그림과 같이 표현할 수 있다.

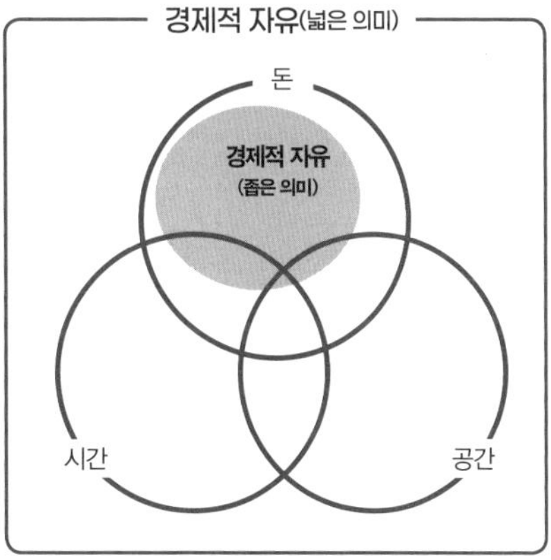

그런데 돈만 많으면 경제적 자유와 시간의 자유로 이어질까? '돈의 자유'가 있어도 시간의 자유가 없을 수 있다. 높은 매출의 스마트스토어 운영자, 맛집 사장님, 인기 헤어디자이너, 강의 스케줄이 꽉 찬 강사, 유튜브 크리에이터 같은 경우이다. 이들의 시간 자산은 많은 현금흐름을 가져오겠지만, 결국 나의 시간 자산이 일을 해야 하므로 시간의 자유는 없다.

만약 투자자가 시간의 자유를 원한다면, 로버트 기요사키의 현금흐름 4분면57쪽 참고에서 사업가I 또는 투자가B의 영역으로 이동해야 한다. 월급생활자E나 자영업 혹은 전문직S의 영역에서는 본질적으로 나의 시간 자산을 활용해야 현금흐름이 들어오는 구조이므로, 시간의 자유를 얻을 수 없기 때문이다. 직원을 고용해서 남의 시간을 레버리지 하거나, 나의 시간 자산 외의 다른 자산이 현금흐름을 가져오도록 해야 비로소 시간의 자유를 얻을 수 있다.

어떤 자유를 우선적으로 추구할 것인가는 투자자의 선택이다. 우리 부부는 현재 돈의 자유와 시간의 자유를 공고히 하고, 공간의 자유를 위해 투자하고 있다. 투자자의 목표가 어디에 좀더 집중되어 있는지에 따라 투자의 공간에서 자산을 어떻게 배치해야 할지에 대해 논의해 보자.

돈의 자유

투자의 공간: 자산을 분류하는 3가지 기준

우리 모두는 투자자로서 돈 자산과 시간 자산을 가지고 있다. 우리의 자산을 분류하는 기준은 크게 '현금흐름'과 '레버리지'이다. 현금흐름이 많이 나오고 레버리지 효과가 높을수록 좋은 자산이라고 할 수 있다. 그런데 여기서 레버리지를 세분화할 필요가 있다. 레버리지는 돈뿐만 아니라 시간을 빌리는 것까지 포함하기 때문이다. 따라서 '돈자본 레버리지'와 '시간 레버리지'를 다른 축으로 구분하고, 여기에 '현금흐름' 축을 더하면, 다음 그림과 같다. 이를 '투자의 공간'이라고 한다.

투자의 공간

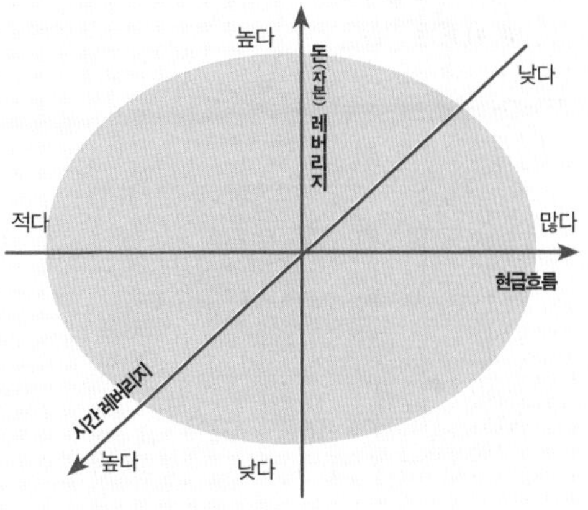

투자는 자산을 늘리는 모든 행위이므로, 투자의 공간 안에는 자산이 있다. 세 축이 만나는 점이 원점0,0,0은 아니다. 현금흐름의 경우 사람마다 기준이 다를 것이고, 이 기준을 넘는 현금흐름이 오른쪽에 위치하게 된다. 레버리지도 마찬가지이다. 사람마다 기준이 되는 레버리지가 있고, 이를 기준으로 레버리지가 높다 혹은 낮다고 나눌 수 있다.

이렇게 분류하면, 우리는 자산을 아래 3가지 기준으로 나눌 수 있다.

1. 현금흐름이 많은 자산과 적은 자산
2. 돈(자본) 레버리지 비율이 높은 자산과 낮은 자산
3. 시간 레버리지 효과가 높은 자산과 낮은 자산

돈자본 레버리지의 비율이 높다는 것은, 품질 좋은 돈 레버리지를 활용할 수 있는 가능성이 높다는 것이다. 적정한 수준의 레버리지를 낮은 비용으로 오랜 시간 이용할 수 있다면 품질이 좋은 레버리지라고 할 수 있다. 특히 무이자로 무기한 이용할 수 있는 꿈의 레버리지를 '플로트Float'라고 한다.

자산의 3가지 기준, 즉 현금흐름, 돈자본 레버리지, 시간 레버리지를 종합했을 때, 이 중에서 가장 좋은 것은 '현금흐름이 많고, 품질 좋은 돈 레버리지를 잘 활용할 수 있으며, 시간 레버리지 효과가 좋은 자산'일 것이다.

반면 '현금흐름이 적고, 돈 레버리지 효과도 적으며, 시간도 많이 드는 자산'은 투자의 공간에서 가장 질이 나쁜 자산일 것이다. 되도록이면 이런 자산

가장 질 좋은 자산

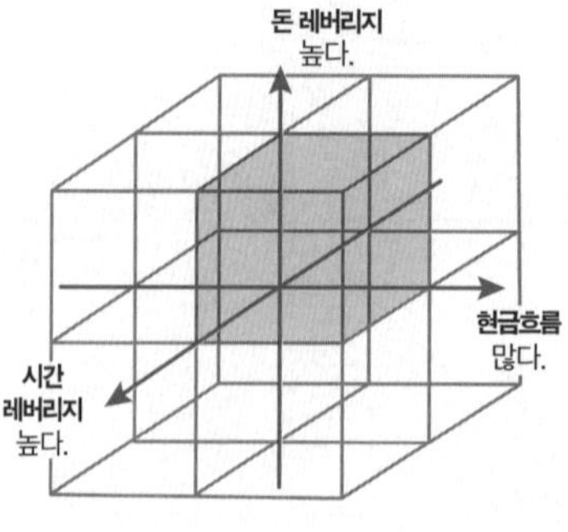

가장 질 나쁜 자산

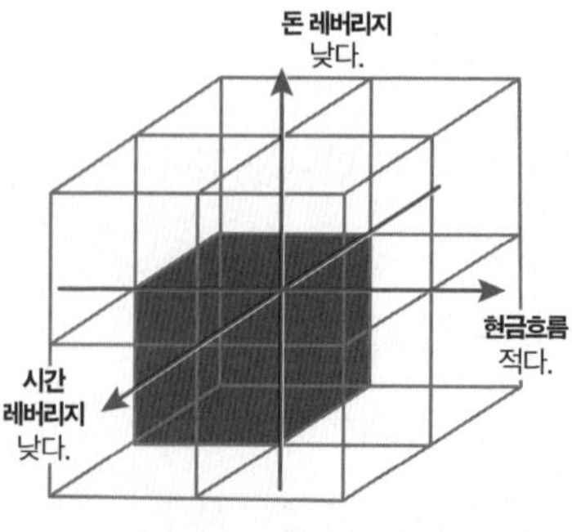

에는 시간과 돈을 들이지 않는 것이 좋다.

이렇게 자산을 분류하는 기준을 가지고 있으면, 어떤 자산이 좋은 것이고, 어떤 자산이 나쁜 것인지 구별할 수 있다. 또한 A 자산과 B 자산이 있을 때, 지금 나에게 필요한 자산이 어떤 것인지 비교할 수 있다.

전세 레버리지 vs. 미국 배당주 투자

예를 들어 부동산형 투자 중에서 전세 레버리지 투자는 투자금 대비 수익률이 좋아 '현금흐름이 많은 자산'에 속한다. 또한 전세를 레버리지로 활용하므로 '돈 레버리지 비율도 높고', 전세라는 품질 좋은 레버리지를 활용할 수 있다는 점에서 매력적이다. 하지만 전세 레버리지 투자의 규모가 커진다면 임장 및 인테리어에 시간을 많이 쏟게 되고, 거의 매달 계약을 갱신하거나 세입자의 요구를 들어줄 일들이 생겨 '시간 레버리지 효과는 상대적으로 낮은 자산'이다.

반면, 미국 배당주 투자는 어떨까? '현금흐름이 다소 적고', '돈 레버리지 비율이 낮지만', 투자규모를 키운다 하더라도 거의 신경쓸 일이 없어 '시간 레

전세 레버리지 vs. 미국 배당주 투자

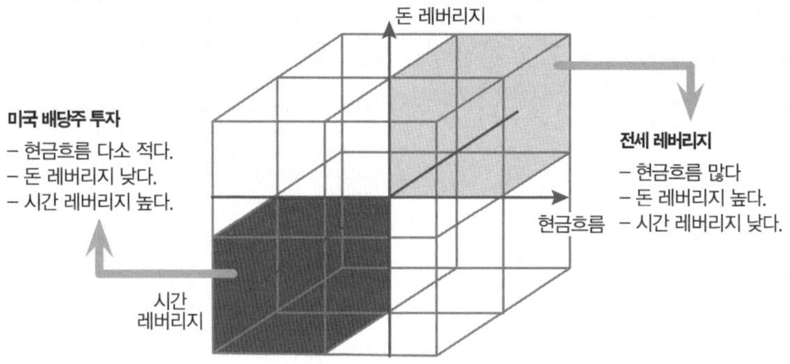

버리지 효과가 높은 자산'이다.

전세 레버리지 투자와 미국 배당주 투자만을 비교할 때, 시간을 많이 쓰더라도 많은 현금흐름과 돈 레버리지로 자산이 빠르게 늘어나기를 원한다면 전세 레버리지가 투자에 적합한 자산이 될 것이다. 반면 현금흐름이 다소 적고, 돈 레버리지를 사용할 수 없지만, 이를 감안하고도 시간이 충분하지 않은 투자자는 미국 배당주가 적합한 투자자산이 될 것이다.

하지만 현명한 투자자라면 투자자산의 단점을 극복할 수 있는 방법을 연구할 것이다. '전세 레버리지 자산에 어떻게 시간 레버리지 효과를 입힐 수 있을까?', '미국 배당주의 현금흐름을 개선하고, 돈 레버리지를 사용할 수 있는 방법이 있을까?'를 고민하는 것이다.

결국 **투자는 각 자산의 장점과 단점을 파악하고, 이를 어떻게 개선해서 더 높은 현금흐름을 얻고, 더 좋은 레버리지를 통해 자산을 빠르게 늘릴 수 있는지 고민하는 것**이라 할 수 있다. 거위농장의 비유를 빌리자면, 어떻게 하면 황금알을 잘 낳는 거위들을 적은 투자금과 시간을 들여 늘려갈 것인지 고민하는 것이다.

투자자산의 부문별 만족도 공개

다음의 표는 우리 부부가 가진 자산 중 일부를 분류한 표이다. 각 자산이 현금흐름, 돈 레버리지, 시간 레버리지를 얼마나 만족하는지에 따라 별점으로 표시했다. 각각의 자산들은 장점과 단점을 가지고 있다. 우리는 각 자산의 단점을 보완하기 위해 다른 자산을 이용하거나, 또는 법인, 플로트Float, 무이자로 무기한 사용할 수 있는 레버리지, '현금흐름 레이어의 중첩' 등의 방법을 사용하고 있다.

예를 들어 금은 현금흐름이 없고 돈 레버리지를 사용할 수 없지만, 위기 시 꼭 필요한 자산이 될 수 있기 때문에 모아가야 한다. 여기에 콜옵션을 붙이면 훌륭한 현금흐름 머신이 될 수 있다. 이는 금이라는 모형거위가 있는데,

우리 부부가 보유한 투자자산의 부문별 만족도

자산	현금흐름	돈 레버리지(비율)	시간 레버리지(효과)
원화 저축	☆	☆	★★★★★
달러/엔화	☆	☆	★★★★★
금	☆	☆	★★★★
암호화폐	★★	★★	★★★★
전세 레버리지	★★★★★	★★★★★	★★
상가	★★★	★★★★	★
토지	☆	★★★★	★★★★★
공유 오피스	★★★★	★★★★	☆
유튜브 채널	☆	☆	☆
미국 배당주	★★★	☆	★★★★★
국내 주식	☆	☆	★★★★★
해외 옵션	★★★★	★★★★★	★★★★

여기에 옵션이라는 아이언맨 슈트를 입혀서 마치 황금거위처럼 행동하도록 하는 것과 같다.

또한 법인을 이용하면 다채로운 투자를 할 수 있다. 부동산을 이용할 수 있는 방법도 다양해지고, 세금을 활용한 투자도 가능해진다. 우리 부부는 끊임없이 꿈의 레버리지, 즉 플로트를 찾고 있고, 뒤에서 설명할 각 투자법들을 조합해서 현금흐름 레이어들을 중첩하려고 노력한다. 또한 최근 가상세계에서도 다양한 가능성을 발견하고 있다.

현금흐름 레이어를 쌓자 1

레이어Layer는 우리말로 '층, 겹'이란 뜻이다. 층층이 쌓아올린 어떤 것이다. 포토샵을 예로 들면, 여러 장의 투명필름 위에 그림을 그리고 이를 쌓아올려서 그림을 완성하는 것을 말한다.

돈과 시간을 층층이 쌓아올리자

투자에서도 '레이어들을 층층이 쌓아올리는 것'의 효과를 이해하는 것이 중요하다. 자산을 만들기 위해서는 돈과 시간을 층층이 쌓아야 한다. 캠핑을 가서 장작에 불을 붙여 본 사람들은 알겠지만, 큰 장작에 한번에 불을 붙이는 것은 생각만큼 쉽지 않다. 마른 솔방울, 잔가지 등의 불쏘시개로 불을 붙이는 경우, 불이 장작에 옮겨붙게 하려면 온도가 점점 높은 불을 만들어야 한다. 점점 큰 불쏘시개를 작은 불 위에 계속 쌓아야 한다. 종이에 불을 붙이고, 여기에 가장 작은 나뭇가지를 올리고, 솔방울을 올리고, 큰 나뭇가지를 올리고, 불의 온도가 높아지면 드디어 큰 장작을 올린다.

투자를 하는 과정도 이와 비슷하다. 작은 현금흐름 위에 좀더 큰 현금흐름을 올리고, 점점 더 큰 현금흐름을 올리면서 불을 키워가는 것이다. 처음에는 매우 더디고 힘들어 어서 빨리 큰 장작을 올리고 싶은 욕심이 생길 것이다. 하지만 이런 과정이 없다면 장작에는 그을음만 생기고 불은 곧 꺼져버린다. 천천히 단계별로 인내하면서 불쏘시개를 쌓다 보면, 어느새 불은 큰 장작으로 옮겨붙어 연기에 눈이 맵도록 지켜보지 않아도 뜨겁고 화려한 불꽃을 피워 줄 것이다. 예를 들어 보겠다.

인생 전반에 걸친 현금흐름 레이어 쌓기

1. 한 달에 100만원의 '순현금흐름'이 있는 직장인 A씨 부부가 있다. 이 부부의 현금흐름도표는 다음과 같다. 여기서 현금흐름의 원천인 자산은 A씨 부부의 시간 자산이다. 직장인인 A씨 부부는 자신들의 시간 자산을 이용한 투자를 하고 있다.

2. 이제 투자를 제대로 해 보기로 결심한 A씨 부부는 투자금을 모으기 위해 주말과 남는 시간을 이용해 부업을 하기로 한다. 여기서 자산은 A씨 부부의 남는 시간시간 에너지이다. 월 현금흐름 50만원이 추가되었다.

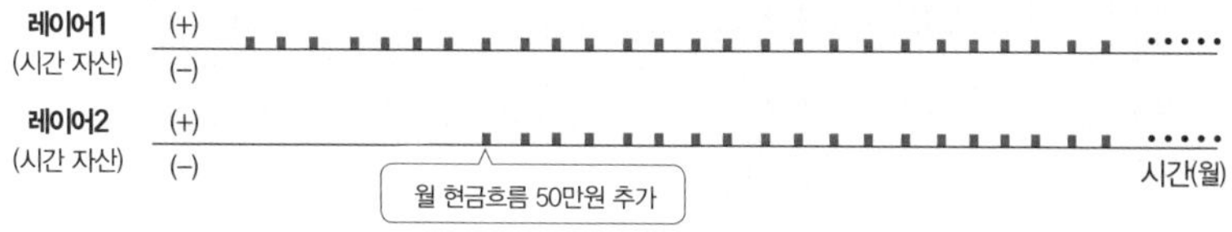

3. A씨 부부는 이제 1년 동안 열심히 모은 돈 1,800만원, 그리고 기존에 모아 놓은 700만원을 합해 2,500만원으로 월 10만원이 나오는 투자를 진행한다. 총자산순이익률ROA 이 4.8%인 투자이다. 레버리지를 이용하면 더 좋았겠지만, 아직 투자기술이 그리 좋지 않다.

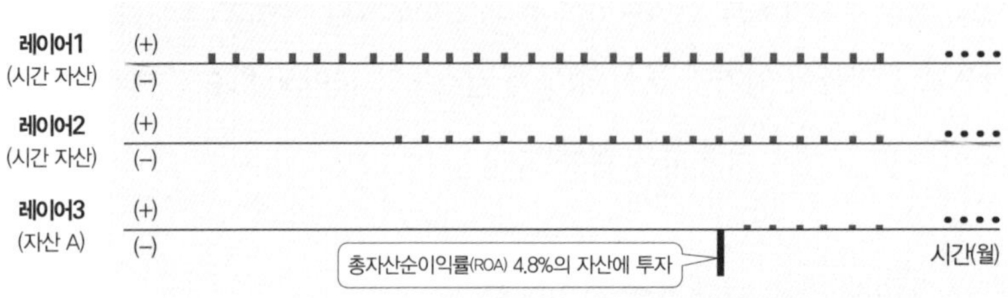

이제 A씨 부부의 월 현금흐름은 160만원으로 늘었다. 매우 작은 변화이지만 의미가 있다. 이 작은 현금흐름의 증가는 나중에 어마어마한 자산 증가로 보답할 것이다. 화려한 불꽃을 피우기 위해 불쏘시개를 쌓고 있다.

4. A씨 부부는 투자공부를 하면서 점점 투자수익률이 높은 자산을 모아 간다. 다시 1년 동안 모은 돈 약 2,000만원으로 투자수익률ROI 8%의 투자를 진행한다. 레버리지를 이용해 투자수익률을 높였다. 투자기술이 조금 좋아졌다.

이제 현금흐름을 월 단위가 아닌 분기 단위로 바꾸었다. 분기 현금흐름은 약 40만원이 개선되었고, 총 분기 현금흐름은 약 520만원이 되었다월 173.3만원.

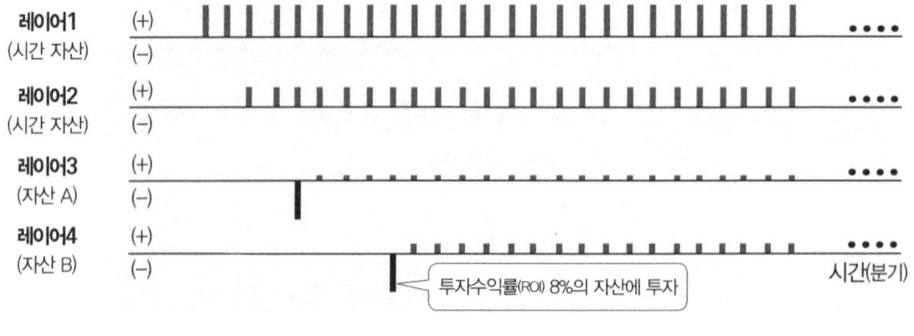

5. 15년 후 은퇴하기로 하고 '나만의 기준금리목표수익률'를 구해본다. 이 이상만을 선별해서 투자해야 목표에 도달할 수 있다. A씨 부부의 '나만의 기준금리'는 약 12%이다스페이스봄 사이트 이용. 그들은 11개월 동안 2,000만원을 모았고, 3년 정도 투자공부를 한 덕에 투자수익률ROI이 12%인 자산을 찾아 투자했다. 분기 현금흐름은 약 570만원으로 50만원이 개선되었다월 약 193만원.

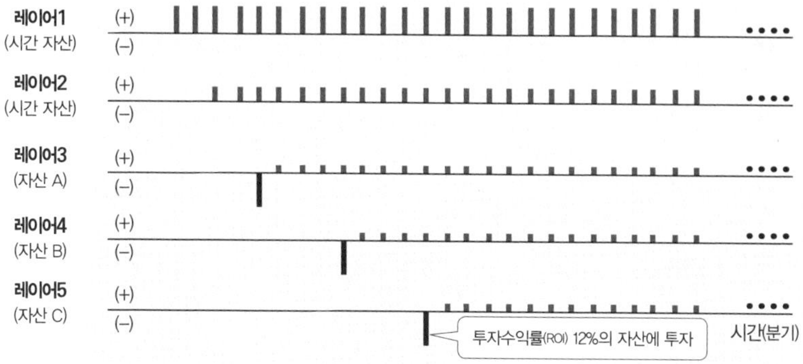

6. 이제 A씨 부부는 1년에 한 건, 투자수익률ROI 12%인 자산을 쉽게 찾을 수 있는 실력이 쌓였다. 1년 동안 약 2,500만원이 모였고, 이번에는 운이 좋아 투자수익률이 15%인 투자를 진행할 수 있었다. 분기 현금흐름은 약 675만원이 되었고, 100만원 정도가 개선되었다월 현금흐름 224만원.

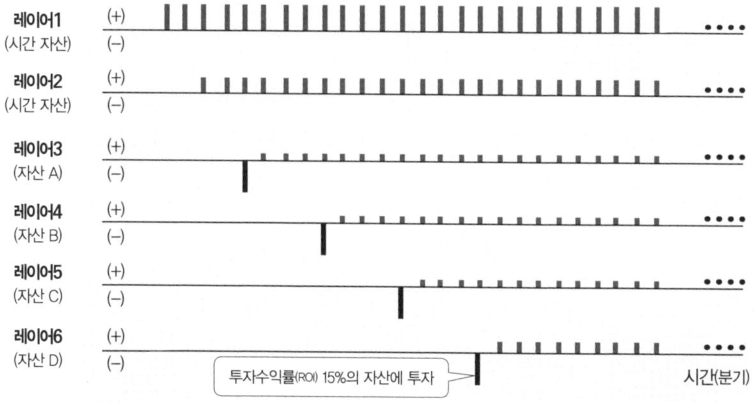

7. 이런 식으로 약 12~15%의 투자수익률ROI을 가진 자산을 꾸준히 모아갔을 때, A씨 부부의 현금흐름도표는 다음과 같다분기 단위 현금흐름을 반년 단위 현금흐름으로 교체.

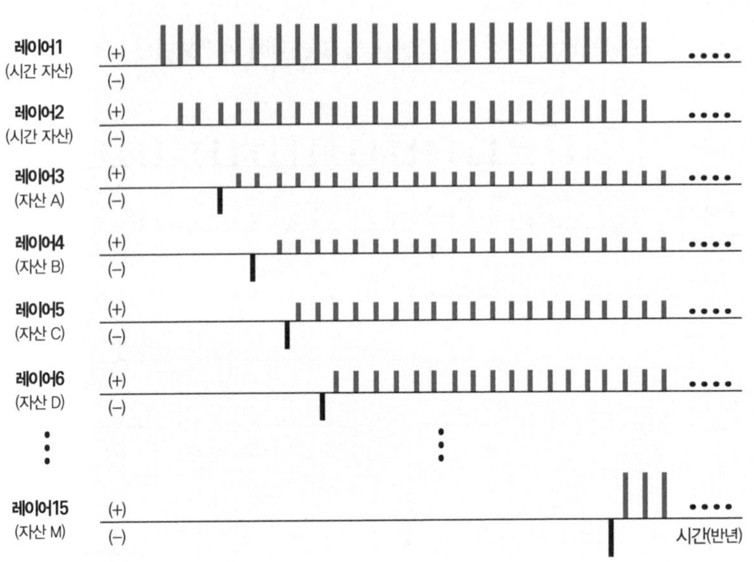

15번째 레이어, 즉 A씨 부부가 은퇴하기 얼마 전의 반년 현금흐름은 약 4,000만원이고, 1년에 8,000만원이 현금흐름으로 들어온다월 현금흐름 675만원.

8. A씨 부부는 19번째 레이어를 완성하고 은퇴를 했고, 이때 현금흐름은 월 950만원을 얻을 수 있게 되었다.

약 20년의 투자기간 동안, A씨 부부의 현금흐름의 변화를 보면 다음의 첫 번째 그림과 같다.

다음의 두 번째 그림은 A씨 부부의 약 20년 동안 현금흐름을 '누적'한 결과이다. 여기서 누적 명목 현금흐름은 어찌 보면 A씨 부부의 순자산가치라고도 할 수 있을 것이다.

A씨 부부의 20년간 월 현금흐름의 변화

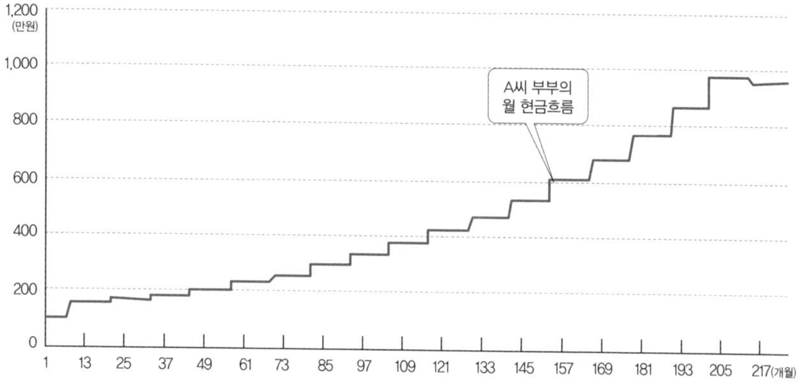

A씨 부부의 20년간 누적 명목 현금흐름(순자산가치)

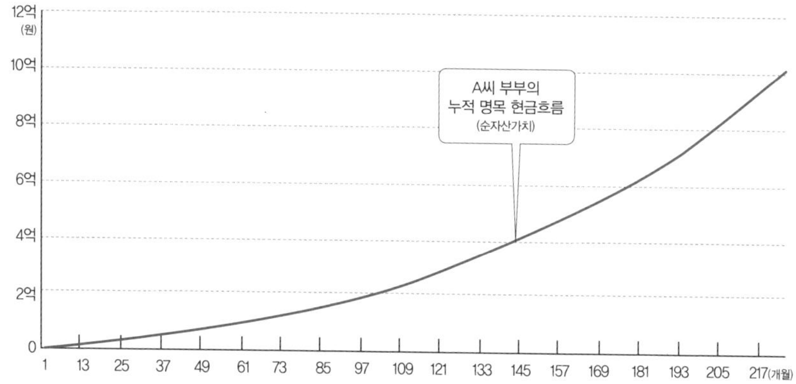

아마 두 번째 그래프가 눈에 익을 것이다. 누적 현금흐름으로 가치를 평가하는 방법, 즉 우리가 앞서서 부동산, 주식 등의 가치를 평가할 때 이미 많이 활용한 방법이다. 이처럼 꾸준한 현금흐름의 데이터가 있다면 그 자산A씨 부부의 거위농장의 가치를 평가할 수 있다.

그런데 사실 A씨 부부의 사례에서 현실과 맞지 않은 부분이 있다.

1. 약 20년 동안 월급 및 부업 수입이 하나도 오르지 않는 것으로 계산했다.
2. 화폐가치 대비 자산의 가치가 상승하는 것을 고려하지 않았다.

이는 미래 현금흐름 또는 미래 자산의 가치를 현가화한 것을 의미한다. 즉, 화폐가치의 하락을 고려하지 않고, 미래의 돈과 현재의 돈이 같다고 보고 계산한 것이다. 만약 여기에 화폐가치의 하락, 즉 인플레이션을 고려한다면, A씨 부부는 앞의 계산보다 훨씬 큰 현금흐름과 순자산가치를 얻게 될 것이다.

이처럼 현금흐름도표를 자산별로 레이어를 나누어 층층이 쌓아보면, 전체 자산을 파악할 수 있는 훌륭한 도구가 된다. 적은 현금흐름부터 점점 더 많은 현금흐름을 가져다주는 자산까지 층층이 쌓아간다면, 이는 거위농장주에게 경제적 자유를 넘어 시간의 자유를 가져다주는 가장 확실한 방법이 될 것이다.

현금흐름 레이어를 쌓자 2

앞에서 투자자의 인생 전반에 걸친 현금흐름 레이어를 살펴보았다면, 이번에는 특정 투자법들의 현금흐름 레이어 중첩에 대해 살펴보자.

유량은 돈의 흐름, 저량은 돈이 모인 것

'레이어의 중첩'이란 간단히 말하면 투자방법 몇 개를 하나의 세트로 묶어 현금흐름을 극대화하는 것이라고 생각해도 좋다. 이렇게 하는 이유는 투자자의 전체 농장을 효율적으로 운영하고 리스크에 대비하기 위해서이다. 이를 이해하기 위해서 우선 경제학에서 말하는 유량과 저량에 대해 알아보자.

유량Flow은 일정기간을 기준으로 하여 파악된 경제변량의 흐름을 의미하고, 저량Stock은 어떤 특정 시점을 기준으로 파악된 경제변량의 존재량이다 경제학사전. 좀더 쉽게 이야기하면, 유량은 돈의 흐름이고, 저량은 돈이 모인 것이다.

앞에서 자산의 가치를 평가할 때 이미 저수지와 댐의 예시를 든 바 있다. 다시 저수지와 댐을 불러와 설명해 보겠다.

유량과 저량

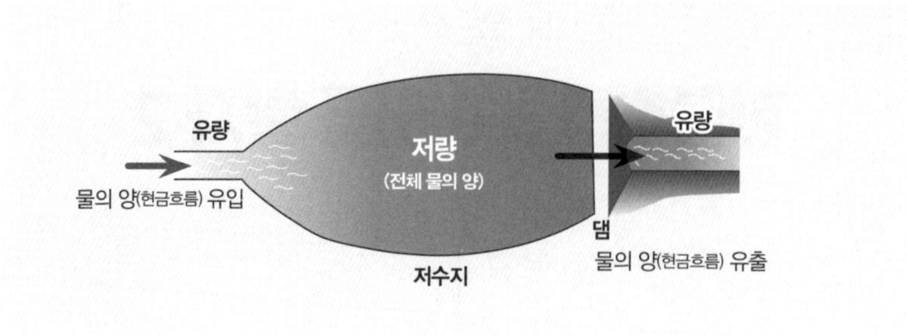

이 그림에서 유량은 댐에 의해 만들어진 저수지로 들어오는 물, 저수지에서 나가는 물을 말하고, 저량은 저수지에 담긴 물을 말한다. 경제학에서 유량은 소비량, 생산량, GDP, 수출액, 수입액 등 일정기간 동안의 흐름을 말하고, 저량은 통화량, 자본량, 외환보유량 등 특정 시점에서의 저장량을 말한다. 개인적 차원에서 유량은 월급여, 자산소득, 이자비용, 임대료 등 수입 및 지출을 말하고, 저량은 주택, 근저당, 주식, 예금 잔액 등 부채를 포함한 자산을 말한다. 재무제표에서 손익계산서, 현금흐름표는 주로 유량을 나타내고, 대차대조표 재무상태표 는 저량을 표시한다.

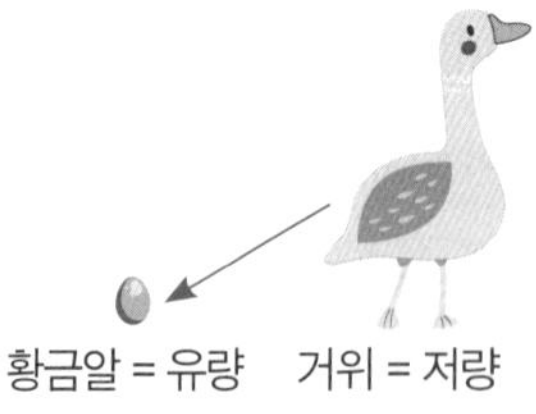

또한 거위 자산 는 저량이고, 거위가 낳는 황금알 현금흐름 은 유량이다. 저량과 유량을 거위와 황금알로 표현하는 것이 전체적인 투자 시스템을 그리는 데 훨씬 유리하지만, 이번 글에서는 유량과 저량의 직관적인 이해를 돕기 위해 댐과 저수지 모형을 사용해 보겠다.

투자법 세트로 현금흐름 극대화

'현금흐름 레이어를 쌓는다'는 말은 댐과 저수지를 상류나 하류에 추가한다는 말과 같다.

여기서 댐을 얼마나 많이, 어떻게 배치하느냐에 따라서 다양한 투자 시

현금흐름 레이어 쌓기

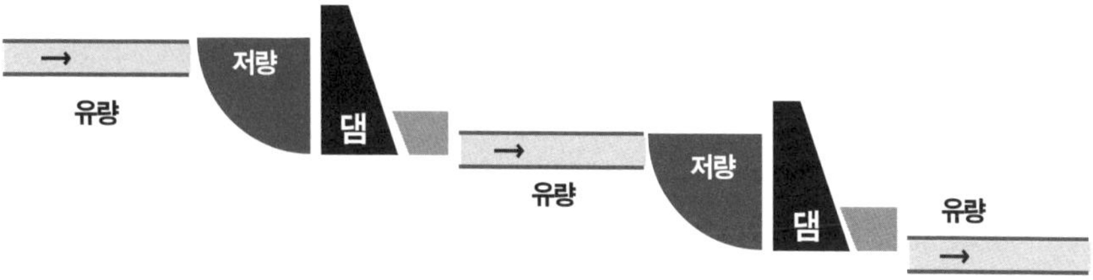

스템을 만들 수 있다. 다음은 그 이해를 돕기 위한 그림이다. 이처럼 여러 겹의 자산들을 쌓고, 그 자산들에서 나오는 현금흐름을 투자하거나 소비하면서, 현금흐름을 원활히 하고 극대화하는 것이다.

현금흐름 레이어를 중첩한 투자 시스템

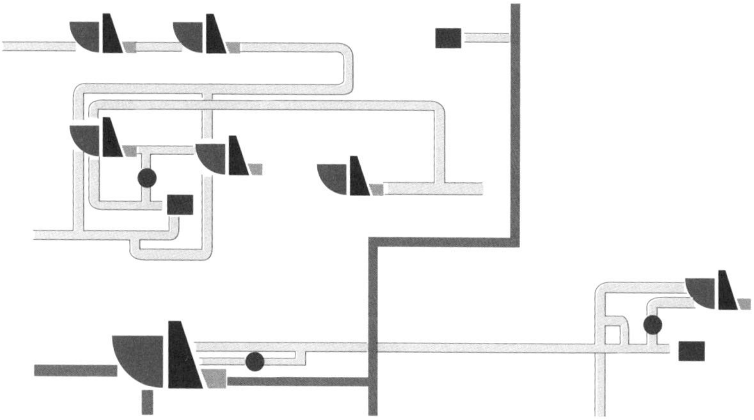

사실 투자는 이 댐들자산을 얼마나 효율적으로 보유하고 배치하느냐에 따라 성공 여부가 갈린다. 거위농장 운영도 마찬가지다. 거위댐과 저수지를 효율적으로 배치하고, 거기서 나오는 황금알물의 흐름을 원활히 하고 극대화하는 것이 투자게임의 시작과 끝이다.

위의 개념은 현금흐름 레이어로 정량화할 수 있다. 투자자산 A에서 나오는 현금흐름을 모아서 B 자산을 사고, 다시 B 자산에서 나오는 현금흐름을 모아서 A 자산에 재투자하거나 C 자산을 사는 데 쓸 수 있다. 이 경우를 현금흐름도표로 나타내면 다음과 같다. 이 3개 레이어의 현금흐름을 합산하고 시간을 고려한 수익률내부수익률, IRR을 계산하면, 이 투자 시스템의 성과를 분석할 수 있다.

현금흐름이 3개인 투자 시스템

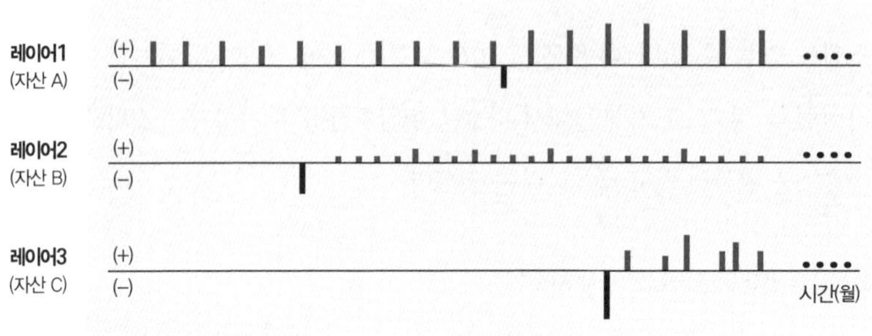

우리 부부는 투자 시스템의 현금흐름을 극대화하고 리스크를 헤지하기 위한 레이어들을 주변에 두고 있다. 한 투자 시스템의 레이어 집합은 다른 투자 시스템의 레이어 집합과 연결되어 있다. 예를 들어 전세 레버리지 시스템은 미국 배당주 시스템에 연결되어 있고, 이는 다시 상가와 금 투자에 연동되어 있다. 여기에 가상자산 시스템이 각 시스템들과 연결될 예정이다. 이렇게 하는 이유는 각 자산들의 리스크를 헤지하고 효율적인 현금흐름을 얻기 위해서이다.

투자자의 원죄: 열역학 제2법칙

우리가 돈의 자유를 얻기 위한 가장 확실한 방법은 자산을 꾸준히 늘려가면서 현금흐름 레이어들을 쌓는 것이다. 그런데 사실 이것은 온 우주가 나서서 방해하는 일이다. 왜 그럴까?

2장의 '자산의 속성' 편에서 살펴보았듯이, 자산은 가만히 두면 흩어져 버리는 속성을 가지고 있다. 즉, 아래 그림처럼 자산으로 모아둔 시간과 돈은 돌보지 않으면 오른쪽 그림처럼 흩어져 버릴 것이다.

자산의 속성

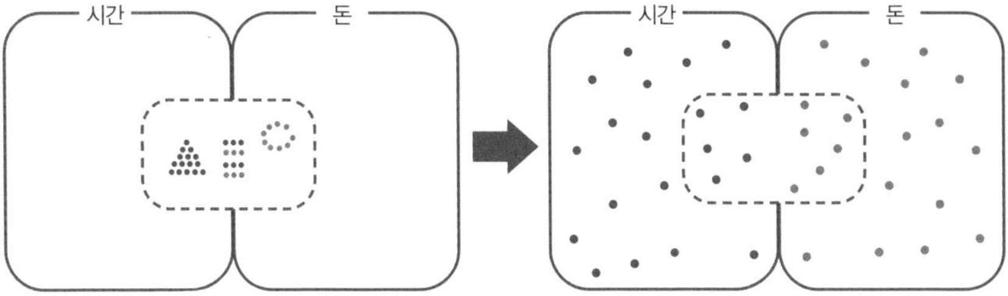

투자자는 자산이 흩어져 버리는 것을 막기 위해, 항상 자산을 질서정연하고 풍성하게 유지하려 노력한다.

투자자의 속성

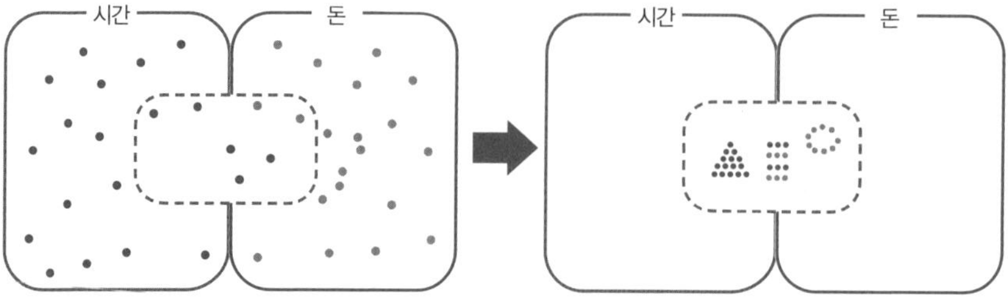

하지만 우주는 이 일을 방해한다. 여기서 투자자는 우주의 흐름에 역행해서 에너지를 소비해야 하고, 그렇기 때문에 투자자는 근본적으로 우주의 흐름을 더 빠르게 진행시킨다. 이것이 '투자자의 원죄'이다. 이를 이해하기 위해서는 엔트로피의 개념을 이해해야 한다.

투자자의 원죄: 우주의 엔트로피를 더 빠르게 증가시킨다

엔트로피Entropy는 일반적으로 '무질서도'로 알려져 있는 물질의 열적 상태를 나타내는 물리량의 하나이다. 이는 열역학 제2법칙에 나오는 개념으로 잘 알려져 있다뒤에서 상세히 설명한다.

엔트로피를 쉽게 이해하기 위해 모래 바닥에 쏟아진 물을 생각해 볼 수 있다. 이 물이 자동으로 모래와 분리되어 다시 컵으로 돌아올 수 있을까? 그 확률을 말하는 것이 바로 엔트로피다. 우주는 무질서하게 흩어지는 방향으로 흐른다. 좀더 정확하게는 엔트로피가 증가하는 방향으로 흐른다. 그런데 투자자가 돈과 시간을 모아 자산을 만드는 과정은 이 엔트로피를 더 빠르게 증가시키는 과정이다. 여기서 많은 사람들이 의아해할 것이다.

"흩어져 있는 돈과 시간을 한곳에 질서 있게 모으는 것이라면, 무질서도는 감소하는 것 아닌가?"

그렇다. 투자자의 시간과 돈정확히는 투자자의 계만을 본다면 무질서도는 감소하지만, 자산을 만드는 과정에서 쓰이는 에너지가 문제이다.

모두 그런 것은 아니지만 일반적으로,

1. 어떤 것이 모여 질서정연해질 때는 에너지를 사용한다.

2. 질서정연한 어떤 것이 흩어질 때는 에너지를 방출한다.

투자자는 자산을 만들기 위해 돈과 시간을 질서정연하게 모으면서 에너지를 소비한다. 이때 사용한 에너지는 다른 곳투자자의 계 밖에서 얻어야 한다.

예를 들어 시간 자산을 만드는 투자자들이 있다고 하자. 대학생이라면 취업을 위해 학점을 높이고 스펙을 쌓을 것이고, 자영업자라면 더 많은 수입을 위해 기술을 연마하고 홍보 채널을 넓힐 것이다. 이는 시간과 돈을 모아 자신의 시간 자산시간 거위을 늘리는 것이고, 이때 사용하는 에너지는 음식, 발전소, 부모님의 흩어진 자산, 관계 등등 수많은 존재에서 왔을 것이다.

열역학 제2법칙은 이때 흩어진 우주의 질서, 즉 무질서도는 증가한다고 말한다. 우리가 자산을 쌓으면서 질서를 높이는 활동은 이를 위해 사용하는 모든 것들의 무질서도를 더 크게 증가시키기 때문이다. 즉, 투자자는 우주의 엔트로피를 더 빠르게 증가시키는 원죄를 가진다. 내가 쌓은 자산은 흩어져버린 남의 시간과 돈일 수 있고, 우주의 쓸모 있는 에너지를 소비한 결과이다. 따라서 투자자, 즉 자산을 늘리고 있는 우리 모두는 모든 존재에 감사해야 하고 항상 겸손해야 한다.

시간의 자유

'시간을 쓴다'는 것의 의미

시간은 무엇일까? 시간 자산에 대해 깊이 있게 생각해 보기 위해 먼저 시간에 대해서 이야기해 보자. 시간은 누구나 알고 있다고 생각하지만, 사실 정의하기가 어렵다. 하지만 우리가 행복, 자유 이런 것이 무엇인지 정확히 정의하기 어렵지만 행복감이 무엇인지 말할 수 있듯이, 투자의 관점에서 우리가 느끼는 시간에 대해 이야기해 보려 한다.

경희대학교 물리학과 김상욱 교수의 유튜브 강연 「도대체 시간이란 무엇인가?」에 따르면, 시간은 '흐른다는 느낌'이며, 사실 존재하지 않는 것일 수도 있다. 하지만 인류는 선험적선천적이며 심리적인 시간 개념을 가지고 있다. 해가 뜨고 지고 달이 차고 기울며 계절이 바뀌는 것으로부터 반복적인 사건의 흐름을 나누고, 이것을 시간이라고 느끼고 있는 것이다. 아리스토텔레스, 아우구스티누스, 뉴턴 등 수많은 철학자들과 과학자들이 시간을 정의하려고 노력했지만, 명확하게 정의를 내리기는 어렵다고 밝혔다. 하지만 그중에서 설득력 있는 주장 중 하나는 오스트리아의 물리학자 루트비히 볼츠만이 설명한 '시간의 방향'이다. 시간의 흐름은 기억된 사건의 순서를 배열하는 과정에서 생기고, 이 과정은 엔트로피를 증가시킨다는 것이다. 앞장에서도 언급했듯이, 엔트로피는 열역학 제2법칙의 핵심 개념이고 '무질서도'라고도 한다. 우주는 무질서도가 증가하는 방향으로 진행되며, 인간도 우주의 일부이기 때문에 거의 항상 무질서도를 증가시키며 살아간다.

열역학 제2법칙을 표현하는 말은 수없이 많다.

· 우주의 엔트로피무질서도는 증가한다.

· 열을 모두 일로 바꿀 수 없다.

· 열효율 100%인 열기관은 만들 수 없다.

…

결국 쓸모 있는엔트로피가 낮은 에너지의 일부는 어떠한 사건을 일으키는 데 사용되고, 나머지는 쓸모없는엔트로피가 높은 에너지로 바뀌며 손실된다는 것을 의미한다. 우리의 일상에서도 다양한 사례들을 볼 수 있다. 예를 들면,

· 선풍기는 쓸모 있는 전기 에너지의 일부를 바람을 만드는 데 사용하고, 나머지는 쓸모없는 열에너지로 방출한다.

· 자동차는 연료의 쓸모 있는 화학 에너지의 일부를 자동차를 움직이는 데 사용하고, 나머지는 쓸모없는 열에너지로 방출한다.

· 인간은 음식의 쓸모 있는 화학 에너지를 이용해 활동을 하고, 나머지는 쓸모없는 에너지로 방출한다.

여기서 '쓸모'는 에너지를 사용하는 주체의 주관적인 개념이다. 정리하면, 시간의 흐름은 사건의 순서이고, 사건은 쓸모 있는 에너지의 일부가 쓸모없는 에너지로 바뀌며 일어난다.

'시간을 쓴다'는 것 = 쓸모 있는 에너지를 쓰는 것

생소하겠지만 조금만 더 깊이 들어가 보자. 인간의 세포는 포도당과 같은 유기물을 산화시켜 생명활동에 필요한 에너지를 얻는다.

$$\underset{\text{(포도당)}}{C_6H_{12}O_6} + 6O_2 + 6H_2O \rightarrow 6CO_2 + 12H_2O + \text{에너지}$$

이때 세포 안에서 일어나는 변화를 살펴보면 다음과 같다.

세포의 호흡 출처: Encyber.com

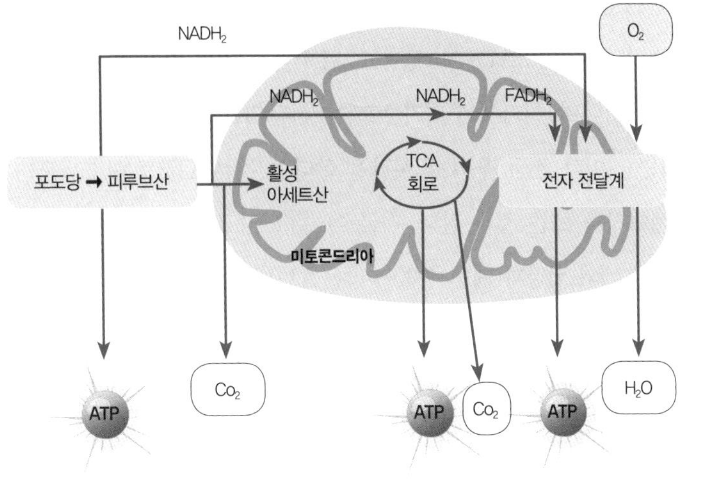

여기서 중요한 것은 아래쪽에 표시된 ATP이다. ATP는 아데노신삼인산Adenosine Triphosphate으로 거의 모든 생물의 세포 내에 존재하며 에너지 대사에 매우 중요한 역할을 한다. 이는 아데노신에 인산기가 3개 붙은 모양을 하고 있다인산결합. 이 중에서 세 번째 인산결합은 높은 에너지 결합이며, 인산기가 떨어져 나가면서 ADP인산기 2개로 바뀌고 에너지를 방출하게 된다. 세포는 이 에너지를 이용해 모든 세포활동을 하며, 사람은 세포로 구성되어 있기 때문에 모든 육체적, 정신적 활동에 이 에너지를 사용한다.

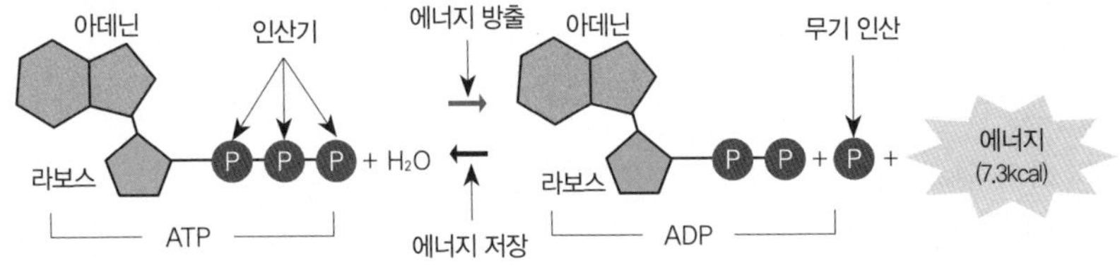

여기에 ADP는 ATP로 바뀌면서 다시 에너지를 저장하고, ATP는 ADP로 바뀌면서 에너지를 방출하며, 이 과정을 무수히 반복한다. 그리고 지금까지 말한 모든 과정은 쓸모 있는 에너지를 쓰며, 우주의 엔트로피를 증가시키는 과정이다. ATP가 ADP로 바뀌고, ADP가 ATP로 바뀌는 사건들은 순차적으로 일어나며, 여기서 우리가 느끼는 '시간'의 흐름은 이 사건이 순서대로 배열되는 것이다. 결국 우리가 '시간을 쓴다'는 것은 ATP로부터 나오는 쓸모 있는 에너지를 쓰는 것과 같다. 지금 이 글을 읽고 있는 순간에도 여러분의 눈과 손과 뇌와 심장과 폐는 수없이 많은 ATP를 ADP로 바꾸며 발생한 에너지를 소모하고 있다.

시간은 돈이다

ATP아데노신삼인산는 '생명현상의 화폐'라고도 불린다. 만약 화성에 생명체가 있었다는 증거를 찾아야 한다면, 과학자들은 가장 먼저 ATP가 존재하는지 실험해 볼 것이다. 그만큼 거의 모든 생명체 안에 공통적으로 존재하고 통용되기 때문에 생명현상의 화폐라고 불리는 것이다. 신기하게도 돈을 의미하는 '화폐'라는 개념이 생명현상에서도 쓰이는 것이다.

화폐를 쓰는 것은 '돈을 쓰는 것'이고, ATP를 쓰는 것은 '시간을 쓰는 것'이므로, 시간을 쓰는 것은 '화폐를 쓰는 것'이라 할 수 있다. 시간을 쓰는 것과 돈을 쓰는 것은 결국 같다. **돈을 쓴다는 것은 쓸모 있는 에너지를 쓰는 것이고, 돈의 속성은 결국 쓸모 있는 에너지**라고 할 수 있다. 따라서 2장의 '자산의 속성' 편에서 본 자산의 개념도는 굳이 시간과 돈을 나눌 필요가 없어진다.

투자를 이야기하면서 이런 이야기를 하는 이유는 자산의 본질에 다가가기 위해서이다. 정리하면, 시간과 돈을 쓰는 것은 결국 쓸모 있는 에너지를 쓰는 것이고, 시간과 돈이 모인 자산도 결국 쓸모 있는 에너지가 모인 것이다. 투자는 결국 쓸모 있는 에너지를 충분히 모아가는 과정이라고 할 수 있다.

시간 자산의 가치

내가 지속적으로 쓸 수 있는 평균 시간을 100% 시간 에너지라고 했을 때, 부분 또는 전체의 시간 에너지를 사용하면 얼마의 현금흐름을 얻을 수 있을까? 이것을 그림으로 나타내면 아래와 같이 시간 에너지-현금흐름 평면도를 그릴 수 있다.

시간 에너지와 현금흐름

'시간 에너지-현금흐름'이란 예를 들어 음식점을 하는 데 온 힘을 식당 운영에 쏟아부었을 때 얻을 수 있는 수익 정도로 볼 수 있다. 이것은 여러 번의 측정을 통해 얻어지는 평균적인 값이고 정확한 값은 아니며, 사람에 따라 다르지만, 같은 사람이라도 상황에 따라 변할 수 있는 값이다. 이때 한 직선이 있다고 가정하면, 그 직선의 기울기는 '(단위) 시간 자산의 가치'와 연동될 것이다. 즉, 이 단위 시간 에너지당 얻는 현금흐름

시간 에너지-현금흐름 평면

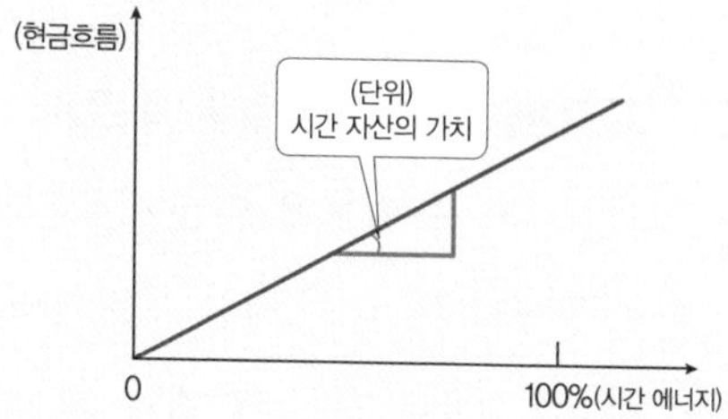

은 내 시간 자산의 가치를 반영하게 된다. 하지만 여기서 잘못 표현한 부분은 '직선'이다. 왜냐하면 시간에 따른 현금흐름은 앞의 그림처럼 직선으로 나타나지 않기 때문이다.

우리가 100% 시간 에너지를 쓰면 어떤 현금흐름 A를 얻을 수 있다고 가정해 보겠다. 이 경우 다음의 그림처럼 표현될 것이다. 만약 시간 에너지를 50%만 썼을 경우는 어떻게 표현할 수 있을까? 아마 사람에 따라, 상황에 따라 다양한 점들이 존재할 것이다. 50%의 시간만 사용했는데 100%를 사용했을 때와 같은 현금흐름을 얻는 사람도 있을 것이고, 반절보다도 못한 현금흐름을 얻는 상황도 있을 것이다. 계속해서 50%의 시간 에너지만 사용하는 직장인의 경우에는 현금흐름이 끊길 수도 있을 것이다 권고사직.

시간 에너지 100%, 50% 사용 현금흐름

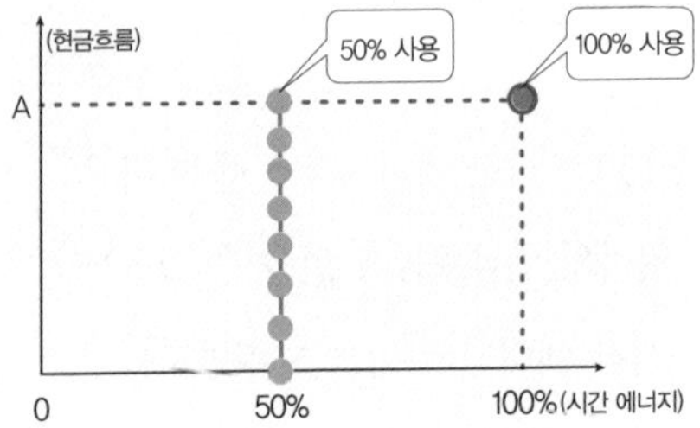

실제의 현금흐름

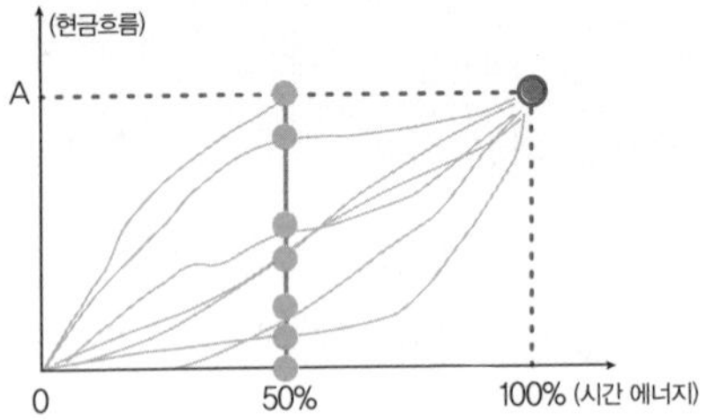

따라서 실제 얻을 수 있는 현금흐름은 투입한 시간 에너지에 꼭 비례하지는 않는다. 옆의 그림처럼 다양한 곡선들이 존재할 것이고 상황에 따라 변화할 것이다.

시간 에너지와 현금흐름의 관계

여기서 알 수 있는 또 다른 사실은 정해진 현금흐름을 얻기 위해 꼭 100%의 시간 에너지를 써야 하는 것은 아니라는 점이다. 시간 에너지를 80%만 사용하고도 100% 사용했을 때와 같은 현금흐름을 얻을 수 있고, 50%, 20%, 심지어는 시간 에너지를 투입하지 않아도 같은 현금흐름을 얻는 사람도 있다.

또한 현금흐름은 사람마다, 시기마다 다르다. 따라서 투입되는 시간도 다르고 각자의 현금흐름도 다르기 때문에, 시간 에너지-현금흐름 평면에는 수많은 점들이 존재한다.

투자자별 시간 에너지 대비 현금흐름

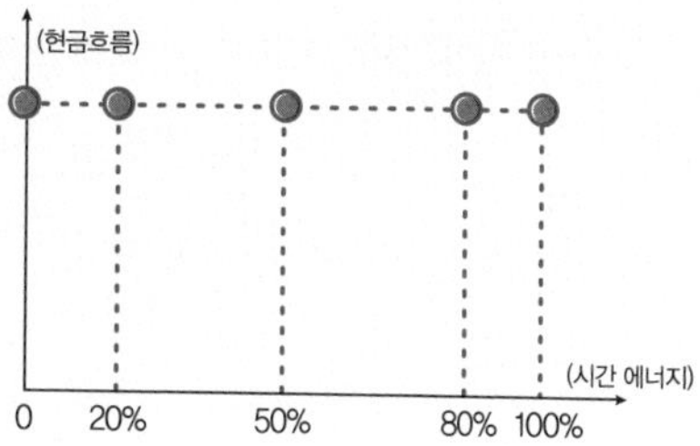

만약 시간 에너지를 표준화할 수 있다면, 시간 에너지와 현금흐름을 사람과 상황에 따라 비교할 수 있을 것이다. 예를 들어 다음 그림에서 I와 E를 살펴보자. 이는 다른 사람인 E씨와 I씨일 수도 있고, 한 사람이 E에서 I로 변화했을 수도 있다여기서는 E씨와 I씨로 보고 설명하겠다. 이때 시간 에너지는 표준화되어 있고, 측정 및 비교가 가능하다고 가정해 보겠다.

그러면 I씨는 *Ti* 만큼의 시간 에너지를 이용해 *Ci*의 현금흐름을 얻고, E씨는 *Te*만큼의 시간 에너지를 이용해 *Ce*의 현금흐름을 얻고 있다. 단순한 비교를 하자면, I씨는 E씨보다 더 적은 시간 에너지를 투입해 더 많은 현금흐름을 얻고 있다.

이 둘을 하나의 숫자로 비교할 수 있는 방법이 오른쪽 그림과 같은 기울기이다. 즉, I씨의 단위 시간 자산의 가치는 원점에서 I까지의 직선의 기울기

I씨와 E씨의 시간 에너지와 현금흐름

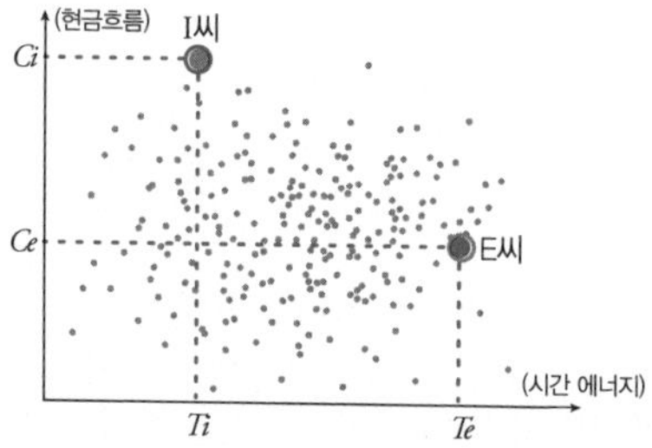

I씨와 E씨의 시간 자산 가치

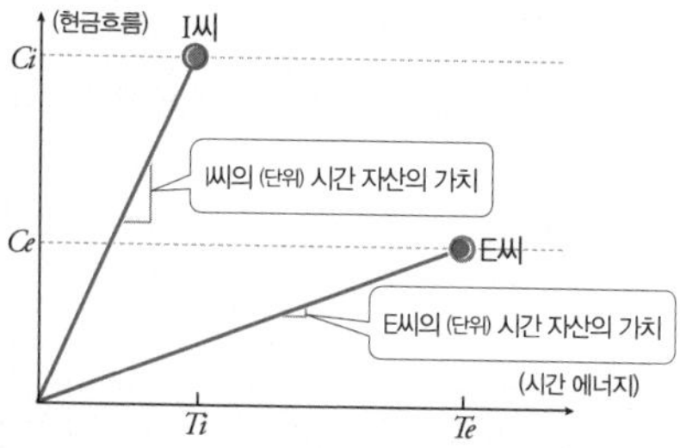

에 비례하고, E씨의 단위 시간 자산의 가치는 원점에서 E까지의 직선의 기울기에 비례한다. 식으로 나타내면 다음과 같다.

$$\text{I씨 단위 시간 자산의 가치}_I \propto \frac{C_i}{T_i}$$

$$\text{E씨 단위 시간 자산의 가치}_e \propto \frac{C_e}{T_e}$$

$$\text{기울기: } \frac{C_i}{T_i} > \frac{C_e}{T_e}$$

여기서 우리는 시간 에너지와 현금흐름의 기울기가 큰 I씨가 기울기가 작은 E씨보다 시간 자산의 가치가 크다고 생각하기 쉽다. 우리는 시간 에너지를 이용해 시간 자산을 만들고, 시간 자산으로부터 현금흐름을 얻는다. 따라서 이 시간 자산으로부터 얻는 현금흐름은 간접적으로 시간 자산의 가치를 반영하고 있는 것으로 생각할 수 있다. 하지만 시간 자산 이외에도 가치 있는 것이 있기 때문에 짚고 넘어가야 할 것이 있다.

시간 자산 '이외'의 가치

우리는 시간 에너지를 자산을 만드는 데만 사용할까?

시간 에너지는 자산이 아닌 다른 가치를 만드는 데도 사용된다. 1장의 '투자-소비 평면' 편에서 우리가 현금흐름을 투자와 소비, 즉 자산가치의 증가와 자산외가치의 증가에 사용하듯이, 시간 에너지도 자산가치나 자산외가

시간 에너지와 자산가치, 자산외가치

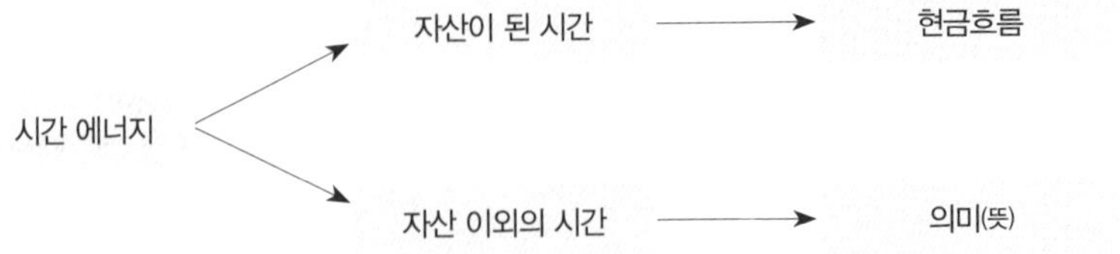

치를 증가시키는 데 사용한다. 시간 에너지가 충분히 모여 자산이 되면 현금흐름을 낳는 것처럼, 시간 에너지를 사용해 만든 자산 이외의 가치는 삶의 의미, 존재의 의미 등 '의미뜻'를 낳는다.

따라서 시간 에너지-현금흐름 평면은 사실 '의미'가 더해진 3차원 좌표계에 표현하는 것이 맞다. 예를 들어 좀 전에 살펴보았던 I씨와 E씨의 경우를 다시 표현하면 다음의 왼쪽 그림과 같다. 이전과 다른 점은 시간이 흘러 I씨와 E씨는 자신이 가진 시간 에너지를 모두 사용하게 되었다는 점, 그리고 현금흐름을 만드는 데 사용하고 남은 시간 에너지는 삶의 '의미'를 만드는 데 사용했다는 점이다.

시간 에너지-현금흐름 평면만 보면, 다음의 오른쪽 그림과 같은 흐름이 있었음을 알 수 있다.

I씨와 E씨의 시간 에너지와 현금흐름

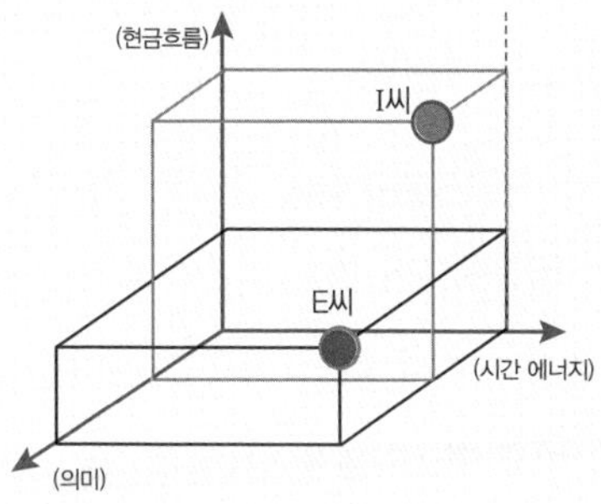

I씨와 E씨의 시간 에너지-현금흐름, 의미 평면

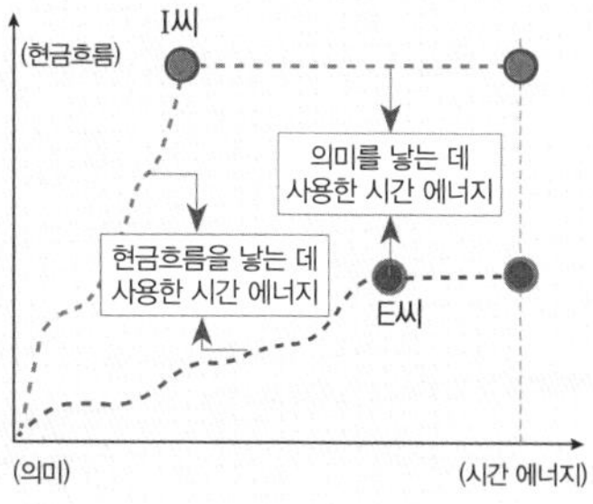

I씨와 E씨의 시간 에너지-의미 평면

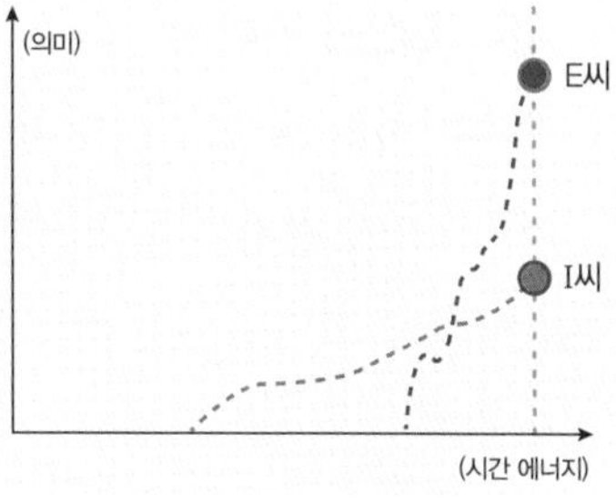

다음 그림은 현금흐름과 의미를 구분하기 위해 단순화한 시간 에너지-의미 평면이다. 현금흐름을 낳는 데 사용한 시간 에너지까지는 이전 그림과 같고, 의미를 만드는 데 사용한 시간 에너지는 현금흐름을 증가시

키지 않는다.

일단 현금흐름을 만드는 데 사용한 시간 에너지는 의미를 만들지 않았다고 가정했다. 물론 시간 자산을 늘리고 현금흐름을 많이 얻는 것이 삶의 의미인 경우도 있겠지만 이해를 돕기 위해 의미는 없다고 하겠다. 그렇게 되면, 앞 그림에서 I씨와 E씨는 남는 시간 에너지를 이용해 의미를 얻게 된다. 여기서는 E씨가 I씨보다 더 적은 시간 에너지로 더 큰 의미를 얻는 것을 볼 수 있는데, 시간 에너지가 더 많다고 해서 꼭 더 큰 의미를 얻지는 않는다는 것을 보여주고 싶었기 때문이다.

시간 자산의 가치는 철저히 투자의 관점이며, 현금흐름을 바탕으로 '계산'될 수 있다. 하지만 어떤 사람이 가진 '시간 자산'의 가치가 절대 그 사람의 '시간'의 가치, 또는 그 '사람'의 가치를 말하는 것은 아니다. 현금흐름을 만들어내는 시간 자산을 비교할 때, 일론 머스크와 테레사 수녀의 차이는 있겠지만, 그렇다고 해서 일론 머스크의 시간 가치가 테레사 수녀의 시간 가치보다 높거나 낮다고 말할 수 없는 것처럼 말이다.

각각의 사람이 각자 삶의 의미를 찾아가는 과정을 존중한다. 여기서는 철저히 투자의 관점에서 시간을 이용한 현금흐름의 많고 적음으로 그 사람 또는 존재의 '시간 자산'의 가치만을 살펴볼 뿐이다. 다만, 자유를 원하는 투자자의 입장에서 시간 자산의 가치를 높이고 현금흐름을 얻는 데 시간 에너지를 더 사용하는 것이 현명할 것이다.

시간 자산의 가치

우리는 하루 24시간, 한 주 168시간, 한 달 약 720시간, 1년 약 8,760시간을 보내고 있다. 여기서 '보낸다'는 말은 우리가 숨만 쉬고 있는 동안에도 시간이 흘러갈 수 있다는 것을 의미한다. 우리는 평생, 평균적으로 약 70만 시간을 보낸다.

우리가 시간 에너지를 효율적으로 사용하든 말든 이 시간은 흘러갈 것이고, 이는 '지구상에 있는' 모든 인류에게 공평하게 적용되는 원칙이다. 따라서 어떤 사람이 시간 에너지를 현금흐름을 일으키는 데 사용했든, 의미를 찾는 데 사용했든 간에, 아무것도 하지 않았던 시간은 보내지고, 일정한 시간이 지난 후 이 사람의 결과는 다음 좌표의 어느 점에 찍히게 될 것이다. 여기서 달라진 점은 '시간 에너지'가 '시간'으로 바뀌었다는 점이다. 이제 우리는 '일정한 시간'만 정해 준다면 시간 에너지를 시간으로 표준화할 수 있다. 이를 통해 우리는 이제 '시간 자산의 가치'를 말할 수 있다.

왼쪽 그림에서 '시간 에너지-현금흐름' 평면은 오른쪽 그림과 같이 '시간-현금흐름' 평면으로 바꿀 수 있다. I씨와 E씨는 시간의 흐름에 따라 각자의 방식으로 현금흐름을 일으키고 있었고, 일정한 시간 이후의 최종 현금흐름을 얻게 되었다. 시간 자산의 가치를 논할 때, 시간에 따른 현금흐름의 변화보다는 일정시간 후의 최종 현금흐름이 중요하다. 만약 일정한 시간을 1년이라고 본다면, 1년 동안 벌어들인 현금흐름의 양은 I씨와 E씨가 가진 시간 자산의 가치를 반영할 것이다.

I씨와 E씨의 시간 에너지-현금흐름 평면

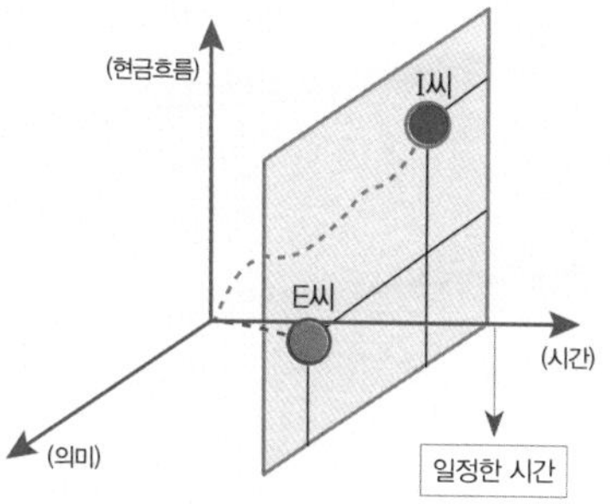

I씨와 E씨의 시간-현금흐름 평면

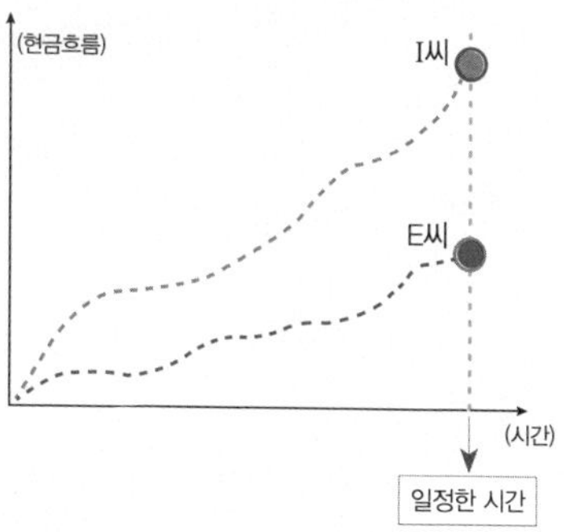

I씨와 E씨의 시간 자산 가치 비교

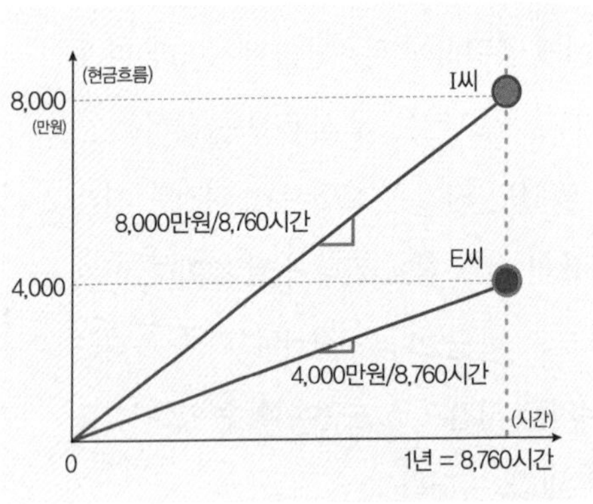

예를 들어 I씨는 지난 한 해 1년, 8,760시간 동안 8,000만원의 현금흐름을 만들어냈고, E씨는 한 해 동안 4,000만원의 현금흐름을 만들어냈다면 다음 그림처럼 표현할 수 있을 것이다.

따라서 I씨의 1년 한 해 동안의 '시간 자산'의 가치는 0.91만원/시간(=I씨의 시간 자산 가치 ∝ 8,000만원/8,760시간)이다. 반면, E씨의 한 해 동안 '시간 자산'의 가치는 0.46만원/시간(=E씨의 시간 자산 가치 ∝ 4,000만원/8,760시간)이 된다. 따라서 한 해 동안 시간 자산의 가치가 I씨가 E씨보다 2배 더 높았다고 할 수 있다I씨와 E씨의 자산 대비 수익률이 같다고 가정하겠다.. 이는 시간 가치가 I씨가 E씨보다 높다는 말이 아니다. I씨가 E씨보다 더 가치가 높은 사람이라는 말도 아니다. 이는 철저히 투자의 관점에서 '시간 자산'의 가치를 비교한 것에 불과하다.

그렇다면 우리가 시간 자산의 가치를 계산할 수 있다는 것이 투자에 어떤 도움이 되는 것일까? 이제 이것을 알아보러 가 보자.

시간의 자유를 위한 자산의 구성

투자자의 부동산, 주식, 시간 자산 등을 모두 합한 총자산이 만들어내는 현금흐름을 이용하면, 그 투자자가 가진 시간 자산의 가치를 측정할 수 있다. 따라서 총자산은 넓은 의미의 시간 자산이라고 볼 수 있다.

총자산 = 넓은 의미의 시간 자산

이것을 그림으로 나타내면 다음과 같다.

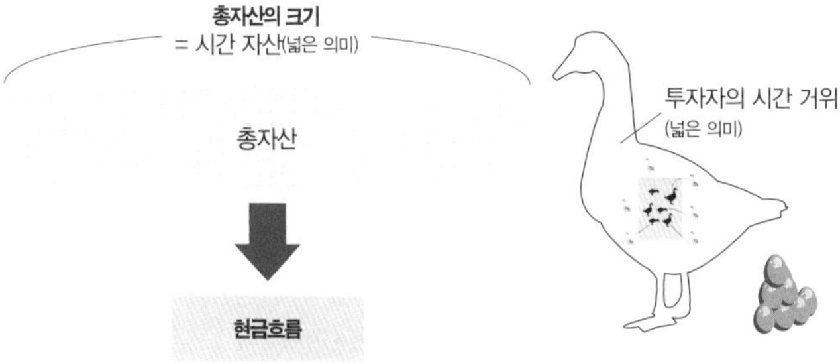

총자산으로부터 나오는 현금흐름의 크기는 우리가 익히 알고 있는 총자산회전율S/A, Sales/Assets이나 총자산순이익률ROA, Return on Assets을 총자산에 곱해

구할 수 있다.

사실 개인투자자라면 총자산순이익률ROA 보다 총자산회전율S/A 이 맞을 것이다. 기업회계에서는 순이익을 계산할 수 있는 반면, 개인투자자는 순이익을 쉽게 계산할 수 없기 때문이다. 개인의 경우 현금흐름이 발생하면 이를 투자와 소비에 나누어 쓰는데, 투자와 소비는 구분하기 힘든 개념이며, 서로가 겹치는 부분이 존재하기 때문에 순이익을 계산하기 어렵다.

시간 자산 평가하기

사실 기업의 입장에서도 순이익을 정확히 계산하는지는 미지수이다. 회계 기준의 변화나 세금 등의 이슈에 따라 기업 재무제표에 자율성이 있기 때문에, 순이익의 수치를 완전히 믿을 만한 숫자라고 말하기는 어렵다. 차라리 매출이 좀더 진실에 가까울 수 있다.

총자산순이익률을 쓰든 총자산회전율을 쓰든, 그 사이의 어떤 값을 쓰든 자율에 맡기기로 하고, 우리가 원하는 총자산넓은 의미의 시간 자산의 크기는 다음과 같이 표현할 수 있다.

$$\text{총자산(넓은 의미의 시간 자산)} = \frac{\text{현금흐름}}{\text{총자산회전율(S/A)〔또는 총자산순이익률(ROA)〕}}$$

또는

$$\text{넓은 의미의 시간 자산} = \frac{\text{현금흐름}}{\text{일정시간} \times \text{총자산회전율(S/A)〔또는 총자산순이익률(ROA)〕}}$$

이는 부동산 자산의 경우, 연 현금흐름이 1,200만원이 나오는 부동산의 '적정 매매가'가 얼마인지 가늠할 때, 시장금리 수준 또는 '나만의 기준금리'로 나누어 대략 자산의 가치를 추정해 보는 것과 같다. 시장금리 3%를 기준으로 했을 때, 이 부동산은 약 4억원의 가치를 가진 자산이라고 볼 수 있다.

$$\text{연 현금흐름 1,200만원(금리 3\%) 부동산의 가치} = \frac{\text{1,200만원}}{3\%} = \text{4억원}$$

같은 방식으로 시간 자산을 평가해 보자. 예를 들어 직장인 A씨가 1년의 시간을 직장에 제공하고 연 5,000만원의 현금흐름을 만들어냈다고 가정해 보겠다 계산 편의를 위해 상여금과 소득세를 모두 포함한 연봉으로 가정. A씨는 시간 자산 이외의 돈 자산은 없는 사회 초년생이며, A씨의 총자산회전율S/A은 아직 투자에 대한 기준 수익률이 없으므로, 2021년 우리나라 전체의 투자수익률인 시중금리 약 3%를 적용하겠다. 그럼, A씨의 총자산, 즉 넓은 의미의 시간 자산의 크기는 다음과 같다.

$$\text{A씨의 시간 자산(넓은 의미)} = \frac{\text{5,000만원}}{(\text{1년} \times 3\%)} = \text{16.7억원}$$

직장인 A씨는 현재 시간 자산 외의 돈 자산은 없기 때문에, 좁은 의미의 시간 자산과 넓은 의미의 시간 자산이 같다. 이를 그림으로 나타내면 다음과 같다.

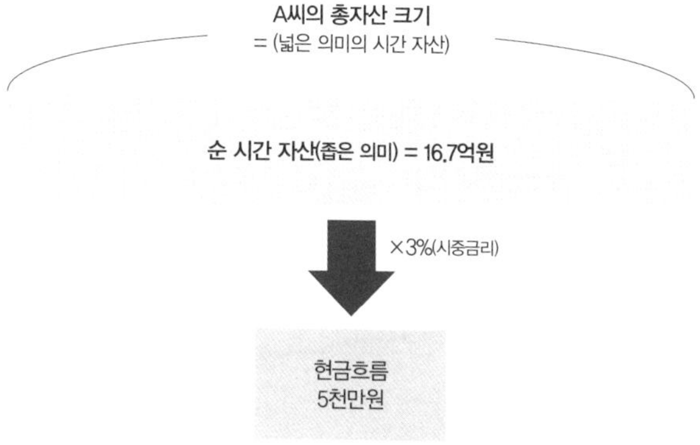

A씨는 자신의 총자산 16.7억원을 이용해 현금흐름 5,000만원을 만들어내는 투자를 하고 있는 셈이다.

여기서 알 수 있는 사실은 자산의 크기라는 것이 가정에 가정을 더한 정확하지 않은 값이라는 것이다. 만약 투자수익률S/A을 5%로 가정하면, A씨의 총자산넓은 의미의 시간 자산은 10억원이고, 투자수익률을 1%로 가정하면 총자산이 50억원이 된다. 물론 어떤 범위의 값을 가지겠지만, 투자수익률에 대한 가정에 따라 총자산이 언제든 고무줄처럼 늘었다 줄었다 할 수 있는 것이다. 우리가 믿을 수 있는 값은 1년이라는 시간과 현금흐름밖에 없다.

그래서 앞의 '시간 자산의 가치' 편에서 시간 자산의 가치를 구할 때, 일단 자산의 수익률을 제외한 현금흐름만으로 측정하고 비교해 본 것이다. 사람마다 상황마다 수익률기대수익률, 나만의 기준금리은 다를 것이고, 이 또한 표준화할 수 없기에, 다른 사람, 또는 같은 사람이라도 다른 상황에서 시간 자산을 비교하기 위해서는 일정기간 동안에 얻은 현금흐름만이 그 기준이 될 수 있을 것이기 때문이다.

자산의 기본 구성

사회초년생 직장인 A씨의 자산 구성

앞에서 말했듯이, 투자자가 가진 총자산은 시간 자산좁은 의미과 돈 자산의 합이고, 총자산은 넓은 의미의 시간 자산이다. 또한 총자산은 다음 그림과 같이 순자산과 레버리지로 이루어져 있다. 순자산은 다시 순 시간 자산좁은 의미과 순 돈 자산으로 나뉘고, 레버리지는 다시 시간 레버리지와 돈 레버리지로 나뉜다.

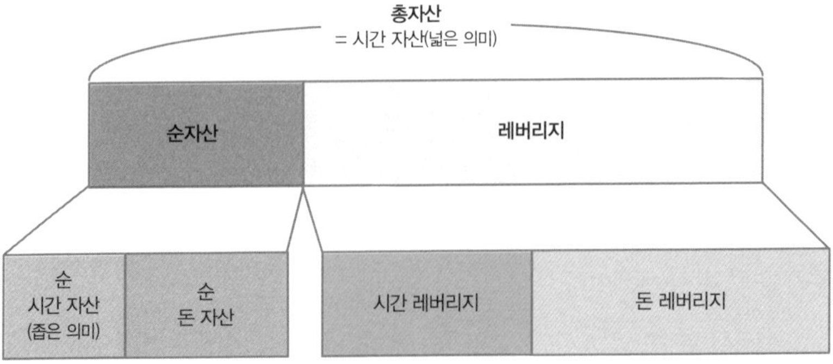

우리 모두는 이 4가지 종류의 에너지를 모으고 적절히 배치해서 최대한 위험하지 않는 선에서 효율적으로 '현금흐름'을 얻고 있는 투자자들이다.

사회초년생이며 아직 돈 자산이 없는 A씨의 경우, 앞의 4가지 항목 중에서 자신의 순 시간 자산을 이용해 현금흐름을 얻고 있는 투자자이다. 이 순 시간 자산은 하루아침에 만들어진 것이 아니다. 세포 하나에서 출발해서 수없이 많은 분열과 분화를 통해 한 인간으로 태어났고, 먹고 자라고 걷고 듣고 말하고 수없이 많은 경험과 교육을 거쳐 이곳까지 온 것이다. 그 과정 하나하나가 모여 A씨의 순 시간 자산을 만든 것이다. 따라서 A씨는 이미 훌륭한 투자자이다.

A씨가 만약 여기에 더해 '자유'를 꿈꾼다면, 자산의 구성을 점점 바꾸어 가는 것이 좋다. 먼저, 자유인이 된 두 가지 경우를 보여 드리겠다.

자유로운 투자가(I)의 자산 구성

로버트 기요사키의 '현금흐름 4분면'에서 투자가의 영역에 있는 사람들은 주로 돈을 레버리지 해서 현금흐름을 일으키는 사람들이다. 이들이 약간의 시간 레버리지를 이용한다면 자유인이 될 수 있다. 이들의 자산 구성을 사회초년생 A씨와 비교한다면 다음과 같을 것이다. 여기서 크기는 임의의 값이다. 자유로운 투자가인 I씨와 사회초년생 A씨의 자산수익률이 다르기 때문이다.

자유로운 투자가 I씨와 사회초년생 A씨의 총자산 구성 비교

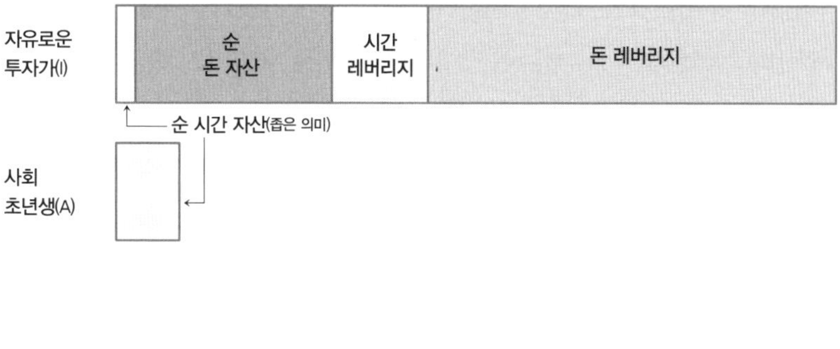

자유로운 투자가 I씨는 매우 적은 순 시간 자산을 투입해서 많은 현금흐름을 얻고 있다. 돈 자산의 효율적인 운용을 위해 적절한 시간 레버리지를 사용하여 시간 에너지를 거의 들이지 않고 원하는 현금흐름을 얻고 있다.

자유로운 투자가(I)의 시간 에너지-현금흐름

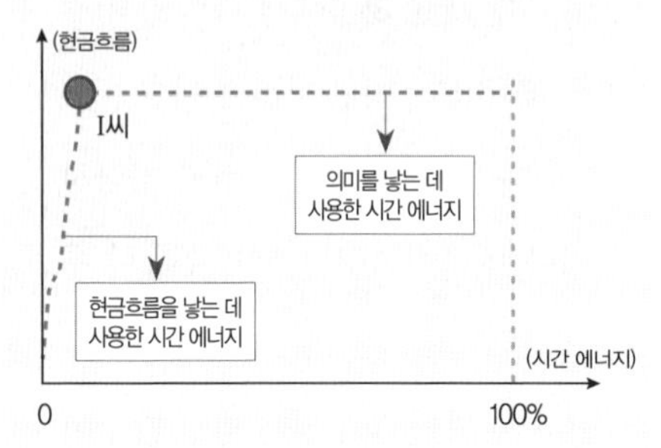

자유로운 투자가(I)의 시간 에너지와 의미

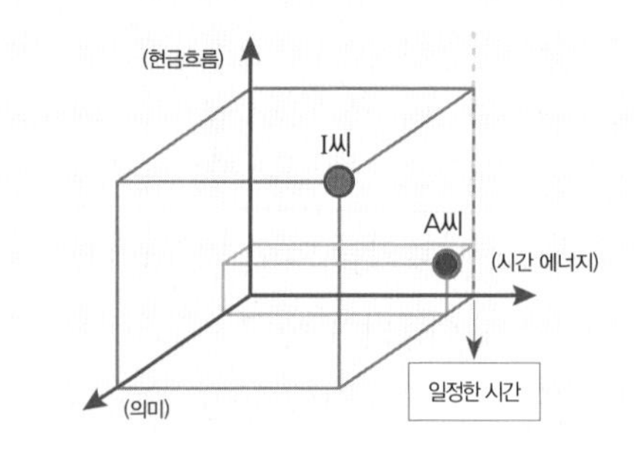

I씨의 시간 에너지-현금흐름 평면을 살펴보면 다음과 같을 것이다. 현금흐름을 낳는 데 사용하는 시간 에너지는 줄이고, 남는 대부분의 시간 에너지를 삶의 의미를 찾는 데 사용하는 것을 볼 수 있다. 우리는 이것을 '시간의 자유'라 부른다.

의미의 가치를 직접 평가하기는 힘들지만, 만약 시간을 많이 들일수록 의미를 더 많이 낳게 된다고 가정하면, 일정시간이 지난 후 자유로운 투자가 I씨는 A씨보다 더 많은 삶의 의미를 갖게 될 것이다. 그림으로 나타내면 위와 같다.

각자의 가치관이 다르기 때문에 의미나 삶의 가치는 측정할 수 있는 값이 아니다. 여기서는 단순히 현금흐름을 얻기 위해 보내는 시간이 적은 I씨가 의미를 찾는 데 더 많은 시간을 쓸 수 있다는 것에만 집중하자. 사회초년생 A씨가 자유로운 투자가 I씨보다 삶의 의미나 가치가 더 클 수도 있다.

자유로운 사업가(B)의 자산 구성

자유로운 사업가 B씨는 현금흐름 4분면의 사업가 영역에 있는 사람들 중에서 자유를 얻은 사람이다. 이들은 주로 다른 사람의 시간을 레버리지 해서 현금흐름을 일으키는 사람들이고, 상당량의 돈 레버리지를 이용하기도 한다. 이들의 자산 구성은 다음과 같다.

자유로운 사업가 B씨의 총자산 구성

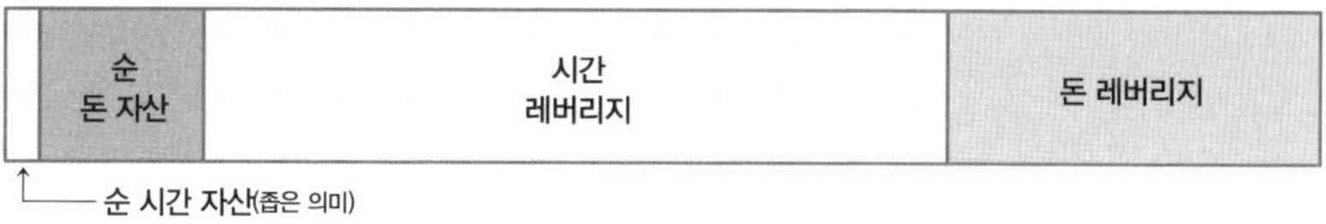

자유로운사업가(B)의 시간 에너지-현금흐름

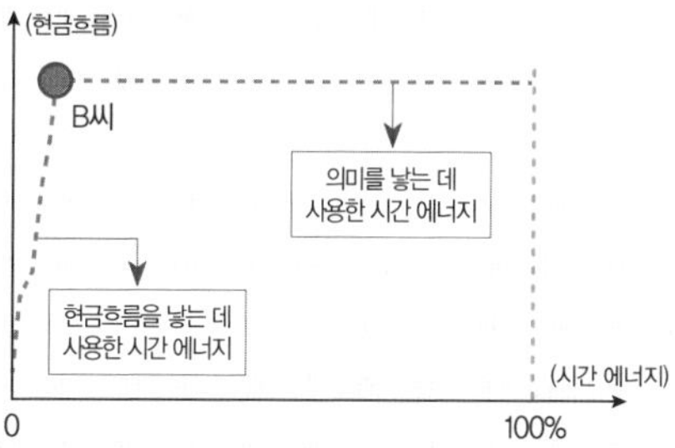

자유로운 사업가인 B씨와 자유로운 투자가 I씨의 차이점은 B씨가 돈 레버리지보다 시간 레버리지를 더 많이 사용한다는 점이다. 공통점은 둘다 매우 적은 순 시간 자산을 사용한다는 점이다. B씨 또한 I씨와 마찬가지로 현금흐름을 얻는 데 쓰는 시간 에너지는 적고, 남는 시간 에너지는 의미를 찾는 데 사용할 것이다.

사회초년생 A씨는 시간의 자유를 위해 자유로운 투자가I나 자유로운 사업가B 영역으로 이동하고 싶어한다. 어떤 과정을 거치게 될까?

자유로운 투자가로의 성장

이제 사회초년생 A씨는 고민 끝에 자유로운 투자가 영역으로 이동해 시간의 자유를 얻기로 결심했다. 그의 성장과정을 따라가 보자.

1. 순 시간 자산 늘리기

사회초년생인 A씨는 순 시간 자산으로 벌어들인 현금흐름을 투자하거나 소비하게 되는데, 먼저 소비를 줄이고 투자를 해서 자산을 늘려가기로 한다. 이때 중요한 것은 시간 에너지의 분배이다. 자산을 늘릴 때, 더 많은 현금흐름을 만들기 위해서 시간 자산을 늘리는 것도 투자이기 때문이다. 예를 들면 빠른 승진을 위해 업무효율을 높이는 것도, 인맥을 넓히는 것도 모두 시간 자산을

순 시간 자산 늘리는 단계의 자산 구성

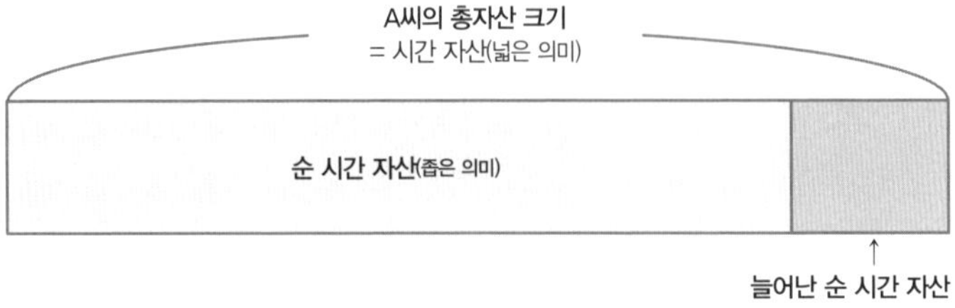

늘리는 투자이다. 또한 부업을 통해 현금흐름을 늘리는 것도 시간 자산을 늘리는 것이다.

A씨가 순 시간 자산을 늘림으로써 변화된 시간 에너지-현금흐름 평면은 다음과 같다.

A씨의 늘어난 순 시간 자산과 현금흐름

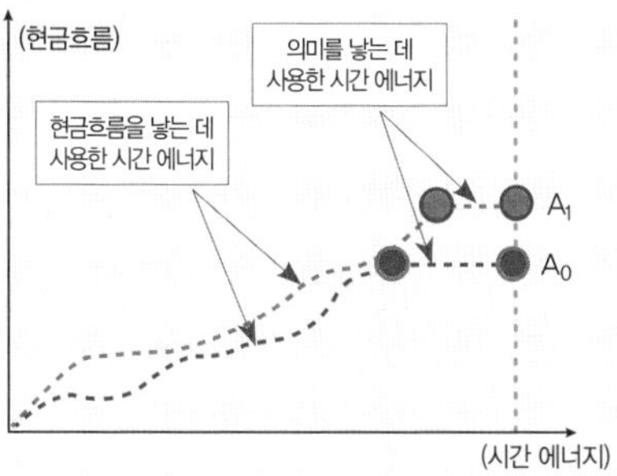

A씨는 좀더 많은 시간 에너지를 현금흐름을 얻는 데 사용했고, 결과적으로 더 많은 현금흐름을 얻었으며 순 시간 자산을 키웠다. 훌륭한 투자이다. 우리는 이 단계를 해낸 분들을 가장 응원한다.

2. 순 돈 자산 모으기

이제 늘어난 시간 자산을 포함한 순 시간 자산으로 돈 자산을 모으는 단계이다. A씨의 경우는 월급과 부수입을 차곡차곡 모아 종잣돈을 늘리는 것을 말한다. 이 과정의 단점은 종잣돈으로부터 나오는 현금흐름이 매우 적다는 데 있다. 따라서 경우에 따라 매우 지루하고 더딘 과정일 수 있다. 이 과정의 자산 구성은 다음과 같다.

순 돈 자산 모으는 단계의 자산 구성

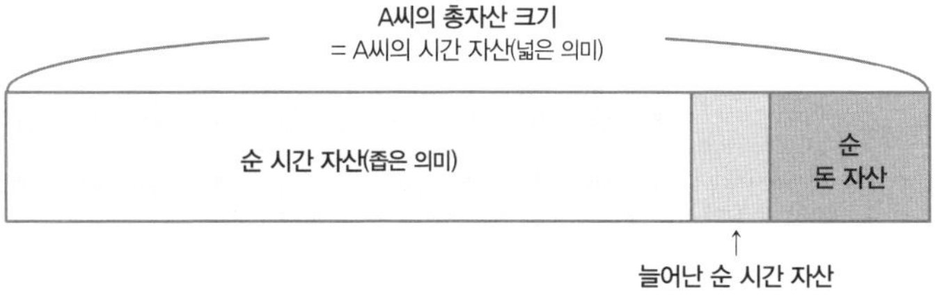

순 돈 자산은 현금흐름이 거의 없기 때문에 시간 에너지-현금흐름 평면에서도 거의 변화가 없다. 하지만 이 또한 훌륭한 투자이다.

3. 돈 자산(= 순 돈 자산 + 돈 레버리지) 늘리기

우리가 지엽적으로 알고 있는 투자의 영역이다. 흔히 '싸게 사서 비싸게 파는 것'이 원칙이라고 알려져 있는 구간이기도 한다. 전작 『투자의 재발견』은 많은 사람들이 여기에만 몰두하는 것이 안타까워 쓴 책이기도 하다. 돈 자산을 늘리는 것만이 투자가 아니며, 싸게 사서 비싸게 파는 것만이 투자가 아님을 알리고 싶었다.

A씨가 자유를 얻기로 결심했다면, 자산의 가격 변화보다 현금흐름에 집중하는 것이 자유를 얻는 가장 현실성 있는 방법이다.

물론 자산을 팔 때 나오는 현금흐름이 달콤할 때도 있지만, 이 방법의 치명적인 단점은 그 자산을 잃게 된다는 것이다. 자산을 잃고 화폐를 얻는 것, 자산을 화폐로 스왑하는 것은 매번 성공할 수 없는 방법이며, 시장의 변화에 리스크를 그대로 노출하는 방법이다. 거위를 보유하는 동안에도 황금알이 나오게 할 수 있는 거위농장을 만들고, 좋은 거위들을 늘려가는 데 시간 거위좁은 의미를 사용하는 것이 자유를 얻는 데 가장 효과적인 방법이다.

돈 자산을 늘려가는 A씨의 자산 구성은 다음과 같다.

돈 자산 늘리는 단계의 자산 구성

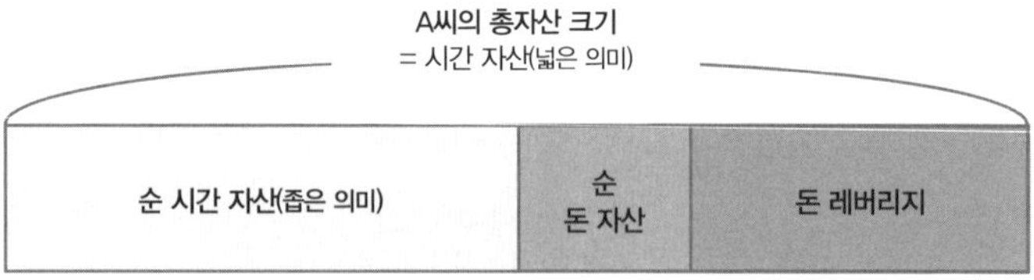

A씨는 시간 에너지를 효율적으로 사용하기 위해 부업을 그만두었고, 더 이상 승진에 목을 매지 않아도 되는 상황이 되었다. 드디어 돈 자산에서 아직은 부족하지만 현금흐름이 나오기 때문이다. 돈 자산을 늘리는 수많은 투자 방법들이 있고, A씨는 이 중에서 한 개 또는 여러 개의 방법을 배우고 익혀 차근차근 자산을 늘려가고 있다.

하지만 순탄했던 것만은 아니다. 이게 맞나 싶을 때도 많고, 원하는 만큼의 현금흐름이 나오지 않아 좌절되는 구간도 있었다. A씨는 다행히 잘 견뎠고 꾸준히 올바른 방향으로 자산을 늘려왔다. A씨의 시간 에너지-현금흐름 평면은 다음과 같이 변했다.

A씨의 시간 에너지-현금흐름 평면의 변화

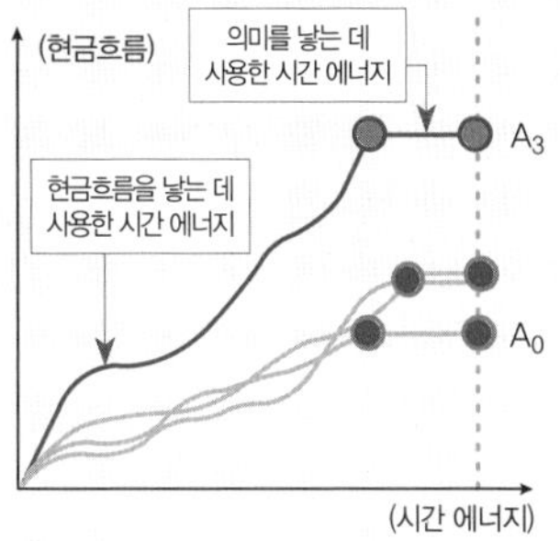

4. 돈 자산 계속 늘리기 + 시간 레버리지 사용하기

A씨가 원하는 자유의 수준을 얻기 위해 지속적으로 자산을 늘려가는 과정이다. 이 과정이 끝나면 최종적으로는 자유로운 투자가인 I씨처럼 될 것이다.

이제 A씨는 직장에서 얻는 현금흐름보다 돈 자산에서 더 많은 현금흐름을 얻고 있다. 다시 말하면, A씨의 순 시간 자산에서 얻는 현금흐름보다 돈 자산에서 얻는 현금흐름의 양이 많아졌다.

이때 A씨는 퇴사를 해도 되는 옵션이 생긴다! 여기에 돈 자산을 관리하기 위한 시간 에너지도 필요하고, 돈 자산을 더 늘리기 위해서는 회사에서 보내는 시간을 줄여야 하는 이유도 있다. 퇴사를 선택한 A씨의 시간 에너지-현금흐름 평면은 다음과 같아진다.

회사에서 쓰는 시간 에너지는 크게 줄었고, 이제 자산을 관리하고 늘리는 데에 시간 에너지를 쏟고 있다. 이 과정은 A씨가 원하는 현금흐름에 도달할 때까지 지속될 것이다.

퇴사를 선택한 A씨의 시간 에너지-현금흐름 평면

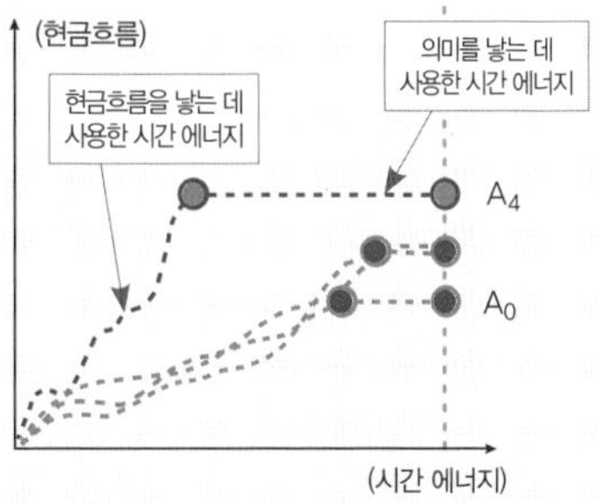

퇴사 후 A씨는 꾸준히 자산을

늘리고, 자산을 대신 관리해 줄 사람들을 신중히 모았다. 이 소중한 사람들은 자신의 시간을 A씨에게 레버리지 해 준다. 또한 A씨는 기존의 자산들을 시간 에너지가 매입 및 관리에 별로 들지 않는 자산으로 점점 교체해 갔다. 모두 어느 정도의 현금흐름 손실을 감수해야 하는 과정이지만, 시간이 더 소중하다. 이 과정을 모두 마친 A씨는 드디어 목표했던 자유로운 투자가I가 되었고 '시간의 자유'를 얻었다.

자유로운 투자가가 된 A씨의 자산 구성

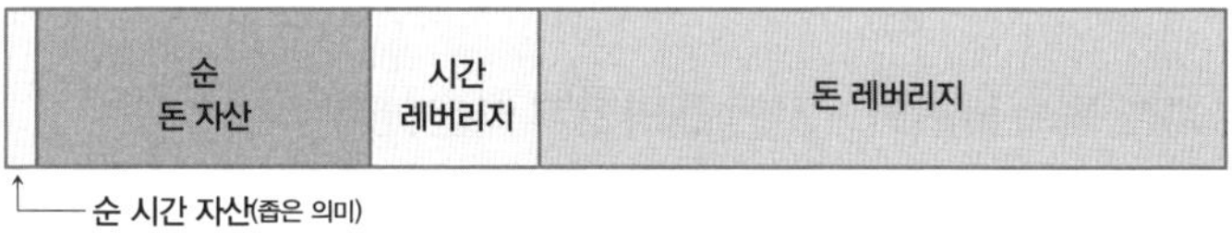

자유로운 투자가가 된 A씨의 시간 에너지-현금흐름 평면

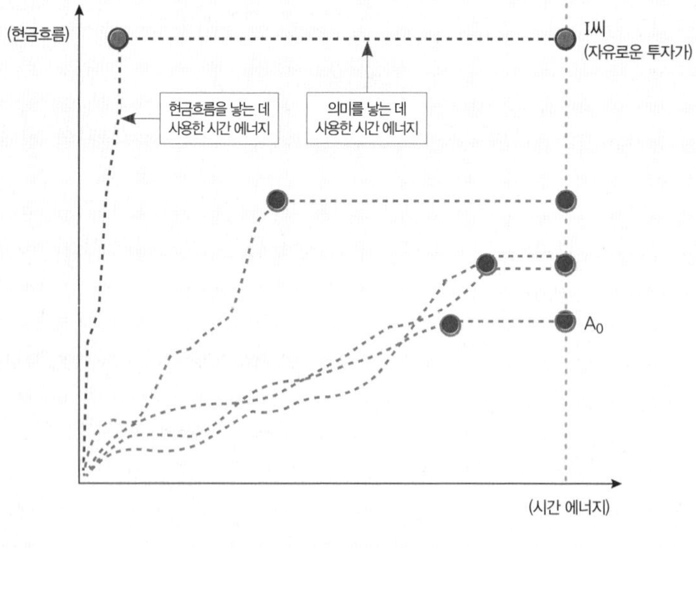

시간 자산을 포함한 현금흐름도표

앞에서 현금흐름도표를 만드는 방법을 소개했는데, 이때는 돈 자산만을 고려했다. 하지만 시간의 자유를 얻는 투자를 하기 위해서는 우리의 핵심 자산인 시간 자산을 포함해서 현금흐름도표를 만들어야 한다. 시간의 자유를 얻기 위해서는 시간 자산의 가치를 계산하고 이를 투자결정에 반영해야 하기 때문이다.

자산의 가치는 정확히 측정할 수 없는 것이고, 더군다나 시간은 더더욱 그 가치를 측정하기 어렵다. 하지만 투자자는 끊임없이 가치를 측정해야 하는 숙명이 있기 때문에 이런 노력을 해 보는 것이다. A와 B라는 투자가 있을 때, A에 투자하는 것보다 B에 투자하는 것이 자유를 얻는 데 더 효과적인지 아닌지를 구분해야 하기 때문이다.

이미 독자들도 일상 속에서 끝없이 나의 시간 자산을 포함해서 투자 여부를 고민해 왔을 것이다.

· 회사일과 가사일을 병행하려니 투자공부를 할 시간이 없는데, 가사 도우미를 쓰면 어떨까?

· 육아휴직을 하고 투자공부 시간 자산 키우기도 하고, 아이와 좀더 시간을

보내는 것은 시간 자산 이외의 가치 어떨까?

· 야근수당을 덜 받는 대신 야간 대학원에 가거나 새로운 기술을 배워서 미래를 준비하는 것은 어떨까?

이에 대한 정답은 각 투자자가 만들어가는 것이겠지만, 나의 시간 자산의 가격을 알고 그를 반영한 현금흐름도표를 만들어 본다면 투자결정에 도움이 될 것이다.

시간 에너지의 배분

우선 단위 시간 자산의 가치를 계산해야 한다. 투자자 A씨가 있다. A씨의 한 시간의 가격은 얼마일까?

한 시간의 가치가 아니라 한 시간의 '가격'이라고 표현한 이유는 시간의 가치는 측정할 수 없기 때문이다. 여기서는 투자의 관점에서 현금흐름을 일으키는 데 필요한 시간, 즉 시간 자산의 가치를 살펴보는 것이다. 단위 시간의 가격은 시간 자산의 가치로부터 계산될 수 있는 값이다.

만약 A씨가 지난 1년 동안 6,000만원의 현금흐름을 얻었고, 올해에도 큰 변화가 없을 예정이라면, A씨는 1개월 평균 500만원의 현금흐름을 만들어내는 자산을 가지고 있고, 하루 평균 16.4만원의 현금흐름을 만들고 있으며, 잠자는 시간을 포함해 한 시간에 약 6,850원의 현금흐름을 얻고 있다.

만약 A씨가 순 시간 자산만을 이용해 현금흐름을 얻고 있다면, A씨는 총자산을 이용해 한 시간에 6,850원의 현금흐름을 일으키고 있는 셈이다. 자는 시간, 쉬는 시간, 먹는 데 사용하는 시간도 모두 순 시간 자산을 유지하고 키우는 데 투자되는 시간이므로, 이 시간 또한 현금흐름을 일으키는 데 필요한 시간이라고 할 수 있다.

다만, 현금흐름을 일으키는 것이 아닌, 의미를 찾는 데 쓰는 시간 에너지는 구분할 필요가 있다. 총 시간 에너지를 100이라고 했을 때, 우리는 이 시간 에너지를 현금흐름을 얻는 데 쓰거나 의미를 찾는 데 사용한다. 즉, 시간 자산과 시간 자산 이외의 가치를 키우게 되고, 이를 통해 현금흐름을 얻거나 의미를 찾는 것이다. 현금흐름을 일으키는 데 사용하는 시간 에너지와 의미를 찾는 데 쓰는 시간 에너지는 사람에 따라, 상황에 따라 일정비율로 나누어지게 될 것이다.

어떤 사람은 100%의 시간 에너지를 현금흐름을 일으키는 데 사용하기도 하고, 어떤 사람은 50% 또는 그 이하의 에너지를 사용할 수도 있다. 하지만 이는 정확히 구할 수 없는 값이며, 0~100% 사이의 범위에 있는 값이다. 이를 '시간 에너지 배분'이라고 하겠다.

빌 게이츠의 경우 길을 걷다가 땅에 떨어진 돈을 보고도 지나치는 것이 더 낫다는 것이 설령 사실이라고 할지라도, 그는 시간의 자유를 얻은 투자자답게 선택권이 있다. 실제로 2014년 빌 게이츠는 온라인상에서 "땅에 떨어진 100달러 지폐를 줍겠느냐?"라는 질문을 받고, 그 돈을 주워서 재단에 기부할 것 같다고 대답했다. 만약 지폐를 줍는 것이 시간 자산에 손실이라고 해도, 그는 지폐를 주워서 기부함으로써 시간 자산 이외의 가치를 키우고 의미를 찾는 행동을 한 셈이 된다.

단위 시간 자산의 가치 구하기

만약 A씨가 시간 에너지의 80% 정도를 현금흐름을 일으키는 데 사용했다고 가정해 보자. 나머지 20%는 취미시간의 놀이, 봉사시간의 기부 등 의미를 찾는 데 사용했다고 하겠다. 그렇다면 A씨의 순 시간 자산으로부터 나오는 현금흐름은 시간 에너지 배분에 의해 다음과 같이 계산된다. A씨는 시간 자산을 이용해 한 시간에 약 8,563원의 현금흐름을 만들어내고 있다.

$$\text{A씨의 순 시간 자산 현금흐름(시간당)} = \frac{\text{시간당 현금흐름}}{\text{시간 에너지 배분}} = \frac{6{,}850\text{원/시간}}{80\%} = 8{,}563\text{원/시간}$$

여기서 끝이 아니다. A씨의 시간 자산 가치는 현금흐름 그 자체가 아니기 때문이다. 자산과 현금흐름의 관계는 수익률로 엮여 있다. 한 달에 100만원의 월세가 나오는 상가의 가격을 계산할 때, 연 6% 정도의 총자산순이익률ROA을 가정하고 약 2억원이라고 말하는 것과 같다. 이때 한 달 100만원은 현금흐름이고, 2억원은 자산의 가격이다. 즉, 2억원의 거위가 한 달에 100만원의 황금알을 낳는 것이다.

A씨의 1시간의 시간 자산 가치는 현금흐름 8,563원을 수익률로 나누어 주면 구할 수 있다. 여기서 사용하는 수익률은 총자산순이익률ROA, 총자산회전율S/A, 투자수익률ROI, 자기자본이익률ROE, 자본조달비용COE… 등 다양하겠지만, 개인이라면 총자산회전율S/A이나 총자산순이익률ROA 정도를 추천한다. 이는 정해진 값은 아니며 사람에 따라, 상황에 따라 달라진다. 스페이스봄 사이트에서 '나만의 기준금리'를 구했다면, 결과에 나오는 총자산순이익률을 사용해도 된다.

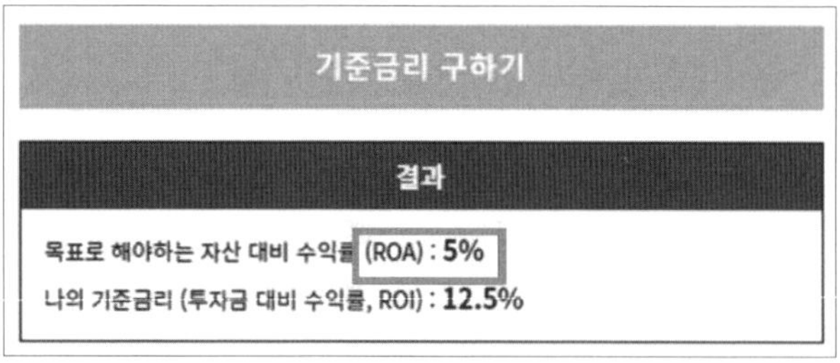

스페이스봄 사이트에서 총자산순이익률을 구하는 모습

위의 결과를 이용해서, A씨의 단위 시간 자산의 가치를 구하면 약 17만원 정도이다.

$$\text{A씨의 단위 시간 자산 가치} = \frac{\text{시간당 시간 자산 현금흐름}}{\text{자산 대비 수익률}} = \frac{(8{,}563\text{원/시간})}{5\%} = 171{,}000\text{원/시간}$$

요약하면, A씨의 단위 시간 자산의 가치를 구하는 순서는 다음과 같다.

1. 최근 1년 동안 벌어들인 현금흐름을 1시간 단위로 계산한다.
2. 현금흐름을 얻는 데 사용한 시간 에너지의 비율(시간 에너지 배분)을 가정하고, 앞에서 구한 1시간의 현금흐름을 시간 에너지 배분으로 나누어 시간당 시간 자산의 현금흐름을 구한다.
3. 자산 대비 수익률을 정하고, 2의 과정에서 얻은 시간당 시간 자산 현금흐름을 수익률로 나누어 단위 시간 자산의 가치를 구한다.

자산의 가치를 구하는 과정은 정확한 값을 얻는 과정이 아니다. 다만, 어떤 범위의 값을 가질 것이고, 끊임없이 시도하다 보면 좀더 진실에 가까운 어떤 숫자를 얻을 것이라는 믿음이 있을 뿐이다. 먼 항해를 떠날 때 그나마 나침반 하나 정도는 챙기려는 노력이다. 위에서 구한 단위 시간 자산의 가치 또한 정확한 값이 아니지만, 이를 이용하면 시간의 자유를 위한 투자의 기준을 세울 수 있을 것이다.

시간 자산을 포함한 현금흐름도표 그리기

투자가 I씨는 최근 1년 동안 총자산으로부터 약 3억원의 현금흐름을 얻었다. 현금흐름을 얻는 데 쓰는 시간 에너지의 배분은 약 30%이다. 앞으로 더 많은 시간의 자유를 원하기 때문에 시간 에너지 배분을 줄이고 싶어한다. I씨의 총자산순이익률ROA의 기준은 6%이다.

I씨의 단위 시간 자산의 가치를 계산하면 약 190만원/시간이 나온다.

$$\text{I씨의 단위 시간 자산의 가치} = \frac{\text{시간당 현금흐름}}{\text{시간 에너지 배분} \times \text{총자산순이익률}}$$

$$= \frac{\text{34,200원/시간}}{30\% \times 6\%} = \text{190만원/시간}$$

* I씨의 시간당 현금흐름 = 3억원 /(8,760시간/년) = 34,200원/시간

투자가 I씨는 실투자금 약 1억원으로 한 달에 약 100만원의 현금흐름이 나올 수 있는 투자를 소개받았다고 하자. 이 자산을 매입할 경우 5년간 보유하며, 5년 후 매도할 때의 자산 증가는 보수적으로 1억원으로 가정한다세금 및 기타 비용 제외. A씨는 이 투자를 해야 할까? 현금흐름도표를 작성하면 다음과 같다. 엑셀의 XIRR 함수로 구한 내부수익률이 25.4%인 매우 훌륭한 투자이다.

투자가 I씨, 실투자금 1억원 투자의 현금흐름도표(시간 자산 미포함)

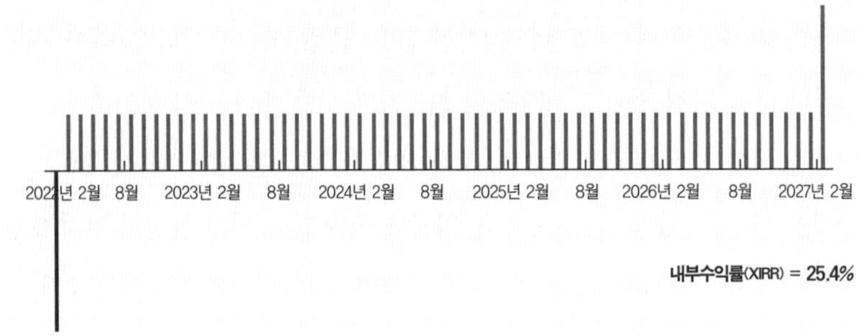

이제 투자가 I씨의 시간 자산을 고려해 보자. 투자 초기를 준비하는 데 약 50시간일주일 정도이 들고, 매년 자산을 관리하는 데 약 8시간하루 정도이 필요하다고 하자. I씨의 단위 시간 자산의 가치는 시간당 190만원 정도이므로, 이 투자에 투입되는 시간 자산은 다음 그림의 검정색 막대와 같다5년간 단위 시간

투자가 I씨의 현금흐름도표(시간 자산 포함)

자산의 가치에는 큰 변화가 없다고 가정하겠다.

더 많은 시간의 자유를 얻고 싶은 I씨는 이 투자를 해도 될까? 시간 자산을 포함한 현금흐름도표를 작성해 보아야 한다. I씨의 시간 자산을 고려해서 현금흐름도표를 그려본 결과, 내부수익률XIRR이 마이너스(-)인 형편없는 투자가 되어 버렸다. I씨는 이 투자를 할 경우 시간의 자유를 얻을 수 없다.

투자의 조건을 다시 생각해 보면, 30% 정도의 시간 에너지로 일년에 3억원, 즉 한 달에 2,500만원의 현금흐름을 얻을 수 있는 I씨의 입장에서는 5년간 월 100만원과 5년 후 1억원의 현금흐름 증가를 위해 시간을 쓴는 것은 그리 매력적인 투자가 될 수 없을 것이다. 특히 현금흐름을 얻는 데 쓰는 시간 에너지를 줄이고 싶은 I씨는 더더욱 시간 자산을 아끼고 싶을 것이다. 이재용 부회장이 전세 레버리지 투자에 관심을 가질 이유가 없는 것처럼 말이다.

I씨가 그래도 이 투자를 하고 싶다면 방법은 두 가지이다.

1. 남의 시간을 레버리지 하기
2. 자산의 변화를 통해 시간을 레버리지 하기

남의 시간을 레버리지 하기

남의 시간을 레버리지 한다는 말은 남의 시간을 활용한다는 것이다. 그 방법은 돈일 수도, 다른 가치일 수도 있다. 부부가 함께 투자하는 것이 중요한 이유이기도 하다. 돈을 이용해 타인의 시간을 레버리지 하는 데는 두 가지 방법이 있다.

1. 현금흐름을 이용해 레버리지 하기
2. 자산을 이용해 레버리지 하기

다른 사람의 시간 자산에 대한 대가를 지불하는 방법의 차이다. 이를테면 직장인의 월급은 현금흐름으로 시간을 레버리지 하는 방법이다. 직장인은 자신의 시간을 제공하고 현금흐름을 얻고 있으며, 탁자의 반대편, 즉 고용주는 현금흐름의 손실을 감안하고 타인의 시간을 사고 있는 셈이다.

자산을 이용해 시간을 레버리지 하는 대표적 방법은 스톡옵션이다. 스타트업은 아직 안정적 현금흐름이 없으므로 창업에 도움을 줄 사람들에게 기업의 지분을 준다. 기업이라는 거위가 향후 낳아줄 황금알을 나눈다.

I씨는 현금흐름을 이용해 남의 시간을 레버리지 하기로 한다. 일년에 하루 정도의 일당은 약 40만원이고, 준비기간에 필요한 시간도 반으로 줄이면서 약 1,000만원의 비용을 사용했다. 현금흐름도표는 다음과 같다. 엑셀의 XIRR 함수로 구한 내부수익률이 12.0%로 준수한 수준이 되었다.

투자자 I씨의 현금흐름도표(남의 시간을 레버리지 한 경우)

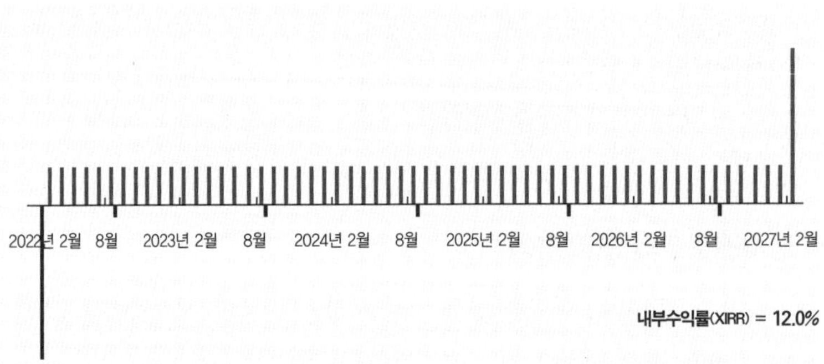

자산의 변화를 통한 시간 레버리지

투자법은 그대로 두고, 자산의 크기나 형태를 변화시키는 방법이다. 예로 지방 소형 상가에서 수도권 중심지 상가로 투자대상을 바꾸거나, 한 단지당 전세 레버리지 1채 투자에서 3~5채로 늘리는 등의 투자를 말한다. 비슷한 시간 에너지를 들이면서 현금흐름의 양을 늘린다. 현금흐름이 늘어나면 단위 시간 자산의 가치가 높아지고, 결국 시간을 레버리지 하는 효과를 가져온다.

I씨의 경우 실투자금을 5배로 늘리고, 현금흐름도 월 100만원에서 500만원이 되도록 자산의 크기를 변화시키기로 했다. 시간 에너지가 동일하게 사용된다고 가정하면 현금흐름도표는 다음과 같다. 내부수익률XIRR은 17.7%로 크게 증가했고 준수한 투자수익률을 얻었다.

투자자 I씨의 현금흐름도표(자산으로 시간 레버리지 한 경우)

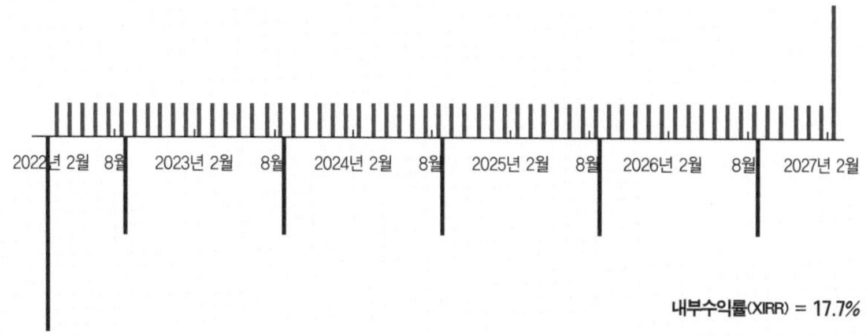

이처럼 어떤 투자기회를 만났을 때, 주어진 조건들을 그대로 수용하는 것이 아니라 투자의 조건들을 좀더 유리한 방향으로 변동시킬 수 있는 방안이 있는지 항상 살펴야 한다. 이때 각 변수의 조합의 결과로 인한 투자 시뮬레이션에서 현금흐름도표는 매우 유용하게 쓰일 수 있다.

물론 투자가 I씨의 현금흐름에는 이런 투자법의 지속적인 발견으로 변화가 있을 것이고, 단위 시간 자산의 가치도 점차 증가할 것이다. 시간의 자유를 원할수록 더 많은 현금흐름이 있는 곳에 투자하거나, 시간 에너지를 사용하지 않는 자산에 대한 투자 비중을 늘려야 한다.

예를 들어 전세 레버리지 투자를 통해 현금흐름의 양이 많아진 상태에서 시간의 자유를 원하는 투자자라면, 남의 시간을 레버리지 하거나, 배당주 위주로 자산의 구성을 변화시키는 것이 현명하다. 물론 돈 자산 대비 수익률이 감소할 수 있지만, 시간 자산의 구성을 고려하면 무한정 전세 레버리지 투자를 늘리는 것이 손해일 수 있다. 앞은 하나의 예를 든 것이며, 내가 원하는 자유의 정도에 따라 자산의 구성을 변화시켜야 한다는 점은 같다.

투자의 결정은 단순히 돈 자산과 현금흐름의 관계를 살피는 것에서 그쳐서는 안 된다. 시간의 자유를 원한다면, 시간 자산의 가치를 어떻게든 측정하고, 이를 이용해 총자산넓은 의미의 시간 자산으로부터 나오는 현금흐름의 관계를 살펴야 하며, 이런 결정에는 현금흐름도표가 강력한 도구가 될 것이다.

공간의 자유

현실세계와 가상세계

자연스레 눈이 떠졌다.

일어나 창가로 간다. 동틀 무렵이다. 남극점을 바라보고 섰을 때, 태양이 내 왼쪽 아래에 있을 시간이다. 달은 내 머리 앞쪽에 떠 있다. 하현달이다. 달 뒤로는 쌍둥이 자리가 있을 것이다. 봄이기 때문이다.

이 세상은 태양과 달과 지구의 위치로 시간을 매긴다. 딱 떨어지지는 않지만, 지구가 태양의 주위를 한 바퀴 돌면 일 년, 달이 지구 주위를 한 바퀴 돌면 한 달, 지구가 스스로 한 바퀴 돌면 하루이다. 과거의 사피엔스들에 의해 그렇게 정해졌다.

이 세상은 13번째 레이어의 세계이다. 인류가 지금까지 밝혀낸 바에 따르면, 이 세계는 하나의 점으로부터 출발했고 끊임없이 확장하고 있다. 시간이라 정의된 어떤 것은 무질서도가 증가하는 방향으로 흐르는 것으로 보인다. 어떤 사건이 발생하는 원리는 물리법칙을 따르는 것으로 보이는데, 인류는 아직 이 물리법칙을 완전히 파악하지 못했다. 다만, 거시적인 부분에서는 상당부분 예측이 가능하다. 이 세계의 구성원소는 원자이다. 나는 이 세계의 극히 일부인 지구에 있다.

내가 이 세계에 내려온 지도 벌써 40년이 되었다. 예전에는 내가 이 세계에 온 이유를 알고 있었던 것 같은데, 지금은 그것을 알고 있었는지, 모르고 있었는지도 까맣게 잊어버렸다. 심지어 가끔은 내가 실제로 존재하는지에 대한 의문이 들기도 한다. 어쨌든 나는 생각하고 있고, 고로 존재한다고 믿긴 한다. 더 좋은 말이 생각났다.

"나는 우주의 엔트로피를 증가시킨다. 고로 존재한다."

나는 대한민국의 정신과 전문의다. 11번째 레이어의 표현을 빌리자면, 사람의 마음을 치료해주고 돈을 벌고 있다.

Treat to Earn T2E

내 주변의 지인들도 다양한 방법으로 돈을 벌고 있다. 어떤 사람은 글을 쓰면서 돈을 벌고Write to earn, W2E, 그림을 그리거나Draw to earn, D2E 문제를 풀거나Solve to earn 가르치거나Teach 만들거나 다른 사람의 일을 대신해 주면서 돈을 벌고 있다. 모두 돈을 벌기 위해 무언가를 한다.

아~, 우선 11번째 레이어에 대한 설명이 필요하겠다. 11번째 레이어는 인류가 만들어 낸 세계이다. 13번째 레이어인 지금 세계를 '현실세계'라고 부르며, 11번째 레이어는 '가상세계'라고 이름 붙였다. 왜냐하면 13번째 레이어에 살고 있는 인류는 이 세계를 현실이라고 믿고 있기 때문이다. 그에 대비되는 말로 가상세계라고 지은 것이다. 가상세계는 블록체인의 세계이며, 2008년 누군가에 의해 만들어졌다. 가상세계를 움직이는 원리는 논리 알고리즘이다. 그리고 그 구성원소는 0과 1이다. 이 가상세계에서는 현실세계의 물리법칙이 종종 무시될 수도 있다. 나는 13번째 레이어를 이해하기 위해 종종 11번째 레이어의 개념을 빌린다. 어쨌든 11번째 레이어에서 시간을 들여 돈을 버는 행위는 거의 대부분 P2E Play to Earn 라 불린다. 현실세계 입장에서 보았을 때, 가상세계에서 시간을 쓰는 행위가 노는 것Play처럼 보였나 보다. 놀면서 돈을 번다는 의미로 P2E라고 이름 붙였다. 이 표현을 빌려 나는 T2E라고 한 것이다. 즉, 치료하고 돈을 번다.

돈을 왜 버는 걸까?

돈은 역사적으로 거래가 시작된 어느 시점부터 인류의 삶에 큰 영향을 미치는 존재가 되어 왔다. 인류는 돈이 좋든 싫든 벌어야 했다. 살기 위해서다.

Earn to Live E2L

우리는 잘 살기 위해 돈을 번다. 나는 살기 위해 돈을 벌고 돈을 벌기 위해 치료를 한다.

T2E, E2L

그렇다면 돈은 무엇일까?

다시 11번째 레이어의 말을 빌자면, **돈은 '토큰화 할 수 있는 모든 것'**이라고 할 수 있다. 가상세계에서 말하는 토큰은 소유할 수 있고 거래할 수 있는 어떤 것이다. 현실세계에서도 소유하고 거래할 수 있는 모든 것은 돈이다.

여담이지만, 가상세계의 블록체인은 이 소유와 거래를 보장한다. 내 소유와 거래가 지켜질 것이라는 믿음이 이 토큰에 가치를 부여한다. 블록체인은 그 믿음과 신뢰의 시스템이다.

토큰은 세 가지로 구분할 수 있다. 대체 가능한 것Fungible, 대체 불가능한 것Non Fungible, 그리고 어느 정도 대체가능한 것Semi Fungible. 이를 토큰Token으로 나타내면 다음과 같은 스펙트럼을 가진다.

FT —— SFT —— NFT

대체 가능성: 100% ▬▬▬ 0%

나는 오늘 FT를 가지고 NFT를 거래하러 가야 한다. 원화KRW, FT 6억 개와 인천의 한 아파트NFT를 교환하는 약속이 있기 때문이다. 그 사이 나는 몇 번의 지하철 승차권SFT을 KRWFT와 교환해야 하고, 점심으로 맥도날드의 빅맥 버거에 치즈 추가NFT를 KRWFT와 교환할 예정이다. 식후 커피는 스타벅스의 아이스 아메리카노 교환권SFT이 있기 때문에 이때는 KRWFT와 직접 교환할 필요는 없겠다.

위에서 말한 모든 T는 돈이다. 현실세계에는 이런 셀 수 없는 다양한 돈들이 존재한다. 심지어 시간도 토큰화 할 수 있다. 이번 NFT 거래를 위해 나는 오늘 오전 진료를 다른 원장님께 부탁했다. 그 원장님의 오전 시간SFT을 대가로 나는 30만 개의 KRWFT를 준비해야 했다. 중요한 거래라서 내가 꼭 가야 했기 때문이다.

시간과 돈은 현실세계에서 '가치 있는 에너지'라고 할 수 있다. 사람은 이 에너지를 얻기 위해 산다. 아니 살기 위해 이 에너지를 얻어야 한다. 자연스레 질문은 '그럼 왜 사는가?'로 넘어갈 수 있다. 질문을 바꾸면 다음과 같다.

Live to???

즉, 무엇을 위해 사는가?

여기까지 정리하면 다음과 같다.

!!! to Earn

Earn to Live

Live to ???

현실세계의 인류는 살기 위해 돈을 벌고 돈을 벌기 위해 무언가!!!를 한다. 돈은 토큰이며, 토큰을 벌고 교환하고 저장하는 모든 과정은 투자와 연관되어 있다. 투자는 자산을 늘리는 모든 행위이며, 토큰은 자산으로부터 나오기 때문이다.

결국 중요한 질문은 '왜 투자하는가?'일 것이다.

답은 각자의 내면에 있다. !!!과 ???가 일치하는 사람은 행운아일 것이다. 하지만 대부분의 사람들은 이 둘이 일치하지 않는다. 따라서 현실적으로 우선 !!!에 집중하고, ???는 뒷전으로 밀릴 수밖에 없다.

그럼에도 불구하고 우리는 ???에 집중해야 한다. 왜냐하면 !!!는 수단에 불과하기 때문이다. ???가 확고한 방향을 제시할 때, 갈팡질팡하지 않고 다양한 방법 중 원하는 곳에 가장 확실히 갈 수 있는 수단을 선택할 수 있기 때문이다. 스스로 떳떳하다면, 그게 무엇이든 상관없고 남의 시선도 그리 중요하지 않다.

쓸데없는 생각이 많아졌다.

얼른 준비하고 NFT 투자하러 가야겠다. 오후에는 다시 T2E 투자를 위해 돌아와야 하기 때문이다.

공간의 자유

새로운 자산군의 출현과 질문들

현 시대를 살고 있는 우리는 굉장한 행운아이다. 암호자산이라는 새로운 자산군의 출현과 그 초기 역사의 순간을 함께하고 있기 때문이다. 새로운 자산군의 출현은 자주 일어나는 일이 아니다. 금과 부동산은 거의 태곳적부터 존재했을 것 같고, 주식이라는 자산군이 등장한 것은 17세기다. 그리고 그 후 약 4세기 만에 우리는 암호자산이라는 새로운 자산군의 출현을 맞이하게 된 것이다.

우리 시대에 새로운 자산군이 등장했다는 사실은 매우 고무적이다. 새로운 자산군이 가져오는 기회들을 선점할 수 있기 때문이다. 2008년 비트코인을 시작으로 암호화폐 혹은 암호자산이라고 불리는 새로운 자산군이 등장한 지 13년이 지났지만, 여전히 투자자들 사이에서는 암호화폐가 '화폐'로서의 가치가 있는지, 또는 내재가치가 있는지 등에 대해 의견이 분분하다. 특히 2022년 암호자산 가격의 하락을 보면서 사람들의 의구심은 더욱 커졌을 것이다.

최근까지의 가상세계와 암호화폐의 흥망을 지켜보면서 우리 부부가 고민한 질문들은 다음과 같다.

1. 가상세계에 관심을 가지고 투자해야 하는 이유는 무엇인가?
2. 가상세계에서 자산은 무엇인가?
3. 가상세계 자산을 어떻게 믿을 수 있을까? 가상세계에서 내 것이 지켜질 것이라는 믿음이 어떻게 지켜질 수 있을까?
4. 암호화폐/자산의 가치는 어디에서 비롯될까?
5. 암호화폐/자산은 화폐인가 아니면 자산인가? 이 분류가 어떤 의미가 있을까?
6. 가상세계에서 자산을 발견했다면 좋은 투자의 방법을 어떻게 적용할 수 있을까?

이 질문들을 보면 우리의 의식의 흐름이 나타나 있다.

공간의 자유

먼저 우리가 가상세계에 관심을 가진 가장 큰 이유는 '공간의 자유' 때문이었다. 공간의 자유를 이해하기 위해서는 우선 '리스크'를 이해해야 한다. 현재 가장 직관적으로 이해할 수 있는 예는 '우크라이나 전쟁'일 것이다. 만약 대한민국의 한 투자자 가족이 우크라이나에 있었다고 가정해 보자. 행복하게 살 수 있을 정도의 집과 사업, 그리고 기타 자산이 모두 우크라이나에 있었다면 지금 어떤 삶을 살고 있을까? 과거 돈의 자유와 일부 시간의 자유를 얻었다고 하더라도 지금은 매우 불안하고 힘든 시간을 보내고 있을 것이다.

자산의 관점에서 본다면, 이는 예상하지 못한 큰 리스크로 인해 가족의 총자산이 쪼그라든 것이다. 거위농장에 비유하자면, 가족농장에서 대부분의 거위가 폐사한 것이고, 댐과 저수지에 비유하자면 가족자산의 댐이 무너져 그 안에 담고 있던 저수지의 물이 쏟아져 나와버린 것이다.

여기서 '리스크'는 지정학적 위기다. 지정학의 사전적 의미는 '지리적인 위치 관계가 정치, 국제 관계에 미치는 영향을 연구하는 학문'이다. 현실세계만을 국한해서 본다면, 자신이 태어난 국가 또는 민족 등의 집단이 지구라는 행성의 한 지역에 자리잡고 있기 때문에 발생하는 주변 집단과의 상호작용을 말한다. 더 근본적으로는 한 집단을 이루는 사람들의 '마음'이 모여 믿음과 욕심을 만들어내고 이를 추구하는 과정에서 일어나는 주변과의 상호 반응이다. 사람들의 믿음과 욕심은 종교, 정치, 문화, 제도, 역사, 경제 등으로 표현되고 표출된다.

유발 하라리는 『사피엔스』에서 호모사피엔스가 지구를 정복할 수 있었던 가장 큰 이유로 '상상력'을 들고 있다. '허구를 믿는 집단적 상상력'이 인간을 결속시키고, 이로 인해 인간은 부족과 도시를 넘어서 제국을 건설할 수 있었기 때문이다. 유발 하라리는 인간이 실제로 존재한다고 믿는 상상 속 허구의 예로 기업, 정치, 경제, 제도, 신용, 심지어 국가를 말하고 있다. 사랑, 정의, 평등, 공정, 자유 등의 추상적 개념 역시 실제 존재할 것이라 믿는 상상력의 산물이다.

인류는 이 '믿음'을 근거로 주변에 영향을 미칠 수 있는 존재이다. 다른 '믿음'을 가진 집단이 자신의 욕심에 방해가 된다면 언제든 제거할 수 있는 행동력도 가지고 있다. 투자에서 지정학적 위기는 여기서 출발한다. 이는 비단 국가 간의 관계만을 의미하지 않으며, 민족, 지역, 직장과 가족 등 작은 집단을 이룰 수 있는 곳이면 언제든 발생할 수 있는 문제이다.

비트코인 전문가 오태민 대표는 그의 저서 『메타버스와 돈의 미래』에서 아프가니스탄의 탈레반 정권, 미국과 러시아와의 관계 등 다양한 지정학적 리스크 사례들을 언급하며 비트코인을 지정학적 자산으로 표현했다.

지정학적 위기에 노출되어 있는 자산은 말 그대로 리스크를 가지고 있다. 크게는 전쟁, 금융위기 등의 국제관계에 의해서, 작게는 국내정치, 사회 등의 변화에 의해서, 더 작게는 직장 내 인간관계 등에 의해 일어난다. 투자에서 공간의 자유는 이런 리스크를 헤지하기 위해 필요하다.

공간의 자유는 주요 현금흐름을 만들어내는 자산들이 지정학적 위기에 상관없이 분포하는 것이며, 이런 공간의 자유를 이루는 방법은 시간 및 돈 자산을 지정학적 위기에 노출되지 않는 공간에 두는 것이다. 좀더 쉽게 표현하자면, '자산을 제2의 장소에 두는 것'이라 할 수 있다.

앞서 '시간의 자유' 편에서 총자산은 다음과 같은 구성을 가진다고 했다. 우리의 총자산은 순자산과 레버리지로 구성되며, 순자산은 다시 순 시간 자산과 순 돈 자산, 레버리지는 시간 레버리지와 돈 레버리지로 분류할 수 있다고 했다. 이것은 시간의 자유를 얻기 위한 자산의 개념도이다. 여기에 '공간의 자유'를 추가로 얻기 위해서는 새로운 자산군이 필요하다.

총자산의 구성 변화

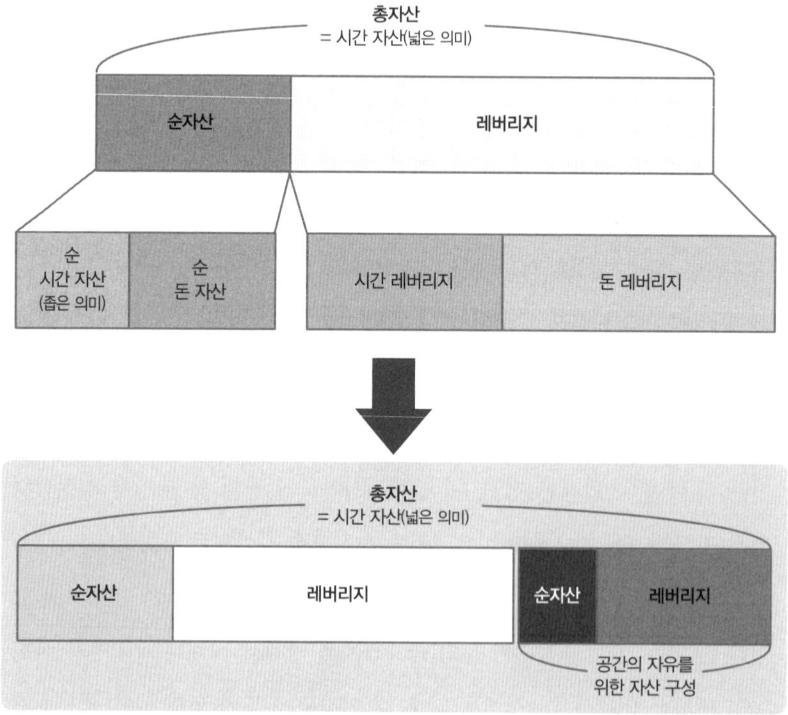

앞의 그림에서도 알 수 있듯이, 공간의 자유를 위한 자산에도 순자산과 레버리지가 있으며, 순자산은 다시 순 시간 자산과 순 돈 자산으로 나뉘고, 레버리지도 시간과 돈 레버리지로 나뉠 것이다.

예를 들어 여행 유튜버가 되어 전세계를 돌며 여행기를 업로드하는 경우는 시간 자산을 공간의 제약을 받지 않고 사용하여 현금흐름을 일으키는 투자를 하는 것이며, P2E Play to Earn 게임으로 돈을 버는 필리핀 사람들도 시간 자산과 일부 돈 자산을 이용해서 공간의 제약 없이 현금흐름을 만드는 경우이다.

좀더 복잡한 경우로는 디파이DeFi, 탈중앙화 금융를 들 수 있다. 비트코인BTC, 이더ETH, 솔라나SOL 등 L1 자산을 스테이킹Staking, 블록체인 네트워크에 암호화폐를 예치하면 그 보상으로 암호화폐를 주는 방식하고 현금흐름을 얻거나, 또는 이들을 담보로 제공하고 레버리지를 일으켜서 현금흐름을 얻는 경우는 돈 자산과 레버리지를 만드는 것이다. 가상세계에서 부동산을 구매하거나 증권을 구매해서 스테이킹 또는 임대해서 현금흐름을 얻는 경우, 또는 탈중앙화 거래소에 LP 유동성 공급을 위해 두 개의 암호화폐를 쌍으로 묶은 것 자산을 제공하고 현금흐름을 얻는 경우도 있다. 이 모든 것은 현실세계의 지정학적 위기에 대비하기 위한 리스크 헤지 전략이 될 수 있으며 공간의 자유를 위한 자산 배치이다.

거위농장으로 비유하자면 집단 폐사를 막기 위한 새로운 축사를 만드는 것이며, 댐과 저수지 모형으로 비유하자면 큰 댐이 무너졌을 때를 대비해 다른 곳에 새로운 댐을 건설하는 것을 말한다. 다만, 이런 경우 리스크의 종류가 달라진다.

공간의 자유를 원한다면

공간의 자유를 원한다면 가상세계 투자에 관심을 갖는 것도 좋다. 금 투자 또한 이를 이루기 위한 하나의 방법이다. 금은 인류 역사와 함께한 또 하나의 메타버스이기 때문이다. 우리 부부가 자산을 선택하는 기준은 '자유'이다. 현재는 돈의 자유충분한 현금흐름, 시간의 자유시간 레버리지 가능성, 공간의 자유탈중앙화를 기준으로 자산을 선택하려 노력한다.

가상세계에 투자해야 하는 이유를 찾고 나서 가장 먼저 자산이 무엇일까를 고민한 이유는, 결국 투자란 자산을 늘려가는 모든 행위이기 때문이다. 따라서 **가상세계에서도 좋은 자산을 발견할 수 있다면, 우리가 현실세계에서 적용해 온 투자원칙을 똑같이 적용해서 자산을 꾸준히 늘려가면 된다.**

암호자산은 본질적으로 어떠한 속성을 가지고 있는지, 그 가치는 어디에서 비롯되고 있는지, 특히 가상세계에서 내 것이 지켜질 것이라는 믿음의 가치는 어떻게 지켜지는지를 확인해야 했다.

마지막으로 가상세계에서도 좋은 투자를 하려면 자산의 가치를 평가하고 싸게 사서 현금흐름을 일으키며 보유해야 하는데, 이것을 탈중앙화 금융DeFi을 통해 어떻게 만들어갈 수 있는지를 찾고 조금씩 실행하고 있는 중이다.

우리 부부가 이러한 과정을 거치면서 고민했던 질문들에 대한 대답들은 이 책의 앞부분에서 이미 설명했거나, 앞으로 전개될 내용에서 중점적으로 다루고자 한다.

문과 출신의 필자가 가상세계의 기반을 이루고 있는 블록체인 관련 기술들을 이해하는 것은 쉽지 않았고, 아직도 더 알아가야 할 부분들이 많다. 하지만 투자대상으로서 암호자산의 본질을 최대한 깊이 이해하고 싶은 마음에 블록체인을 공부했고, 비전공자 입장에서 이해한 바를 최대한 쉽게 설명하고자 한다.

언뜻 보기에 어려워 보이는 블록체인 기술의 원리나 LP의 특징, 비영구적 손실IL 등에 대해 우리가 알아야 하는 이유가 무엇일까? 우리가 늘려가고자 하는 자산의 속성을 그 정도는 이해해야 자산에 대한 믿음을 가질 수 있기 때문이다.

많은 사람들이 암호자산의 가격 등락에만 관심을 갖는다. 가상세계는 형성된 지 몇 년 되지 않은 시장이기 때문에, 얼마 전 루나 사태에서 볼 수 있었듯이, 앞으로도 많은 성장통을 겪게 될 것이다. 따라서 가상세계와 암호자산에 대해 표면적인 이해에서 그친다면, 자산에 대한 믿음과 확신을 갖기 어려울 것이고, 가격이 출렁일 때마다 자산에 대한 믿음 또한 흔들릴 것이다. 사실 암호자산과 관련된 개념이나 기술을 이해하는 데 가장 큰 장애물은 '낯설음'인 것 같다. 하지만 '낯선 것에 대한 호의'를 가지고 이해해 보려는 마음을 갖는다면 주식투자의 재무제표 분석보다 더 직관적이고 용이하다는 게 개인적인 소감이다.

투자대상으로서 자산을 잘 이해하고기술, 좋은 투자의 방법을 이용해서 자산을 꾸준히 늘려간다면투자원칙, 즉 기술적인 지식과 올바른 투자원칙을 같이 실행한다면 공간의 자유를 원하는 독자들에게 큰 도움이 될 것으로 믿는다.

메타버스와 탈중앙화

투자에서 미래의 가상세계는 매우 흥미로운 공간이 될 것으로 보인다. 인류는 앞으로 현실세계와 가상세계를 번갈아가며 살아갈 것이고, 가상세계의 투자는 현실세계의 투자와 아주 다른 새로운 모습으로 나타날 것이기 때문이다.

하지만 투자의 원칙은 다르지 않을 것이다. 투자는 자산을 늘려가는 모든 행위이고, 자산을 늘려가는 좋은 방법은 현실세계와 같다. 즉, 모아갈 만한 자산을 발견했다면 가치를 평가하고 싼 가격에 사서 현금흐름을 일으키며 보유하는 것이다.

따라서 우리 부부의 가상세계에 대한 관심은 '가상세계에서 자산이 될 것은 무엇인가?'에 집중되어 있다. 이 가상세계의 자산을 찾기 위해 메타버스와 가상세계에 대해 알아보자.

메타버스

다음의 그림은 우리가 가상세계를 바라보는 관점과 메타버스에 대한 이해이다. 과거에 주로 현실세계만을 살던 인류는 최근 들어 점점 가상세계를 구체적으로 그리며 창조 해 가고 있다. 앞으로는 현실세계만큼이나 넓은 가상세계가 펼쳐질 것이고, 어쩌면 현실보다 더 넓은 세계로 확대될 수 있다. 가상세계와 현실세계 사이에는 현실과 가상이 섞인 공간이 존재한다. 이는 '반가상세계'라 부를 수 있다. 반가상세계와 가상세계를 합하면 메타버스가 된다.

현실세계와 메타버스

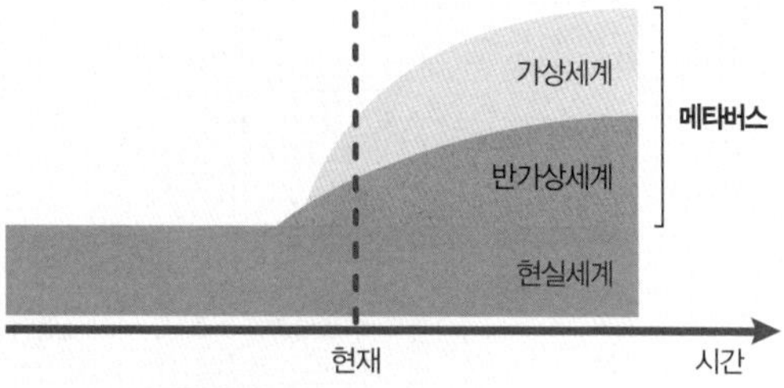

메타버스Metaverse는 최근 자주 나오는 키워드이다. 가상/초월을 의미하는 Meta와 세계·우주를 의미하는 Universe의 합성어로 현실을 초월하는 세계를 의미한다. 메타버스는 1992년 소설 『스노우 크래쉬』에서 컴퓨터 속 가상세상를 지칭하는 단어로 처음 등장했다.

메타버스의 개념은 아직 명확히 정의되지 않았다. 김상균 교수는 『메타버스』라는 책에서 메타버스를 '아바타로 살아가는 세상'이라고 정의한다. 이를 가장 직관적으로 이해할 수 있는 모습은 과거 '싸이월드'와 '미니미'를 떠올려 볼 수 있다. 또한 간접적으로 경험해 볼 수 있는 영화로는 「레디 플레이어 원」, 「로그온 배틀그라운드」, 「13층」 등이 있다.

메타버스는 다음의 그림처럼 4가지로 분류할 수 있다. 우선 크게 현실세계를 증강했느냐, 가상세계를 만들었느냐에 따라 위아래로 나누고, 사용자에 집중했느냐, 사용자 밖의 세상에 집중했느냐에 따라 좌우로 나눈다. 따라서 각 4분면에 들어가는 메타버스 세상은 가상현실, 거울세계, 라이프로깅Life logging, SNS, 증강현실AR로 구분할 수 있다.

놀랍게도 우리는 이미 메타버스 세상을 살고 있다. SNS도 하나의 메타버스이다. 메타버스는 저 멀리 어딘가에 있는 신기루 같은 것이 아니라 현재

메타버스의 4가지 분류 출처: metaverseroadmap.org

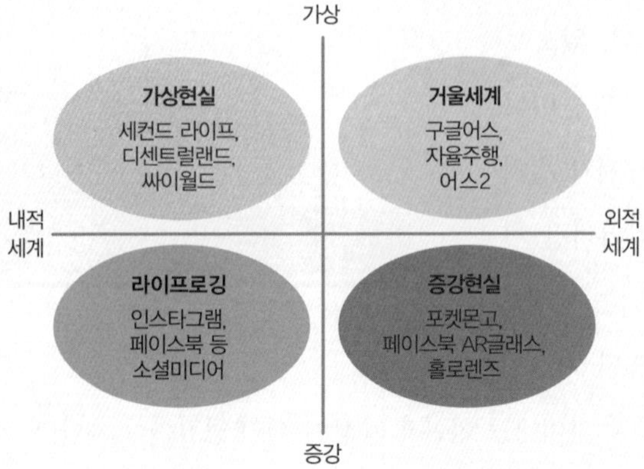

우리 삶에 녹아 있고, 이미 상당부분 우리가 경험하고 있는 실존 공간이다.

우리는 메타버스 속 가상자산에 투자하기 위해서 가상자산의 특성에 대해 먼저 알아야 한다. 가상자산의 특성 중 가장 중요한 키워드는 '탈중앙화'이다.

탈중앙화

탈중앙화Decentralization란 중앙집중된 것에서 벗어나서 분산된 소규모 단위로 자율적으로 운영되는 것을 말한다. 이를 가능하게 하는 기술이 '블록체인'이다.

자산은 '계약'에 의해 사용되고 거래된다. 이때 계약은 상호 신뢰가 바탕이 되어야 하며, 현실세계에서는 이 신뢰를 담보하기 위해 여러 가지 제도와 장치를 만들고 권위 있는 중앙화된 조직, 기관, 단체 등이 이를 검증한다. 예를 들면 다음의 그림처럼 권위 있는 기관예로 은행이 중앙화된 금융CeFi, Centralized Finance으로 거래 당사자들의 개인정보와 내용을 확인하고 거래를 진행시키는 모습을 볼 수 있다. 반면, 탈중앙화 금융DeFi, Decentralized Finance은 중간에 권위 있는 기관 없이 서로가 서로의 거래내용을 확인하고 감시하는 역

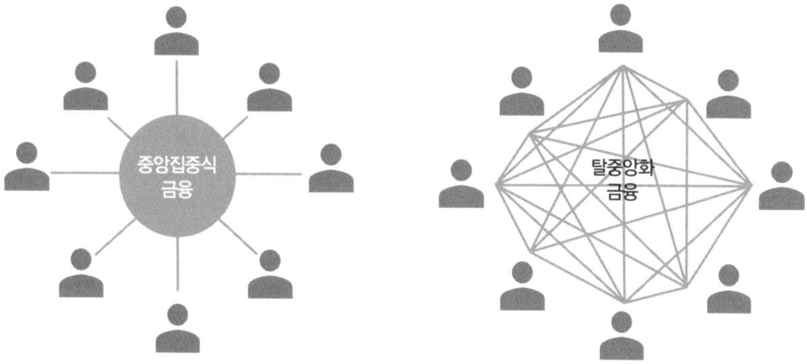

출처: 과학기술정보통신부 한국인터넷진흥원

할을 하며 신뢰를 담보한다. 이것이 가능할 수 있게 된 이유는 '블록체인'이 있기 때문이다.

현실세계의 금융 서비스전통 금융 서비스와 탈중앙화 금융 서비스DeFi 서비스를 비교해 보면 다음 그림과 같이 나타낼 수 있다.

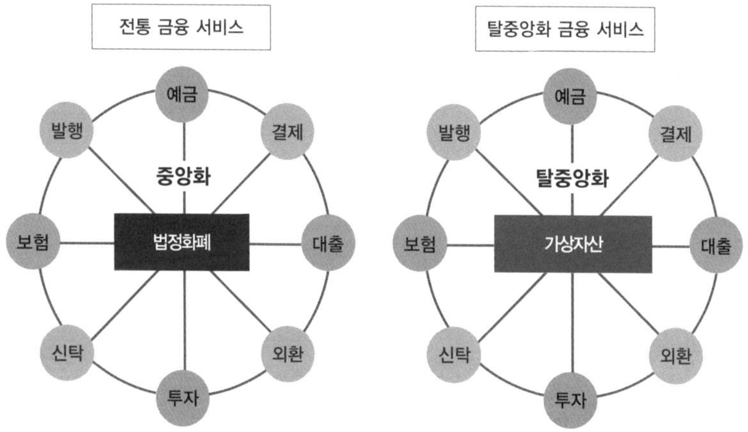

출처: 과학기술정보통신부 한국인터넷진흥원

위 그림처럼 탈중앙화 금융도 전통 금융과 같이 다양한 서비스를 제공할 수 있다. 그렇다면 가상세계에서도 현실세계에서 존재하는 거의 모든 종류의 투자가 가능할 수 있다.

탈중앙화 금융 외에도 탈중앙화의 종류는 다양하다. 대표적인 예로 탈중앙화 조직, 기업, 거래소자산/화폐, 애플리케이션, 클라우드, 심지어 탈중앙화 유튜브, 경제 시스템도 정의되어 있다. 물론 아직 완전히 실현되지는 않았지만, 점차 이런 방향으로 진행되어 갈 것이다.

탈중앙화 자산 거래소: DAX, Decentralized Asset EXchange
탈중앙화 암호화폐 거래소: DEX, Decentralized EXchange
탈중앙화 분산 앱: DApp, Decentraized App
탈중앙화 분산 클라우드 네트워크: Dcloud, Decentralized distributed cloud

가상자산에 대한 투자를 바라볼 때 해당 시스템의 탈중앙화가 얼마나 되어 있는지에 대한 검토는 매우 중요하다. 왜냐하면 이 탈중앙화에 따라 투자 리스크의 종류가 완전히 달라지기 때문이다. 한 가지 예를 들자면 '익명성'을 들 수 있다. 탈중앙화된 시스템에서는 익명성을 보장받을 수 있다. 이는 정부의 법과 제도가 급격히 변화하는 것에 대한 리스크를 헤지할 수 있다는 것을 의미한다. 하지만 더 자유로워진 만큼 그에 따른 책임은 전적으로 개인이 짊어

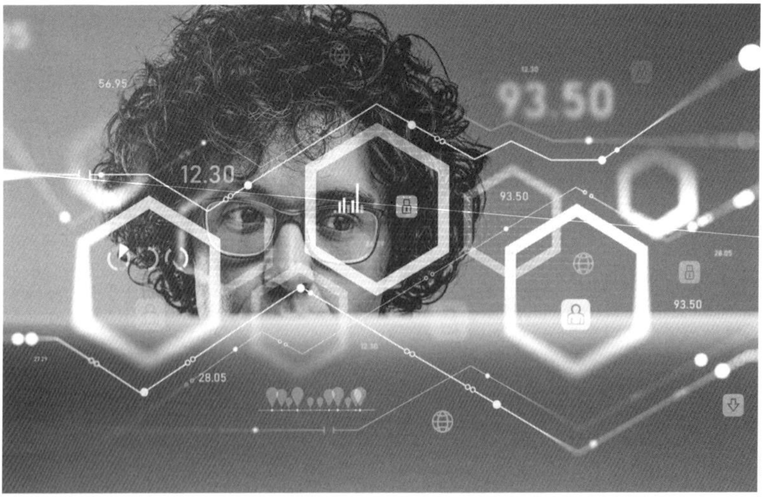

져야 한다.

앞으로의 투자세계를 탈중앙화의 정도에 따라 현실세계, 반가상세계, 가상세계로 나누고, 여기에 시간 레버리지를 고려해서 다음의 그림과 같이 총 6개의 단계로 구분해 보았다.

투자세계의 6가지 구분

출처: 저자 작성

탈중앙화 정도

	내 시간을 주로 이용	시간 레버리지 이용
가상세계	완전 탈중앙화된 시스템 안의 자산 익명성 보장 예: 탈중앙화된 게임 세상의 아바타, 시간이 소모되는 탈중앙화 자산	완전 탈중앙화된 시스템 안의 시간 레버리지를 쓰는 자산 예: 탈중앙화 게임 속 아바타 용병, 탈중앙화 기업/거래소, 플랫폼, 탈중앙화 금융 자산
반가상세계	불완전 탈중앙화 시스템 안의 자산 익명성이 보장되지 않음 예: 개인 유튜브 크리에이터, 블로거, 불완전 탈중앙화된 각종 메타버스 자산, 게임 아이템	불완전 탈중앙화 시스템 안의 시간 레버리지를 쓰는 자산 예: SNS 플래폼, 기업화된 콘텐츠 크리에이터, 익명성이 보장되지 않는 메타버스 안의 저작권, 예술품 NFT 등, 중앙집중식 금융 자산
현실세계	기존의 중앙화된 시스템 안의 자산 예: 직장인, 자영업자의 시간 자산, 시간이 많이 소모되는 투자자산	기존 중앙화된 시스템 안의 시간 레버리지를 쓰는 자산 예: 사업가, 투자가의 회사나 자산, 시간 소모가 없는 투자자산

시간 레버리지 정도

세상이 빠른 속도로 바뀌고 있다. 메타버스는 확장되며 수많은 직업을 포함한 새로운 투자기회를 제공할 것이다. 인류는 앞으로 현실세계뿐만 아니라 메타버스 세계에서도 자산을 이용해 현금흐름을 창출할 것이다. 이 현금흐름은 현실세계 또는 메타버스 세계의 나와 가족에게 경제적 풍요를 안겨줄 것이다. 시간의 자유를 원하는 사람은 시간 레버리지를 이용해야 하고, 더 나아가 규제와 통제로부터의 자유를 원하는 사람은 탈중앙화된 메타버스를 이용하게 될 것이다.

탈중앙화와 블록체인

현실세계만을 살던 우리는 앞으로 현실세계와 가상세계를 번갈아가며 살게 될 것이다. 먼저 현실세계와 가상세계의 비교를 통해 가상세계에 대해 이해해 보고자 한다.

다음 그림은 우리가 가상세계를 바라보는 관점이다.

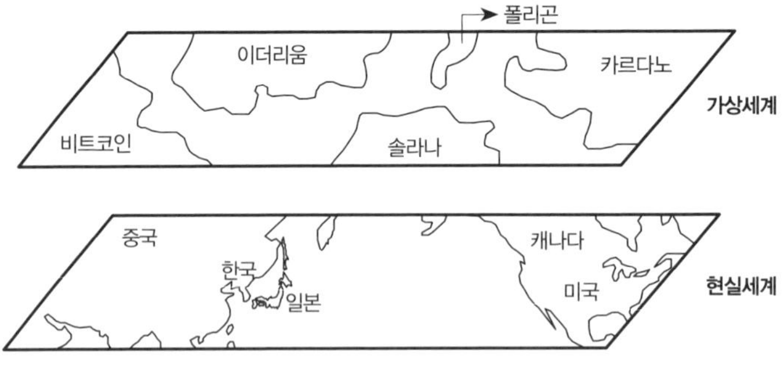

현실세계에는 우리나라를 포함한 여러 나라가 있다. 각 나라의 정치, 경제 시스템은 사회주의, 민주주의, 대통령제, 입헌군주제, 의원내각제, 자유 시장경제체제, 사회주의 시장경제체제 등 다양하지만, 모두 중앙화되어 있고 각국 정부가 국민의 생활에 직간접적으로 영향을 주고 있다.

가상세계에도 여러 나라네트워크가 만들어지고 있다. 대표적으로는 비트코인, 이더리움이 있고 카르다노, 솔라나 등의 나라들이 비약적인 발전을 하고 있다. 가상세계의 나라들은 탈중앙화되어 있고, 시스템을 유지하기 위해 블록체인 합의 알고리즘을 이용하고 있다. 각 나라의 블록체인은 그 증명방식이 다양하다. 비트코인은 작업증명PoW 방식, 이더리움과 카르다노는 지분증명PoS 방식, 솔라나는 역사증명PoH 방식을 사용한다. 하지만 큰 틀에서 시스템을 유지하는 것은 모두 탈중앙화된 블록체인이다.

블록체인

신석기시대 원시부족사회를 예로 들어보겠다. 부족 구성원은 8명이다. 부족원 중 A씨라는 사람이 멋진 빗살무늬토기를 만들었다. A씨는 이 토기를 부족원들에게 자랑한다. "내가 이 토기를 만들었고 주인은 나다." A씨를 제외한 7명의 부족원들은 이 소식을 듣고, A씨가 그 토기의 원작자이고 주인이라는 것을 알게 된다. 이제 A씨가 그 토기를 B씨에게 주기로 약속하고 또다시 공표한다. "나는 B씨에게 이 토기를 주기로 했다." A씨와 B씨를 제외한 6명의 부족원이 이 거래를 알고, 이제 소유권이 B씨에게 넘어갈 것이라는 것도 모두 알게 된다.

이런 경우 중앙화된 등기소가 필요 없다. 부족원 8명 모두가 알고 있기 때문이다. 하지만 부족원이 1,000명, 10,000명이라면 어떨까? A씨와 B씨의 거래 외에도 수많은 거래가 있을 텐데, 그 많은 거래를 다 알릴 수 있는 방법이 있을까? 인류는 지금까지 이런 비효율을 해결하기 위해 중앙화된 기관이 필요했다. 수많은 거래들을 확인해 줄 수 있는 가장 효율적인 방법은 중앙화된 몇몇에게 권위를 주고 이 일을 전담하게 하는 것이기 때문이다. 결국 원시부족사회든 현대 사회든 중요한 것은 내 것이 지켜질 것이라는 믿음이다. 내 것에는 내 소유와 거래가 포함된다.

사토시 나카모토는 중앙화된 기관 없이 이 믿음을 담보하는 방법을 고안했고, 이것을 비트코인이라 정의했다. 여기서 비트코인은 '암호화 화폐'만을 의미하지 않는다. 물론 우리가 익히 알고 있는 BTC도 비트코인이라 불리지만, 사토시 나카모토가 만든 것은 단지 화폐인 BTC만이 아니다. 비트코인은 블록체인을 이용한 합의 알고리즘을 말하며, 여기서 사용하는 화폐가 BTC인 것이다. 즉, 블록체인으로서의 비트코인과 암호화폐로서의 비트코인은 구분되어야 한다. 같은 단어를 썼기 때문에 헷갈릴 수 있지만, 이 둘은 전혀 다른 개념이다.

우리는 이것을 가상세계의 국가와 그 국가에서 쓰는 통화로 구분한다. 예를 들어 '한국'은 국가 이름이고 '원화KRW'는 통화이다. 미국은 국가이고 달러USD는 통화이다. 마찬가지로 **비트코인은 가상세계의 국가이고, BTC는 그 나라의 통화이다. 이더ETH는 이더리움이라는 국가에서 쓰는 통화이고, 에이다ADA는 카르다노에서 쓰는 통화이다. 비트코인, 이더리움은 그 나라 국민**노드; 네트워크 참여자**에게 내 것이 지켜질 것이라는 믿음을 주는 방법으로 블록체인 합의 알고리즘을 사용한다.** 이는 마치 미국과 한국이 대의민주주의와 자유 시장경제체제를 이용해서 국민의 생명과 재산이 지켜질 것이라는 믿음을 주는 것과 같다.

현실세계의 각 국가에서 사용하는 통화는 가치의 교환 및 측정 수단이므로 중앙화된 정부에서 엄격하게 관리한다. 이를 우리는 법정통화라고 한다. 가상세계의 국가는 중앙화된 기관 없이 검증자검증노드 또는 채굴자채굴노드를 이용해 이를 관리한다. 검증노드나 채굴노드는 블록체인을 안정화하는 데 결정적 역할을 한다. 이들이 더 많은 시간과 돈을 사용할수록 시스템은 더 안정화된다. 따라서 이들 채굴자들에게 보상이 주어진다. 이것이 BTC나 이더와 같은 '화폐'이다.

블록체인 채굴의 원리

인터넷은 믿을 수 없다

온라인 게임을 해 보신 분들은 아시겠지만, 아이템 복제는 항상 큰 문제였다. 알고 보면 정보 덩어리에 불과한 아이템은 해커들에 의해 손쉽게 복제되곤 했다. 사진이나 영상의 경우도 수많은 복제품이 나올 수 있다. 인터넷에서는 진품을 가리는 것이 불가능할 뿐만 아니라, 순식간에 늘어난 개수 때문에 가치를 유지할 수도 없었다. 따라서 온라인 결제 시스템도 인터넷에 있는 화폐 그 자체만으로 유지될 수는 없었다. 항상 수많은 단계의 검증과정을 거치고 나서 중앙화된 기관은행, 카드사 등이 인증해 주어야만 결제가 가능했다. 이처럼 인터넷 세상에서는 그 누구도 믿지 못하는 것이 문제였다. 블록체인 시스템은 이 문제를 어떻게 해결했을까?

비잔틴 장군 문제

이 해결이 안 되던 문제는 '비잔틴 장군 문제'에 포함되어 있다. 즉, 서로 믿을 수 없는 컴퓨터들끼리 올바른 데이터를 공유하고 합의에 이를 수 있는가에 대한 문제가 바로 비잔틴 장군 문제이다.

비잔틴 장군 문제

출처: Wheatstones, "CASE STUDY: AVALANCHE", 2021.12.15., Linked In.

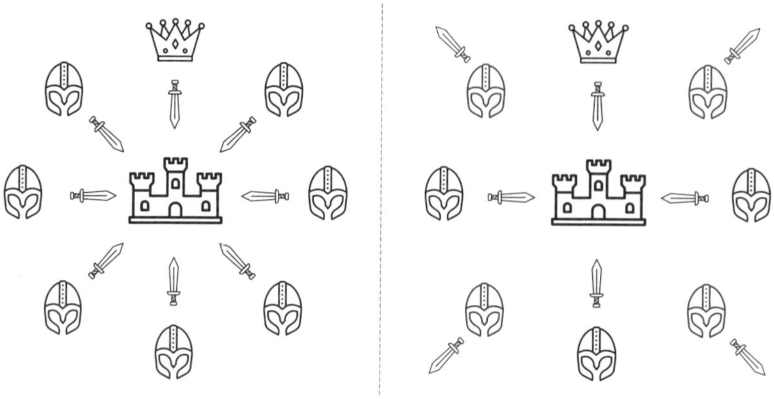

협동 공격 = 승리

비협조적인 공격 = 패배

비잔틴 장군 문제는 1982년 레슬리 램포트와 쇼스탁, 피스가 공저한 논문에서 처음 언급되었다. 이 논문은 위의 그림처럼 적군을 공격하려는 비잔틴 제국의 여러 부대를 가정한다.

한 적진을 가운데 두고 비잔틴 장군의 부대들이 둘러싸고 있다. 이들이 동시에 공격하면 승리할 수 있지만, 이 중에서 1/3만 배신해도 패배하게 된다. 전체 장군 중 일부는 배신자일 수 있으며, 배신자는 제멋대로 행동할 수 있다. 더 어려운 것은 누가 배신자인지 알 수 없다는 데 있다. 마치 인터넷 세상에서 얼굴도 모르는 사람들이 모여 합의를 이루어야 하는 상황과 똑같다. 어떻게 합의를 이루고 승리할 수 있을까?

비잔틴 장애 허용

비잔틴 장군 중 한 명이 주변의 장군들에게 "내일 새벽 5시에 함께 공격합시다"라는 전령을 보냈다고 가정해 보자. 충실한 장군들만 모여 있다면, 전령을 받은 장군은 다시 "그럽시다"라고 전령을 보내 합의를 이룰 것이다. 배신자가 섞여 있다면, 배신자는 전령을 죽이거나 무시하고, 전령을 보내지 않거나 각종 방법으로 합의를 방해하려 할 것이다. 최초 전령을 보낸 입장에서는 전령이 중간에 적군에게 적발되어 사살당해서 답변이 오지 않는 것인지, 그쪽 장군이 배신을 한 것인지 확인할 방법이 없다. 이렇게 비동기화된 네트워크에서는 합의에 이르기 어렵다. 따라서 다음 방법을 사용한다.

전령을 계속 보낸다.

계속 전령을 보냈는데도 불구하고 답변이 돌아오지 않는다면, 우리는 그 장군은 배신자라고 생각할 수 있다. 이렇게 되면 정직한 장군이 2/3 이상일 경우 우리는 합의에 도달할 수 있다. 이처럼 일부 오류가 발생하더라도 전체 시스템은 정상 작동하도록 하는 것을 '비잔틴 장군 문제의 허용', '비잔틴 장애 허용'이라고 한다. 자, 이제 비트코인 이야기를 할 수 있다.

합의 알고리즘: 작업증명(PoW: Proof of Work)

인터넷 세상의 사용자들은 서로가 서로를 믿지 못한다. 이렇게 서로 믿음이 없는 사람들이 어떻게 합의에 이를 수 있을까? 비잔틴 노드불량 참여자 또는 방해꾼에게는 채찍을, 이성적 참여자를 포함한 정직한 노드에게는 당근을 주는 방식이 네트워크를 건강하게 유지하고 올바른 합의를 이루는 방법이 된다. 어찌 보면 당연한 이 원칙을 이용해 인류 최초로 인터넷가상세계에서 효과적인 합의를 구현한 것이 사토시 나카모토의 '비트코인'이다.

그럼, 비트코인이라는 나라에서 적용한 당근과 채찍을 주는 방식은 무엇일까? 이들의 종류를 '합의 알고리즘'이라고 부르는데, 비트코인에서는 작업증명을 사용한다. 합의 알고리즘은 다음 그림처럼 다양한 종류들이 있다.

대표적인 방법은 작업증명PoW, Proof of Work과 지분증명PoS, Proof of Stake이고, 이 중에서 우선 작업증명에 대해 알아보도록 하겠다.

합의 알고리즘의 다양한 종류

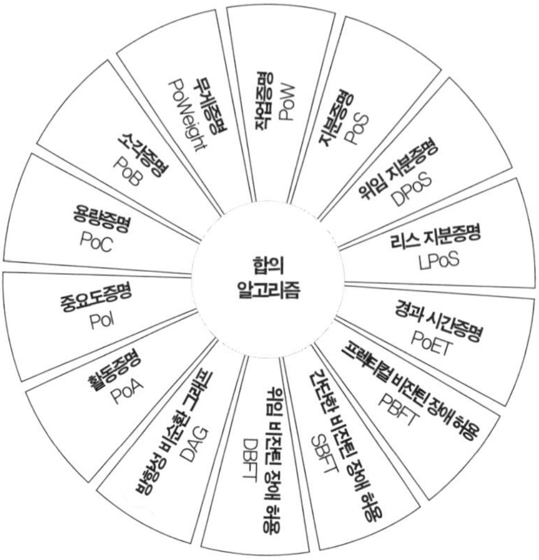

작업증명은 말 그대로 '작업을 했다는 것을 증명'하는 방식이다. '시간을 쓴다는 것의 의미' 편에서 시간과 돈을 쓴다는 것은 의미 있는 에너지를 쓰는 것이라고 밝혔다. 채굴이라는, 말 그대로 곡괭이를 가지고 땅을 파는 행동을 통해 작업했다는 것을 증명하는 것이다. 구체적으로는 '해시값'이라는 이름을 가진 구역의 땅을 파서 '논스'라는 광물을 캐내는 것이다. 이 광물을 캐고 '심봤다~'를 외치면 시간이 지난 후 비트코인을 얻게 된다.

결국 작업을 했다는 것을 증명하기 위해서는 자신이 가진 시간과 돈을 써야 하고, 이것은 의미 있는 에너지를 쓰는 것이다. 비잔틴 노드에게는 이런 에너지를 쓰면서까지 네트워크를 방해하는 것이 큰 손실이 되게끔 채찍 역할을 한다.

현재 비트코인 네트워크를 방해하는 비잔틴 노드가 되려면 얼마만큼의 에너지가 필요할까? 1년에 최소 약 50테라와트시TWh 이상의 전력을 소비해야 한다2021년 11월까지 캠브리지 비트코인 전력소비지수인 CBECI 기준, 51%. 이것은 우리나라 1년 전체 전력 소비량의 10% 정도 되고, 루마니아 전체 전력 소비량과 맞먹는 수준이다. 시스템채굴장비와 시설을 갖추는 데 필요한 비용은 계산하지도 않았다. 거의 현실세계 국가를 하나 사야 하는 수준이다. 이렇게까지 해서 얻을 수 있는 실익은 거의 없기 때문에, 비잔틴 노드가 되기를 스스로(?) 포기하게 된다.

그렇다면 정직한 노드가 작업을 증명하면 얻을 수 있는 당근은 뭘까? 비트코인 나라에서는 비트코인BTC을, 도지코인 나라에서는 도지DOGE를 준다.

풉! 처음엔 사람들이 모두 웃었다. 하지만 지금은 발전소를 사면서까지 비트코인을 채굴하는 지경에 이르렀다. 왜 이렇게 되었을까? 조선시대로 돌아가서 누군가에게 곡괭이질을 도와주면 "신사임당이 그려진 종이 한 상자를 주겠다"고 했다면 어땠을까? 모두가 비웃었을 것이다. 하지만 지금이라면 서로가 앞다투어 하겠다고 할 것이다. 신뢰가 생겼기 때문이다. 사토시 나카모토의 대단한 점은 바로 이 신뢰를 꿰뚫어 보았기 때문이 아닐까 생각한다.

물론 여전히 이 시스템을 믿지 않고 반대하는 사람들도 많다. 하지만 증기기관이 처음 나왔을 때도, 컴퓨터가 처음 나왔을 때도, 인터넷이 처음 나왔을 때도 반대하고 두려워하는 사람들은 항상 많았다. 지금은 비트코인이 세상에 나온 지 13년이 넘었고 큰 문제없이 잘 작동하고 있다.

비트코인이라는 나라는 어떤 시스템을 가지고, 그 나라의 국민들노드들에게 내 것이 지켜질 것이라는 믿음을 주고 있는 걸까? 비트코인 시스템이 내 것이 지켜질 것이라는 믿음을 어떻게 주고 있는지를 이해해야 우리가 믿고 투자할 수 있을 테니, 블록체인의 기본원리를 이해해 보자.

해시함수

비트코인 블록체인은 해시함수Hash function를 무지하게 사용한다. 해시함수를 이용하면 정보의 위변조를 순식간에 확인할 수 있기 때문이다.

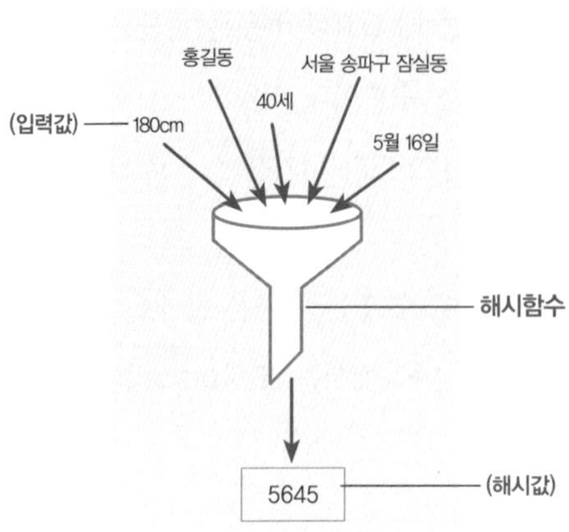

해시함수의 정의는 임의의 길이의 데이터를 고정된 길이의 데이터로 출력하는 함수이다. 해시함수를 가장 쉽게 이해할 수 있는 비유는 '깔때기'이다. 어떤 사람의 정보를 입력하면 그 사람의 전화번호 뒷자리를 출력하는 깔때기가 있다고 가정해 보겠다. 이 깔때기에 서울 송파구 잠실동에 살고, 나이가 40세이며, 키가 180cm이고, 생일이 5월 16일인 홍길동 씨의 정보를 넣으면 전화번호 뒷자리를 출력하게 된다. 여기서 홍길동, 40세, 180cm… 등은 입력값이고, 해시함수를 통해 출력된 '5645'는 해시값이다.

깔때기의 비유를 이용해 알 수 있는 해시함수의 중요한 특징 4가지는 다음과 같다.

1. 해시함수의 결과값해시값은 입력정보의 양과 상관없이 고정된 길이를 갖는다.
2. 주어진 입력값으로 해시값을 구하는 것은 빠르고 쉽다.
3. 주어진 해시값으로 입력값을 유추하는 것은 매우 어렵다.
4. 입력값이 조금이라도 바뀌면 전혀 다른 해시값을 출력한다.

전세계에 전화번호 뒷자리가 5645인 사람은 무수히 많을 것이다. 해시값 5645만 가지고 홍길동 씨의 정보를 유추하기는 매우 어렵다. 또한 입력되는 정보가 조금이라도 바뀐다면 전혀 다른 전화번호를 출력할 것이다.

이런 해시함수의 특징은 비트코인의 작업증명에서 매우 유용하게 사용된다. 비트코인의 해시함수는 SHA-256Secure Hash Algorithm이라고 불리며, 입력값을 256bit로 바꾸어 주는 함수이다. 256bit는 2진수 256자리를 뜻하지만, SHA-256의 해시값은 주로 16진수 64자리로 출력된다. 예를 들어 '스페이스봄'을 입력값으로 넣으면 SHA-256은 다음과 같은 해시값을 출력한다

SHA-256 암호화로 검색하면 해시값으로 출력하는 사이트들을 쉽게 찾을 수 있다.

입력값: 스페이스봄
출력값: C5F2C0C167C8F6DD64DE268A757BC1CB1969D41196F621
DA27BCBF03BFFF53C0

위 해시함수의 특징을 다시 한번 살펴보면,

1. 입력값으로 어떤 값을 넣더라도 심지어 이 글 전체를 넣는다 해도 해시값은 16진수 64자리가 출력된다.
2. 입력값을 넣으면 순식간에 해시값을 얻을 수 있다.
3. 하지만 해시값을 가지고 입력값을 알기는 거의 불가능하다.
4. 마지막으로 입력값을 조금만 변화시키더라도 심지어 점 하나가 바뀌어도 해시값은 전혀 다른 값을 출력한다. 예를 들어 입력값이 '습ㅔ이스봄'이라면 해시값은 위와 전혀 다른 값이 된다.

입력값: 습ㅔ이스봄
출력값: 97488D0CD26B1DB2099988CD7A9711742F4F53D2EADBC6
BC7289C3ECE64EB2C4

비트코인의 블록 구조

블록체인은 말 그대로 블록이 체인으로 연결된 것이다.

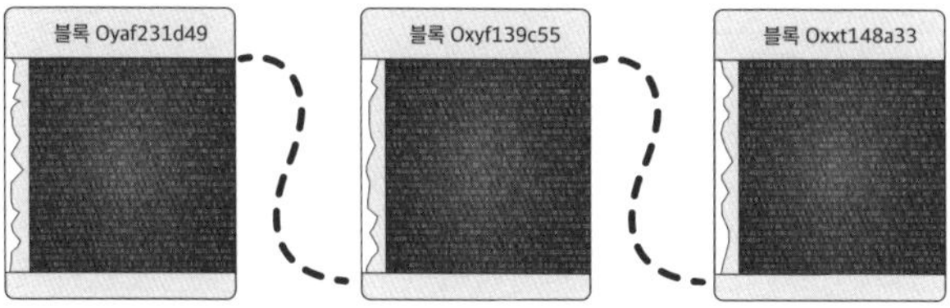

비트코인 블록의 구조

비트코인 블록의 거래정보

비트코인 블록의 구조

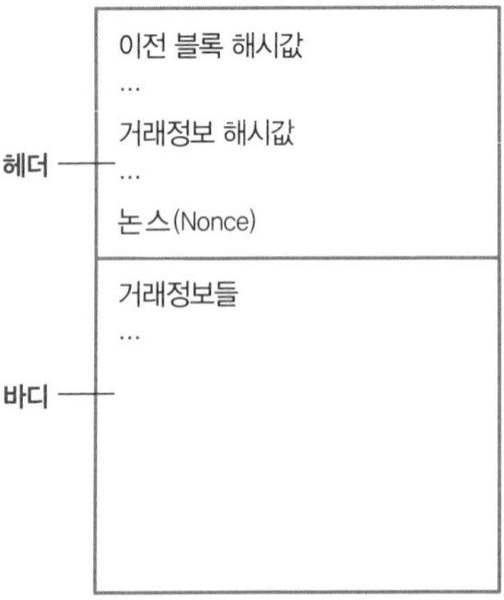

여기서 블록이란 정보의 저장 단위를 말한다. 비트코인의 경우는 블록의 크기가 1MB이며, 이 안에 약 3,000개 정도의 거래정보를 담을 수 있다. 블록을 연결하는 체인은 인접 블록 간의 해시값으로 구성되어 있다.

비트코인의 블록은 모두에게 공개되어 있고, 그 안에 담기는 거래정보도 원하는 사람이라면 누구나 열람할 수 있다. 실제 비트코인 블록의 구조는 옆의 그림과 같다.

이 글을 작성하는 순간, 가장 최근 블록은 715,995번째 블록이다. 2009년 1월 사토시 나카모토가 첫 번째 블록을 만든 후 약 13년 동안 한 번도 빠짐없이, 평균 10분에 한 블록씩 만들어지고 있다. 현재 715,995번째 블록에는 2,257개의 거래정보가 담긴 것을 알 수 있고, 이 블록을 완성하기 위해 찾아낸 논스Nonce는 587,301,487임을 알 수 있다이 논스가 채굴자가 원하는 광물, 즉 목표이다..

실제 블록구조는 복잡하니 단순화해 보겠다. 옆의 그림처럼 블록은 크게 헤더와 바디로 나눌 수 있다. 블록바디에는 네트워크상에 떠돌아다니는 수많은 거래정보들이 담겨 있고, 블록헤더에는 블록을 설명하는 각종 정보가 들어 있다. 블록헤더에 있는 정보들 중에서 우리가 주목해서 보아야 하는 것은 이전블록 해시값, 거래정보 해시값Merkle hash, 그리고 논스Nonce, 임시값이다.

거래정보들을 모아 해시함수에 넣으면 '거래정보 해시값'을 얻을 수 있다. 이것을 하는 이유는 거래정보에 위변조가 없음을 확인하기 위해서이다. 해시함수의 두 번째 특징인 '입력값으로 해시값을 구하는 것은 빠르고 쉽다'는 것을 이용해 단번에 거래정보의 위변조를 판단할 수 있다. 만약 검사 시 해시값이 다르게 나온다면 어딘가 분명 위변조된 것이다.

'이전 블록 해시값'은 블록을 체인으로 연결하는 데 중요한 역할을 한다. 다음 그림처럼 각 블록은 이전 블록 해시값으로 연결되어 있다. 즉, 이전 블록의 헤더 정보를 이용해 해시값을 구하고, 이것을 다음 블록에 기록하는 것이다. 이렇게 하는 이유는 현재의 블록이 과거부터 이어져온 역사의 연결선상에 있다는 것을 증명하기 위해서이다.

블록을 체인으로 연결하는 이전 블록 해시값

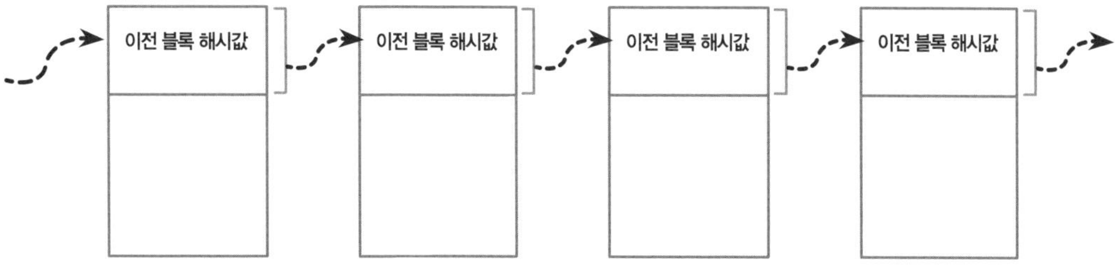

앞에서 작업증명을 비유할 때, '해시값'이 있는 구역의 땅을 파서 '논스'라는 광물을 캐고 "심봤다!"를 외치는 것이라 했는데, 이 해시값 중 하나가 이전 블록 해시값이 된다.

'논스Nonce, 임시값'는 작업증명을 하는 채굴자가 찾고자 하는 목표이다. 다음 그림처럼 한 블록이 있을 때, 이 블록의 해시값은 헤더의 정보를 이용해서 구할 수 있다. 즉, 헤더의 해시값에 논스를 붙이고 해시함수를 두 번 적용하면 이 블록의 해시값이 된다.

논스와 블록의 해시값

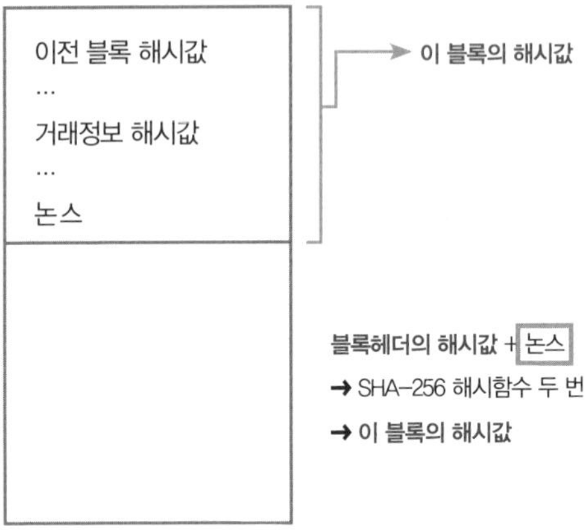

여기까지 읽은 분들은 다음 질문이 떠오를 것이다. "분명히 작업증명은 이 논스를 구하는 것이 목표라 했는데, 정해지지도 않은 논스를 넣어서 블록의 해시값을 구한다고요?"

그렇다. 이 부분에서 작업증명의 곡괭이질이 시작된다.

곡괭이질_ 채굴

비트코인의 채굴은 다시 말하면, '해시값이 있는 구역의 땅을 파서 논스를 구하고 심봤다를 외치는 것'이다. 여기서 말하는 '해시값'은 현재 블록의 해시값을 말한다. 즉, 아직 논스를 구하지 못한, 채굴되지 않은 블록의 해시값이다. 이 해시값은 누가 정하는 것일까?

비트코인의 자체 시스템이 난이도를 결정하고, 결정된 난이도에 맞게 해시값의 범위구역를 제시한다. 채굴자들은 이 해시값의 구역이 정해지면 앞다투어 곡괭이질을 시작한다. 그리고 운 좋게 논스라는 광물을 구하면 가장 먼저 '심봤다~'를 외쳐야 하고, 일정시간이 지나 이 작업이 문제없음이 확인되면, 이 채굴자에게 비트코인BTC이라는 보상이 주어지는 것이다.

좀더 구체적으로 살펴보겠다. SHA-256 함수의 해시값은 16진수 64자리이다. 즉, 2진수 256자리로 이 해시값을 정확히 만족하는 입력값을 찾기 위해서는 2의 256승 번의 연산을 각오해야 한다. 왜냐하면 해시함수의 세 번째 특징이 '해시값을 가지고 입력값을 유추하는 것은 거의 불가능하다'이기 때문이다. 일일이 입력값을 변화시키면서 해시값을 찾아야 한다.

2021년 12월 현재 전세계에 있는 비트코인 채굴기들의 총연산속도는 약 178MTH/s이다. 상상할 수 있는 수의 범위를 벗어난 어마어마한 연산속도이지만, 2의 256승 개의 입력값을 넣기 위해서는 시간이 우주나이인 137억 년의 1.5×10^{39}배만큼이나 걸린다. 이렇게 된다면, 비트코인의 블록이 만들어지는 것은 양자컴퓨터 할아버지가 오더라도 불가능할 것이다. 그럼, 비트코인은 어떻게 평균 10분마다 한 번씩 블록이 만들어지는 것일까?

난이도 조정

비트코인 시스템은 매 2주마다 난이도를 조정한다. 2주는 20,160분이므로 2,016개의 블록이 생성되는 시간을 측정해서 2주보다 빨리 만들어졌으면 난이도를 올리고, 2주보다 늦게 만들어졌으면 난이도를 낮춘다. 난이도를 조정하는 구체적 방법은 해시값의 범위구역를 조정하는 것이다. 해시값의 맨 앞부터 오는 0의 개수를 조절한다. 실제 비트코인의 블록을 보면 이전 블록 해시값의 앞에 여러 개의 '0'이 오는 것을 볼 수 있다. 715,995번째 블록은 19개이다.

비트코인 시스템은 앞에 일정한 개수의 '0'을 가진 해시값의 범위를 제시하고, 이것만 만족한다면 뒤에는 어떤 수가 오더라도 작업증명에 성공한 것으로 간주한다. 이렇게 되면 채굴자들은 입력해야 하는 경우의 수를 엄청나게 줄일 수 있다.

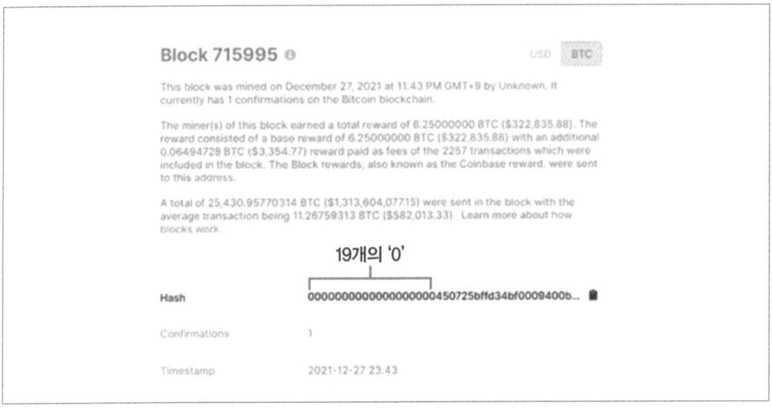

비트코인 시스템의 난이도 조절

구체적으로 채굴자들이 하는 일은 현재 블록의 헤더값이미 정해진 값에 논스를 붙이고, 해시함수를 두 번 돌리는 것이다. 이때 나온 해시값이 시스템에서 정한 난이도에 맞는 해시값, 즉 앞에 0이 19개 붙은 값인지 확인한다. 운 좋게 맞았다면 그때 논스가 목표하는 광물이 되고 증명에 성공한 것이지만, 틀렸다면 다시 논스를 바꾸어 해시함수에 대입해야 한다. 이 단순한 작업을 끊임없이 반복하는 것이다. 이렇게 운 좋게 논스를 구했다면 이제 꿈에 그리던 비트코인을 받을 수 있을까? 아니다. 한 가지 과정이 더 남았다. 바로 논스를 구하는 순간, 가장 먼저 '심봤다~'를 외쳐야 한다.

블록체인과 채굴: 이중지불의 해결

전세계 인터넷 네트워크는 정보전달 속도가 매우 빠르긴 하지만, 지구 끝에서 끝까지 정보가 온전히 전달되는 데는 여러 가지 이유로 시간 지연이 발생한다. 내가 아무리 그 힘들다는 작업을 마치고 블록을 만들었다고 해도, 지구 반대편에서는 아직 내가 블록을 만들었는지 모를 수도 있다. 따라서 지구 반대편에서 동시에 누군가가 블록을 완성했을 수 있다.

그럼, 누구에게 보상을 주어야 할까? 둘 모두에게 준다면 비트코인은 더 이상 신뢰를 얻을 수 없다. 왜냐하면 서로 다른 거래정보가 동시에 채택되는 일이 벌어진다면, 한 자산의 소유자가 여러 명이 되는 불상사가 발생할 수 있기 때문이다. 이것을 '이중지불 문제'라고 한다. 비트코인 이전에는 이것을 해결할 수 없었기 때문에 가상세계 또는 인터넷 세상에서 자산이 형성되기 어려웠다.

이중지불 문제의 해결

비트코인은 이 문제를 어떻게 해결했을까?

다음 그림처럼 전세계에는 수없이 많은 채굴 노드들이 있다. 현재 n번째 블록까지 완성되었다고 가정하겠다. 그럼, 모든 채굴 노드는 n번째 블록까지 장부를 분산해서 저장하고 있다.

이때 누군가가 다음 블록의 논스값을 찾았고 '심봤다~'를 외친다. 이제 n+1번째 블록이 만들어졌다.

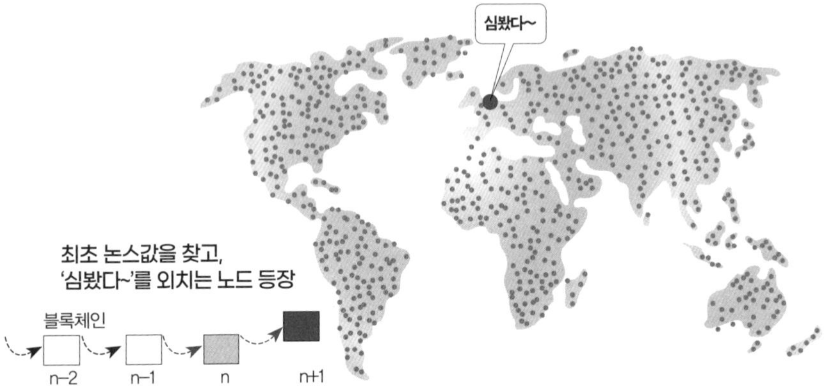

그럼, 주변 노드들은 이 논스값이 맞는지 검증한다. 검증은 순식간에 할 수 있다. 해시함수의 두 번째 특징, 즉 주어진 입력값으로 해시값을 구하는 것은 빠르고 쉽기 때문이다.

만약 논스값이 맞다면, 주변 노드들은 어떤 선택을 해야 할까? 계속 n+1번째 논스값을 계산하고 있어야 할까? 아니면 다음 블록을 계산해야 할까? 당연히 후자가 자기의 이익을 극대화하는 방향이다. 그 즉시 주변에 n+1번째 블록이 만들어졌음을 알리고, 서둘러 n+2번째 블록을 만들기 위해서 다음 구역으로 이동한다. 이 연쇄적인 전파는 매우 빠르게 일어난다.

하지만 만약 n+1번째 블록이 만들어졌는지 모르는 지역에서 누군가가 다른 논스값을 찾고 '심봤다~'를 외쳤다고 해 보자.

이제 n+1번째 블록은 A와 B의 두 갈래로 나뉘게 된다. 이것을 '블록의 분기'라고 하며, 비트코인 시스템에서는 자주 일어나는 일이다. 보통은 2, 3개

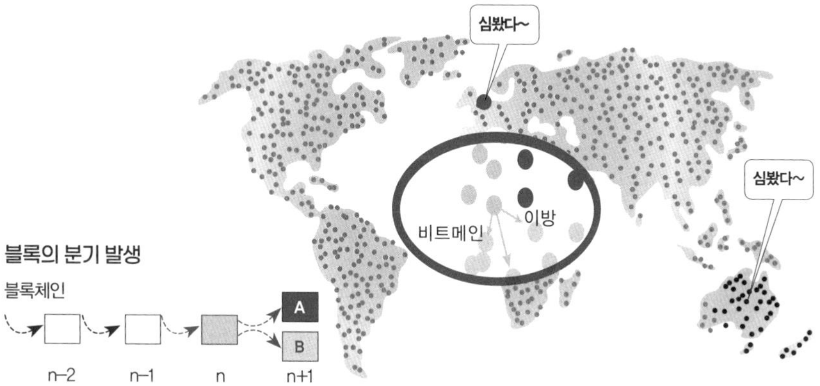

의 분기가 일어나며, 예외적인 상황을 제외하고 최대 6, 7개 정도의 분기가 일어나는 일도 있다. 비트코인 시스템은 이것을 어떻게 해결할까?

분기의 해소_ 에너지를 더 많이 쓴 쪽으로

비트코인은 철저하게 채굴자들의 이기심을 이용한다. 채굴노드에게 에너지를 쏟아부어 논스값을 찾게 만들고, 논스를 찾으면 최대한 빠르게 전파하도록 하며, 만약 논스를 늦게 찾거나 전파가 느리다면 철저하게 무시해 버린다. 따라서 채굴노드들이 자신의 이기적인 목적을 위해 최선을 다하고, 찰나의 순간이라도 먼저 블록을 완성하기 위해 단순하고 반복적인 작업을 끊임없이 지속하도록 한다.

따라서 위에서 분기된 블록들은 '최대한 에너지를 많이 쓴 쪽'에 모든 보상을 몰아주고 나머지는 무시한다. 다시 말하면, 가장 긴 블록만이 살아남고 나머지 분기는 버려진다.

위 예로 다시 돌아와서 A와 B로 분기가 일어난 이후, A 영역에서 다시 새로운 블록을 완성했다고 가정해 보겠다.

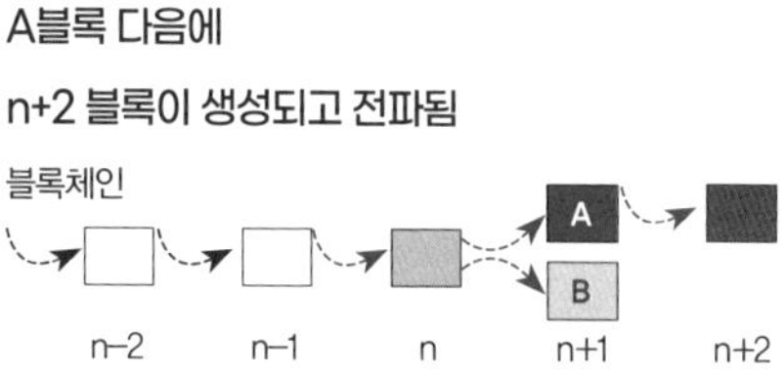

이것은 누군가가 A의 해시값을 가지고 논스를 구했다는 이야기이고, A 뒤에 n+2번째 블록을 연결할 것이다. 이때 앞의 그림에서 별색 동그라미 부분에서 일어나는 일을 자세히 살펴보겠다. 이곳은 A 블록과 B 블록이 분기되었음을 알아차리는 곳이다.

만약 B 라인을 타고 B 블록의 해시를 이용해 열심히 논스를 캐고 있던 세계 최대 채굴기 생산업체 비트메인Bitmain, 그리고 이방Ebang 입장에서 n+2번째 블록이 완성되었다는 소식이 전해졌다고 하자. 하지만 해시를 계산해 보니 자신이 열심히 계산했던 값과 다르다. 이때 비트메인과 이방은 블록이 A와 B로 분기되었고, A 블록에서 벌써 다음 블록이 생성되었음을 알아차린다.

이때 비트메인과 이방은 어떤 선택을 해야 가장 합리적일까? 비트코인 시스템은 가장 긴 블록 외에는 모두 버려진다. 자신이 계산하던 것은 B 라인이고, 이미 A 라인에서는 다음 블록이 만들어졌다. 이 경우 비트메인과 이방은 지금까지 했던 것을 즉시 버리고, A 라인으로 옮겨가 n+3 블록을 계산해야 한다. 왜냐하면 계속 B 라인에 있다가는 모두 헛수고가 될 수 있기 때문이다. 이때 주변에 n+2 블록이 A 라인에서 만들어졌음을 전파한다.

이런 식으로 진행되다 보면, 비트코인의 블록체인은 한 줄로만 계속 연결될 것이다. 이것을 정격체인Canonical chain 또는 주류 체인Main chain이라고 한다.

비트코인의 블록체인(정격체인)

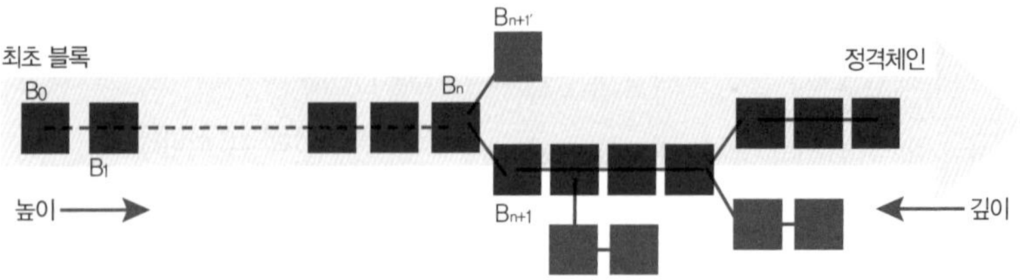

자, 이제 논스를 구해서 블록을 완성했고, 제일 먼저 '심봤다~'를 외쳐서 전세계 채굴 노드들에게 작업증명을 인증받았다면 드디어 비트코인을 받을 수 있다. 다만, 채굴로 받은 비트코인을 사용할 수 있는 시기는 하루 정도 더 지나야 한다. 분기가 안정적으로 해소된 것을 최종적으로 확인하는 단계라고 보면 된다. 정확히는 작업증명 이후 100블록이 더 만들어진 후약 1,000분, 17시간 정도 후에 채굴 보상으로 받은 비트코인의 사용이 허가된다.

지금까지 비트코인 채굴과정을 살펴보았다. 좀 어려운 부분도 있었지만, 알고 보면 누구도 믿지 못하는 인터넷 가상세계에서 구성원들에게 신뢰를 주기 위한 기술적인 문제해결 과정이다. 결국 이런 복잡한 과정을 통해 얻는 것은 '믿음'이다. 이것을 인류 최초로 해낸 사람또는 그룹이 사토시 나카모토이다.

다소 복잡해 보이는 비트코인 채굴과정을 이렇게 설명한 이유는 비트코인 또는 가상세계가 얼토당토않은 세계는 아니라는 것을 알리고 싶어서이다. 앞서 2장의 '가치의 층위' 편에서 설명했듯이, 최소한 이 세계는 '믿음'의 가치 정도는 기본에 두고 있다. 이곳에 믿음을 가진 사람들이 많아질수록 그 가치는 더 커질 것이고, 이 세계에서 돈과 시간을 쓰는 사람, 즉 의미 있는 에너지를 쓰는 사람이 많아질수록 내재가치가 늘어날 것이다. 이미 많은 사람이 이 세계에 관심을 가지고 심도 있는 공부를 통해 믿음을 키우고 있으며 시간과 돈을 점점 더 투입하고 있다.

가격평가

비트코인

2장에서 설명한 내재가치 측정 원리와 누적 명목 현금흐름을 이용해서 비트코인의 가격을 평가해 보자.

들어오는 물의 양에 집중하는 이유

비트코인은 댐과 저수지로 이루어진 거대한 시스템이다. 사토시 나카모토가 최초로 댐을 만들었고 그 안으로 물이 차오르고 있다. 비트코인을 개발한 사람들의 시간과 돈, 비트코인 시스템의 유지에 기여하는 사람들의 시간과 돈, 비트코인 시스템을 사용하고 수수료를 지불하는 사람들의 시간과 돈 등으로 물이 차오르고 있는 것이다.

비트코인을 자산 또는 화폐로 볼 수 있느냐 등 많은 논란이 있지만, 어쨌든 많은 사람들의 돈과 시간이 저수지로 몰려들고 있는 것이 사실이다. 이것은 이미 우리 인류에게 벌어진 하나의 현상이고, 애써 부정한다고 해서 이 현상이 사라지는 것도 아니다. 2009년 첫 번째 블록이 만들어진 이후부터 지금까지 비트코인 블록체인은 안정적으로 연결되고 있고, 수많은 사람들이 발전소를 구매하면서까지 BTC 채굴에 에너지를 쏟아붓고 있다.

앞에서 설명한 자산의 내재가치 측정 원리에 따르면, 비트코인의 저수지에는 많은 물사람들의 시간과 돈이 흘러 들어오면서 물의 양이 커지고 있기 때문에, 비트코인의 내재가치를 측정하려면 이 '들어오는 물'에 집중해야 한다. 현재 댐 밖으로 나오는 물이 뚜렷하게 없고, 댐 안의 물의 높이를 키우는 것은 저수지로 유입되고 있는 물의 양이기 때문이다.

댐과 저수지 모형

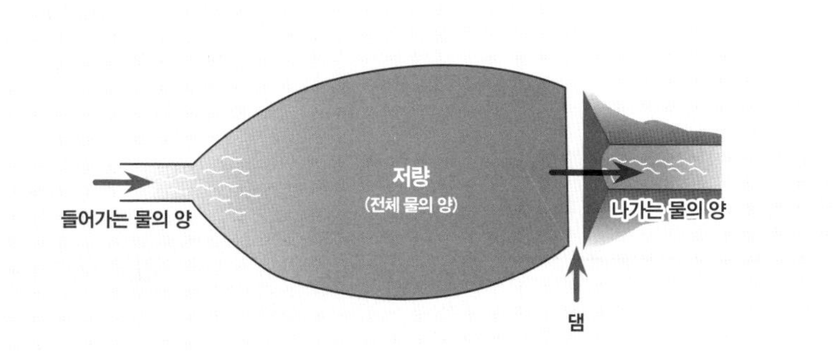

채굴력에 주목하는 이유

우리가 들어오는 모든 물의 양을 측정할 수 있을까? 불가능하다. 하지만 100% 정확하지는 않더라도, 물의 양의 변화를 어렴풋하게나마 짐작하기 위해 숫자로 표시할 수 있는 통계자료를 찾아보아야 한다.

비트코인 저수지로 들어오는 물에 대한 통계자료를 제공하는 곳은 여러 군데 있지만, 우리가 이용하는 곳은 Blockchain.com이다. 관련된 수많은 통계자료 중에서 우리가 주목한 것은 비트코인의 총 해시레이트Total hashrate, 시간당 해시 연산능력이다.

블록체인을 유지하기 위해서는 새로운 블록에 대한 합의가 필요하고, 이 과정에서 해시 함수를 가장 빨리 푸는 사람은 블록을 결정할 수 있는 권한을 얻게 되고, 그 대가로 코인인 BTC를 받을 수 있다. 따라서 시간당 해시 함수를 푸는 속도를 높이는 이른바 해시 경쟁이 일어나게 되고, 채굴자들은 더 빠른 장비와 더 많은 장비를 이용하려 노력한다. 이것을 나타낸 통계자료가 다음 그림과 같은 총 해시레이트이다.

비트코인의 총 해시레이트(시간당 해시 연산능력) 추이 출처: Blockchain.com

즉, 총 해시레이트는 비트코인으로 들어오는 에너지를 보여줄 수 있다. 해시레이트가 증가한다면 비트코인에 시간과 돈을 쏟아붓는 사람들이 많아진다는 의미이고, 해시레이트가 줄어든다면 비트코인을 얻기 위해 노력하는 사람들이 줄어든다는 뜻으로 해석할 수 있기 때문이다. 이 해시레이트를 누적하면, 현재 비트코인 저수지에 있는 물의 양을 짐작해 볼 수 있다.

BTC 가격 평가하기

다음 그림은 2009년부터 현재까지 비트코인의 해시레이트를 누적한 결과이다. 누적값을 예측할 수 있는 적정한 함수를 찾았고, 결정계수가 0.9979로 높은 예측도를 보여주고 있다.

이제 물의 높이와 비교해 보자. 비트코인 저수지에 있는 물의 양은 비트코인 전체의 가치라고 할 수 있다. 이 물의 양은 우리가 상상할 수 없는 단위로 표시될 것이다. 다행인 것은 물의 높이는 댐의 높이와 마찬가지로 화폐의

비트코인의 누적 해시레이트와 추세선 출처: Blockchain.com

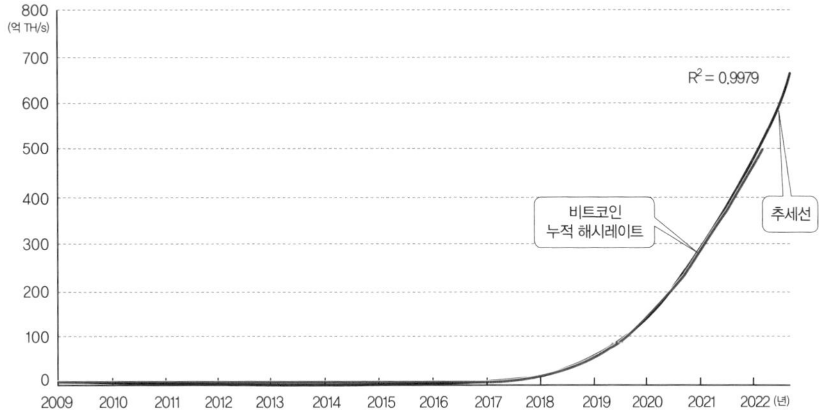

단위로 표현할 수 있다는 점이다.

다음 그림은 미국 달러USD로 측정된 BTC의 시가총액Market Cap, 댐의 높이이다. 여기서 댐의 높이는 BTC의 가격이 아니라 시가총액을 사용해야 한다. 왜냐하면 BTC는 발행량이 지속적으로 증가하는 자산이기 때문이다.

비트코인(BTC)의 시가총액 추이 출처: Blockchain.com

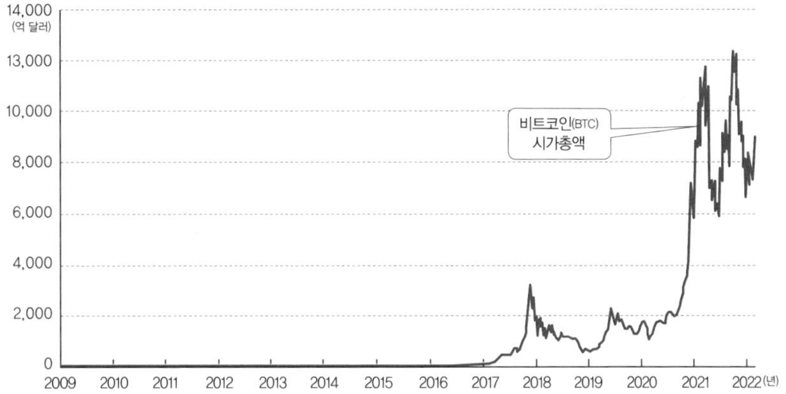

이제 비트코인의 누적 해시레이트와 시가총액 간의 상관관계를 살펴보면, 다음 그림과 같다. 결정계수가 0.85224로 비트코인의 누적 해시레이트와 시가

총액 간에 상관관계가 높다고 할 수 있다.

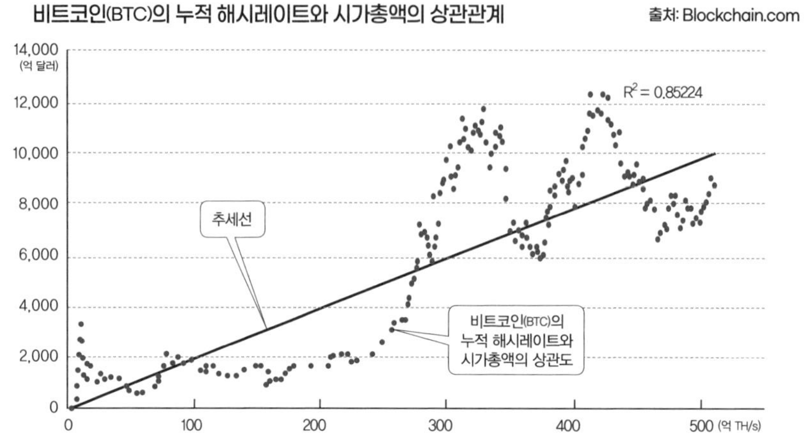

비트코인BTC의 누적 해시레이트와 시가총액의 상관도를 이용해 BTC 시가총액의 추세선을 그리면 다음과 같다. 여기서 진한 별색선이 BTC의 시가총액인데 이는 댐의 높이를 보여주며, 옅은 별색선과 검정색 추세선은 우리가 예측하는 물의 높이를 보여준다.

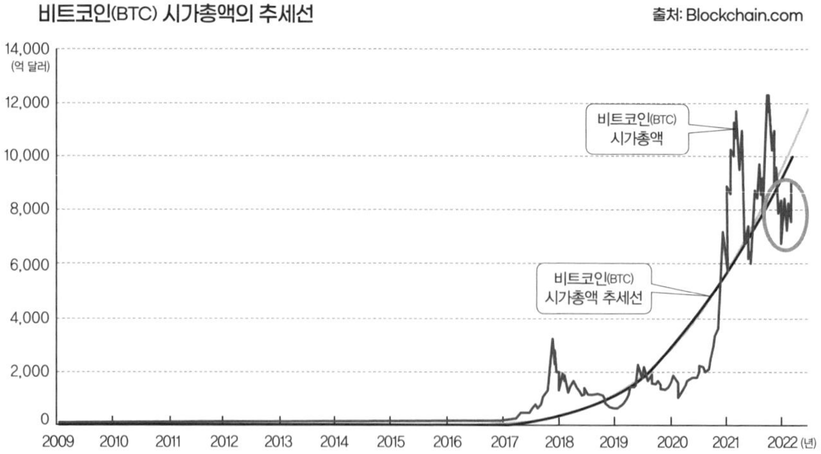

BTC의 시가총액을 발행량으로 나누어 주면, BTC 가격의 추세선을 볼 수 있다. BTC의 시가총액댐의 높이을 발행량으로 나눈 것은 BTC 1개의 가격이 될 것이고, BTC의 가치물의 높이를 발행량으로 나누면 BTC 1개의 가치값이 될 것이다. 가격과 가치값의 차이를 '버블'이라고 한다면, BTC의 버블은 다음 그림과 같다.

비트코인(BTC) 가격의 버블 평가

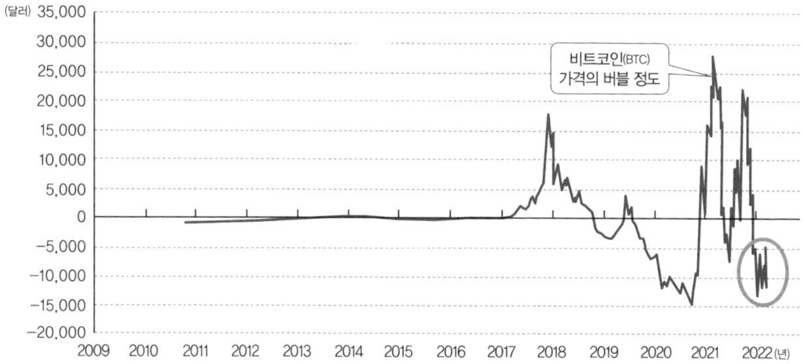

2022년 8월 현재 BTC의 가격은 추세선 대비 저평가 구간으로 보인다.

가격의 증가를 반영한 버블을 보기 위해서는 버블을 가치값으로 나누어 주면 된다. 즉, 버블의 가격 대비 비율을 보는 것이다. 이것을 버블%라고 정의한다면, 버블%는 다음의 페이지의 그림과 같다.

이렇게 하면 2017년 말 암호화폐 시장의 광기가 얼마나 심했는지를 볼 수 있다. 그에 비하면 현재는 비트코인 가격이 비교적 안정되어 보이기까지 한다.

이와 같이 비트코인의 내재가치는 비트코인으로 '들어오는 에너지의 흐름'으로 평가할 수 있다. 자산의 내재가치를 잘 반영할 수 있는 '들어오는 물'을 선택하고, 이를 이용해 물의 높이를 예측해 보는 것이다.

비트코인(BTC) 버블 정도

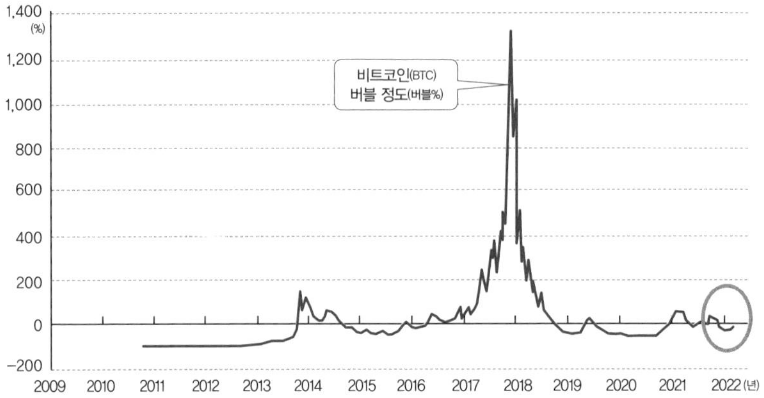

다시 한번 강조하지만, 이것은 비트코인의 정확한 가치를 측정하려는 시도가 아니다. 투자자는 시장에서 제시하는 가격댐의 높이이 적정한지를 평가하기 위해, 댐으로 가려진 물의 양을 어떻게든지 예측해야 하는 숙명을 가지고 있다. 우리의 시도는 그런 노력의 일환일 뿐이다. 다행인 것은 이런 시도가 지속될수록 좀더 현명한 투자가 가능해질 것이라는 점이다.

이더리움의 지분증명(PoS)

이더리움은 가상세계에서 비트코인 다음으로 활성화되어 있는 신뢰 시스템이다. 이더리움도 앞서 설명한 비트코인과 같은 종류의 합의 알고리즘인 작업증명PoW 방식을 사용했지만 최근 지분증명PoS 방식으로 전환했다. 이는 마치 헌법을 바꾸어 국가 시스템을 전환하는 것과 같다. 지분증명 방식으로의 전환은 이더리움에 어떤 영향을 줄까?

이더리움의 고민

이더리움 고민은 확장성이다. 현재 이더리움 생태계에 수많은 디앱DApp, 탈중앙화 분산 앱들이 만들어졌고, 특히 탈중앙화 금융DeFi과 대체 불가능한 토큰NFT의 수요가 급증했다. 따라서 많은 트랜잭션거래들이 발생하고 있으며, 약 12초의 블록 생성 시간은 이들을 처리하기에 매우 느리고 부족한 상황이다. 게다가 거래를 하기 위한 경쟁자가 많아지면서 거래 수수료가 치솟고 있는 것도 문제이다. 따라서 이더리움은 느리고 확장성이 낮은 작업증명 방식에서 확장성이 높은 지분증명 방식으로 전환했다.

이더리움의 지분증명

블록체인의 합의 알고리즘은 매우 다양하다236쪽 참고. 이 중에서 PoS는 Proof of Stake의 약자로 '지분증명'이라 불리며, 해당 암호화폐를 보유하고 있는 지분율에 비례하여 의사결정 권한을 주는 방식이다. 마치 현실세계의 주주총회 같은 개념이다.

조금 다른 점은 블록을 생성할 사람노드을 매번 지분비율에 따른 확률로 한 명씩 정한다는 점이다. 쉽게 말하면, 매 블록마다 블록을 승인할 반장을 뽑는데, 이 반장이 될 확률이 보유하고 있는 암호화폐의 양에 따라 결정되는 것이다.

지분증명 채굴방식의 장점은 암호화폐 보유량만 많다면 일반 PC 정도의 장비로도 충분히 채굴이 가능하고, 작업증명 방식에 비해 전력 소모가 거의 없다는 점이다이더리움 재단에서 말하는 친환경의 의미이다. 또한 복잡한 연산을 하지 않기 때문에 블록 생성 속도를 빠르게 할 수 있다. 에너지 소모가 적어 각 거래에 지불해야 할 비용수수료도 줄일 수 있는 장점이 있다.

다만, 암호화폐 보유량이 많을수록 더 많은 보상을 받을 수 있기 때문에, 결국 부익부 빈익빈으로 소수의 사람들에게 암호화폐가 집중될 수 있으며, 지분량을 증명하기 위해서는 주소가 공개되어야 하기 때문에 대량 보유자의 경우 해커에 의한 자금 도난 위험이 존재할 수 있다는 단점이 있다. 또한 단순히 지분증명 방식만으로는 이더리움의 확장성 문제를 완전히 해결하지 못한다는 단점도 가지고 있다.

탈중앙화와 보안성을 지키면서 확장성도 가지는 완벽한 블록체인은 없다. 이것을 '블록체인 트릴레마Trilemma'라고 한다. 즉, 확장성을 늘리기 위해서는 어느 정도 탈중앙화와 보안성이 약해지는 것을 감수해야 한다는 뜻이다. 이더리움도 확장성을 위해서는 탈중앙화나 보안성 중 어느 하나에서 손해를 감수해야 한다.

작업증명이든 지분증명이든 모두 블록체인의 합의 알고리즘이다. 작업증명 방식이 채굴을 위해 전기 에너지를 써서 자신이 정직한 노드임을 증명했다면, 지분증명 방식은 보유한 자산을 근거로 자신이 이 시스템에 해를 끼치지 않을 것이라는 것을 증명하는 것이다.

블록체인 트릴레마

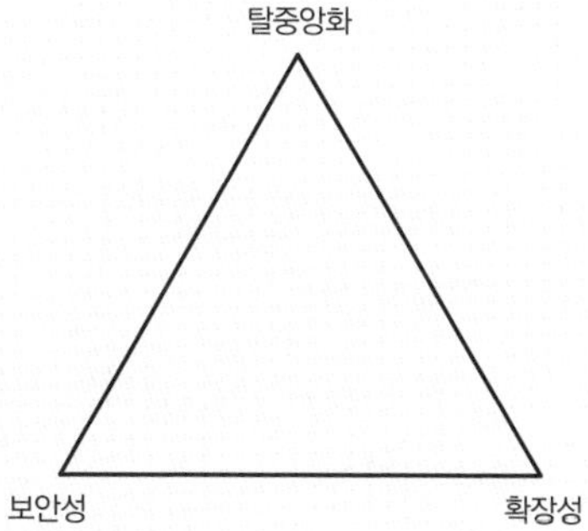

이더리움 재단의 생각은 작업증명 방식이 확장성에 한계가 있고 환경에도 친화적이지 않으니 지분증명 방식으로 변경하겠다는 것이었다.

이것은 이더리움이 처음 출시될 때부터 진행되어 왔던 것으로, 이더리움의 로드맵 4단계 중 마지막 세레니티에 포함된 내용이다.

1단계 프론티어(Frontier): 이더리움의 시작, 작업증명 방식
2단계 홈스테드(Homestead): 디앱의 시작
3단계 메트로폴리스(Metropolis): 지분증명 방식 준비(비잔티움, 콘스탄티노플, 이스탄불 하드포크)
4단계 세레니티(Serenity): 이더리움의 최종 단계(이더 2.0), 완전한 지분증명 방식으로의 전환

이더 2.0

이더리움의 창시자 비탈릭 뷰테린은 2020년 한국 이더리움 콘퍼런스에서 이더ETH 2.0에 대한 로드맵에 대해 발표한 바 있다.

이더리움의 가장 큰 고민은 확장성인데, 효율적이고 보안이 튼튼하며 환경에 친화적(?)인 지분증명 방식으로의 전환을 통해 일반 PC, 모바일기기, 사물인터넷IoT 디바이스에서도 채굴이 가능한 이더 2.0을 2022년까지 만들고 싶다고 말했다.

2020년 12월 지분증명 기반인 비콘체인Beacon chain이 도입된 후 작업증명 기반인 메인체인Main chain과 함께 운영되고 있었다. 메인체인작업증명과 비콘체인지분증명이 아직 병합되기 전에는 작업증명 방식의 채굴이 가능했었지만, 2022년 9월 두 체인이 병합됨으로써 이더리움의 작업증명 방식의 채굴은 멈추게 되었다.

투자는 자산을 늘리는 모든 행위이고, '이것이 자산인가?'에 대한 물음에서 시작해야 한다. 자산은 시간 및 돈 에너지가 충분히 모인 것이다. **이더리움 시스템에 참여하고 이 시스템을 활용하는 사람들이 많아지면 많아질수록, 이더리움에 투입되는 에너지**시간 및 돈 에너지**는 커질 것이고, 이는 이더리움이 점점 더 가치 있는 자산이 된다는 것을 의미한다**뒤의 '이더리움의 가격평가' 참고. 만약 계획대로 확장성을 확보하고 수수료를 낮추어 더 많은 노드들이 사용할 수 있게 된다면 그 가치는 높아질 것이라 믿는다.

이더리움이 자산이라면, 이더리움 내에서 사용되는 이더ETH가 핵심 화폐로서의 기능을 할 것이고, 이더 또한 자산이 된다. 이더가 자산임을 믿는다

면, 좋은 투자를 하기 위해 이더라는 자산을 이용해서 어떻게 '현금흐름'을 일으키며 '보유'할 것인지에 대해 고민해야 한다. 이에 대한 이야기는 뒤의 '디파이: 가상세계의 투자세계' 편에서 더 다루겠다.

그럼, 작업증명 방식은 영원히 사라지는 것일까? 개인적인 생각으로는 앞으로 작업증명 방식이 사라지기는 어려울 것으로 예상한다. 블록체인의 트릴레마 때문이다.

최근 블록체인에서 확장성이 대두되고 있고 수많은 거래를 빠르고 저렴하게 처리하는 것이 최고인 것처럼 여겨지고 있다. 하지만 탈중앙화, 보안성, 확장성을 모두 갖춘 블록체인은 없으므로, 이는 필연적으로 보안성이나 탈중앙화 중에서 한 가지 이상의 손해를 감수해야 한다.

비트코인에서 보는 것처럼, 작업증명 방식은 확장성은 부족하지만 높은 보안성과 탈중앙화를 이룰 수 있는 합의 알고리즘이다. 앞으로 가상세계가 커지면서 수많은 블록체인이 만들어질 것이고, 작업증명 방식을 사용하는 블록체인 네트워크도 높은 보안성과 안정적인 탈중앙화로 이 세계의 한 국가로 남아 있을 것이다. 이미 진행되고 있는 것처럼, 기술의 발전은 여기에 어느 정도 확장성을 더할 수 있는 방법 또한 만들어낼 것이다.

가격평가

이더리움

관심가치를 가장 먼저 보는 이유

이더리움의 가격평가를 위해 먼저 관심의 가치를 살펴보자.

앞에서 가치는 정도에 따라 층위가 있고, 가치를 결정하는 밀도는 핵심으로 갈수록 더 높다고 했다. 관심가치를 측정할 때는 주로 구글 트렌드를 사용한다. 가장 간편하기도 하고, 장기 시계열을 엑셀 파일로 다운받을 수 있기 때문이다. 사실 구글 트렌드는 검색하는 사람의 '관심'만 측정할 수 있다. 그래서 관심은 있지만 검색을 하지 않는 사람들이나, 실제 그 자산에 투자하는 것에 관심이 없어도 검색을 하는 사람들은 오차가 된다. 따라서 검색어를 선별하는 데 주의를 기울여야 한다. 우리는 여러 검색어를 대입해 보고, 가장 논리적으로 타당하다 싶은 결과를 사용한다. 여기서 우리가 사용한 검색어는 'Ethereum Price'이다.

이더리움의 관심가치를 살펴보면 다음의 그래프와 같다. 그래프에서 보듯이, 이더리움에 대한 사람들의 관심은 2021년 상반기까지 급격히 상승했다는 것을 알 수 있다. 그 이후로는 관심도가 많이 떨어지고 있는 것 같다. 암호자산의 가격도 상당히 빠졌고, 그동안 버블이라는 논란이 심했던 것도 사실이다. 구글 트렌드의 결과가 마치 암호자산의 가격에 선행하는 것처럼 보이지만, 이것을 근거로 투자에 나서는 것은 매우 위험하다.

우리가 구글 트렌드를 이용해서 관심의 가치 수준을 살펴보는 이유는 사람들의 관심이 많은, 이른바 '핫한' 자산은 이미 가격이 관심의 크기만큼 올라버려서 내재가치 또는 핵심가치 대비 비싼 경우가 많기 때문이다. 이런 경우라면 우리는 투자를 포기하고 다른 자산으로 넘어간다.

구글 트렌드에 나타난 이더리움의 관심가치와 시가총액 비교

출처: 구글 트렌드, 이더스캔

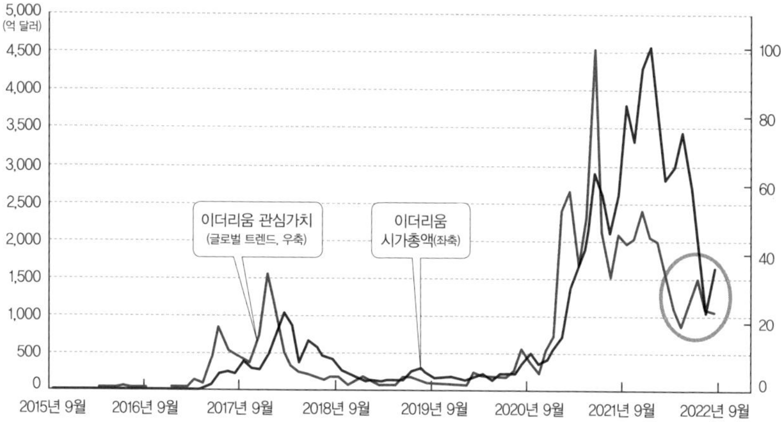

관심 다음의 층위에 있는 가치들로는 '믿음'과 '욕심'이 있다. 미래에 암호자산이 변하지 않고 가상세계에서 중심 역할을 할 것이라는 '믿음'은 그 자체만으로도 상당한 가치를 가질 것이고, 여기에 그것을 갖고 싶은 '욕심'까지 일으킨다면 충분히 가치 있는 자산이 될 것이다.

하지만 이런 믿음과 욕심의 가치를 측정할 수 있는 방법이 딱히 없다. 물론 각종 SNS나 블로그, 카페 등을 돌며 '이더리움'이 들어간 말뭉치코퍼스들을 가져와서 '믿음'과 '욕심'의 감정이 섞인 단어들을 추출하고 이를 시계열로 분석하면 알 수 있을지 모르겠다. 하지만 이것들은 너무 방대한 데이터가 될 것이고 이를 분석하는 데 상당한 노력과 시간이 소모될 것이다. 희망적인 것은 앞으로 인공지능AI의 발달은 이 과정을 손쉽게 할 수 있도록 도와줄 것이라는 점이다.

이더리움의 가격 평가

다음 층위의 가치는 '시간'과 '돈'을 사용하는 사람들이 만들어낸 가치이다. 만약 현금흐름이 나오는 자산이라면 현금흐름이 시간과 돈의 가치를 대변해주기 때문에, 이 현금흐름을 누적하면 그 자산의 내재가치를 구할 수 있을 것이다. 정확히 말하면, 미래의 현금흐름을 현가화해서 모두 더하면 그 자산의 가치가 된다. 하지만 과거의 누적 명목 현금흐름도 충분히 가치평가 도구로서 역할을 할 수 있다.

이더리움에는 이런 현금흐름과 같은 지표, 즉 시간과 돈을 쓰는 사람들을 대변해 줄 수 있는 지표가 있다. 바로 가스비Gas, 이더리움에서 송금 또는 스마트 계약의 수수료이다. 이더리움은 암호화폐이자 암호자산임과 동시에 블록체인 플랫폼이다. 우리는 이것을 국가에 비유한다. 무한한 공간이 있고, 이 공간에 사람들이 모여 이더를 거래하고 거래비용을 지불한다. 가스비는 마치 세금과 같다. 이 거래비용은 블록체인을 유지하는 데 기여한 사람들에게 나누어 준다. **이더리움을 국가에 비유하는 이유는 여기에 다른 토큰을 올릴 수 있기 때문이다. 즉, 국가에 세워진 기업들과 같은 것이다. 달러와 거의 같은 가치를 가지는 스테이블코인을 비롯해서 탈중앙화 금융인 디파이**DeFi**, 가상세계의 등기부등본이 될 NFT**대체 불가능한 토큰**, 그리고 게임까지 다양한 디앱**탈중앙화 분산 앱**들이 이 이더리움 플랫폼 위에 얹어지고 있다. 이 기업들은 영업을 하고 국가 시스템을 사용한 대가로 가스비를 지불한다. 이 가스비는 다시 블록체인을 유지하는 데 기여한 사람들**채굴자**에게 분배된다. 즉, 가스비는 이더리움을 사용하고 관리하는 사람들이 시간과 돈을 사용하게 하는 매개체가 된다.**

이더리움의 가스비에 대한 시계열은 다음 그래프와 같다. 참고로 이더리움에 대한 모든 시계열 자료는 다음 사이트에서 얻을 수 있다http://etherscan.io/charts.

이더리움의 가스비 추이

출처: etherscan.io

이더리움의 가스비에 대한 시계열을 누적하면 유의미한 결과를 얻게 된다. 다른 자산들과 마찬가지로, 이더리움의 가스비를 현금흐름처럼 누적해 추세선을 만들 수 있다. 결정계수가 0.9980으로서 적합한 모델로 보인다.

이더리움의 누적 가스비 추세선

출처: etherscan.io

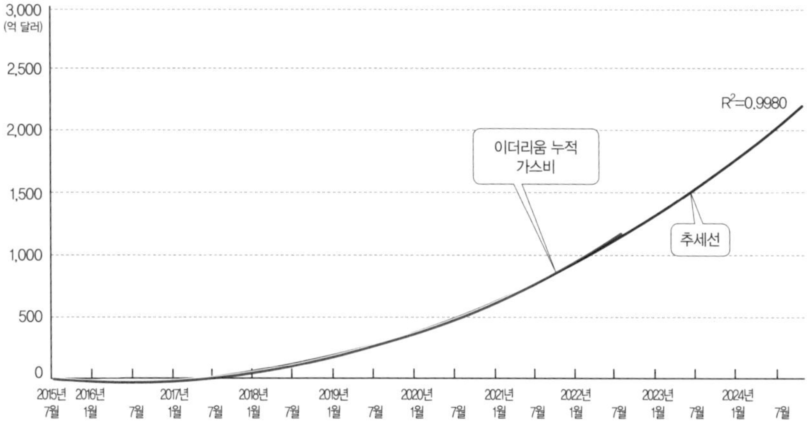

이제 이더리움의 누적 가스비를 시가총액과 비교하면 다음과 같다.

이더리움의 누적 가스비 추세선과 시가총액 비교

출처: etherscan.io

이더리움 시가총액을 발행량 시계열로 나누면 가격을 구할 수 있다.

이더리움 가격과 가치 추세선

출처: etherscan.io

이더리움의 가격과 가치 추세선과의 차이를 이용해 버블 정도를 알 수 있다.

이더리움 가격의 누적 가스비 대비 버블 정도 출처: etherscan.io

2022년 9월 현재 이더의 가격은 누적 가스비 대비 저평가 구간에 있다. 가상세계의 성장과 이더리움이라는 자산에 대한 믿음이 있다면, 이더를 조금씩 모아가면서 현금흐름을 일으키며 보유해 보는 투자방법을 적용해 보기 좋은 시점일 수 있다.

디파이: 가상세계의 투자세계

2020년 암호화폐 시장을 뜨겁게 달군 단어는 디파이DeFi다. 디파이는 Decentralized Finance의 약자로 '탈중앙화 금융'을 말하며 가상세계의 금융을 의미한다. 여기에는 주로 블록체인이 관여하며, 중앙화된 기관 또는 국가 없이 내 소유와 거래가 지켜질 것이라는 믿음을 바탕으로 금융거래가 이루어진다.

디파이와 반대되는 개념은 씨파이CeFi다. 씨파이는 Centralized Finance의 약자로 '중앙집중식 금융'을 말하며, 이는 우리가 익히 알고 있는 것처럼 현실세계의 은행, 거래소, 증권사, 보험사, 카드사, 등기소 등과 같이 중앙화된 기관 또는 국가에서 일어나는 금융을 의미한다.

우리 부부도 2017년부터 암호화폐에 대해 관심을 가졌지만, 2020년 디파이가 활성화되기 이전까지는 적극적으로 투자하지 않았다. 디파이 이전에는 암호화폐를 사고팔아서 생기는 시세차익 현금흐름만 가능했기 때문에 조금씩 모아갈 뿐이었다. 하지만 디파이가 활성화되면서 암호화폐를 보유하는 동안 현금흐름을 만드는 방법들이 다양해졌다.

2022년 현재 디파이에 대한 논란이 거세다. 디파이를 지원하던 일부 프로토콜이 유동성 문제로 지급불능 상태에 빠지면서 시장의 의심이 커지고 있는 상황이다. 하지만 현실세계의 금융 시스템도 처음부터 완벽하게 작동하지는 않았다. 현실세계의 금융 시스템이 지급불능 사태, 뱅크런, 파산 등 다양한 금융사고를 겪으면서 진화해 왔듯이, 가상세계의 금융인 디파이 또한 그럴 것으로 생각하고 있다.

우리의 가상세계, 반가상세계, 현실세계를 나누는 기준에 따르면, 디파이가 일어나는 영역과 씨파이가 일어나는 영역의 차이는 아래 그림과 같다3장의 '탈중앙화와 블록체인' 참고.

디파이(탈중앙화 금융)와 씨파이(중앙집중식 금융)

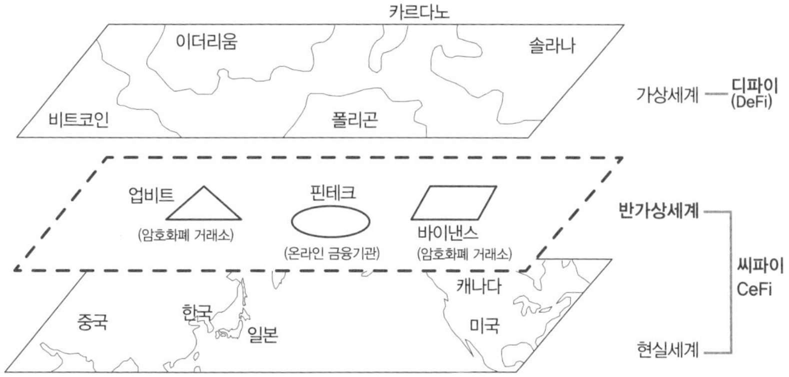

반가상세계에도 금융이 있다. 바이낸스, 업비트, 빗썸과 같은 '암호화폐 거래소' 또는 핀테크Fintech로 대표되는 온라인 금융기관들이다. 이들 또한 중앙화된 주체가 운영하는 곳이므로 씨파이에 속한다.

많은 투자자들이 가상세계 투자를 할 때, 이런 암호화폐 거래소에 계좌를 개설하고, 거기에서 원화 등으로 암호자산을 샀다 팔았다 하는 경우가 대부분이다. 하지만 이런 암호화폐 거래소에 자산을 두는 것은 탈중앙화를 통한 공간의 자유를 누리기 위한 투자가 되지 못한다.

공간의 자유를 꿈꾸며 중앙화된 국가 권력의 규제를 포함한 지정학적 리스크에 대비하기 위해 가상세계에 투자하는 것인데, 중앙화된 암호화폐 거래소에서 법정화폐와 암호화폐 스왑에만 몰두하는 것은 투자의 목적에 맞지 않는다.

탈중앙화 정도에 따라 투자 리스크의 종류가 달라진다. 우리는 현실세계의 씨파이와 가능한 가상세계의 탈중앙화된 디파이를 이용하며, 되도록이면 반가상세계의 씨파이는 꼭 필요한 경우에만 제한적으로 이용하려 노력한다.

사실 디파이라고 해서 모두 완전한 탈중앙화를 이룬 것은 아니다. 가상세계의 각 국가마다 합의 알고리즘의 차이, 네트워크의 크기 등에 따라 탈중앙화 정도가 다르며, 심지어는 거의 중앙화된 것으로 보이는 블록체인도 있으므로 잘 살펴보아야 한다.

디파이의 이해

디파이를 이해하기 위해서 먼저 몇 가지 기본 개념들부터 알아보자. 사실 이 모든 것은 스마트 계약Smart contract이라는 '계약'의 일종이다.

- 디앱DApp: Decentralized Application의 약자로 탈중앙화분산형 애플리케이션을 의미한다'댑'이라고도 한다. 스마트폰의 앱과 비슷한 의미로, 우리는 디앱을 국가에 세워지는 기관, 기업 정도로 보고 있다. 탈중앙화 금융인 디파이를 매개하는 주체로서 은행, 증권사, 보험사, 거래소, 테마파크 등은 각각 하나의 디앱이 될 수 있다.
- 덱스DEX: Decentralized EXchange의 약자로 탈중앙화 거래소를 말한다. 가상세계에서 하나의 암호화폐를 다른 암호화폐로 바꿀 때 덱스를 이용한다. 교환의 역할만 본다면, 현실세계의 환전소 같은 곳이다. 하지만 이곳에서는 수많은 디파이가 일어나고 있다. 초기 이자농사로 대표되었던 곳이기도 하다. 덱스와 반대되는 개념은 CEXCentralized EXchange

로, 현실세계나 반가상세계의 중앙집중식 거래소를 말한다. 많은 사람들이 가상화폐에 투자한다고 했을 때, 업비트, 빗썸, 코인원 등에 원화를 넣고 원화와 가상화폐를 교환한다. 이는 사실 가상세계에 자산을 두는 것이 아니라 반가상세계에 두는 것이다. 여기에는 가상세계의 투자와 다른 리스크가 존재한다.

- 스테이블코인Stablecoin: 가치가 변동하지 않고 안정된 암호화폐라는 의미로 '스테이블'을 붙였으며 '가치 안정 화폐'라고도 한다. 사실 가치가 안정된 것은 아니고 '가격'이 안정된 가상화폐로 보는 것이 맞다. 즉, 미국 달러USD와 페깅Pegging된 스테이블코인은 미국 달러와 거의 같은 가격을 유지한다. 예를 들어 대표적인 스테이블코인인 테더USDT 1개는 미국의 1달러와 가격이 거의 같다. 이를 위해 테더는 달러 자산을 담보로 테더의 발행량을 조절하며 가격을 유지한다. 이렇게 하는 이유는 현실세계와 가상세계의 원활한 소통을 위해서이다. 현실세계만 살던 인류가 가상세계의 변화무쌍한 환경에 적응하기 위해 익숙한 기준 하나 정도는 가져가고 싶지 않았을까 하는 생각이 든다. 테더USDT, USDC, 다이DAI 등이 대표적인 달러 스테이블코인들이다.
- 토큰Token: 코인Coin과 대비되는 말로, 코인이 국가의 법정화폐라면, 토큰은 그 국가에 세워진 기업DApp에서 쓰는 화폐 정도의 의미가 있다. 예를 들어 대한민국의 원화를 코인이라고 한다면, 싸이월드의 도토리는 토큰이다. 이 둘은 같은 메인넷같은 국가 내에 있기 때문에 탈중앙화 거래소를 통해 쉽게 교환이 가능하다.

하지만 국가의 화폐인 코인 대 코인은 특별한 방법을 통해서만 교환이 된다. 예를 들어 이더와 SOL은 각각 이더리움과 솔라나의 코인이고, 이 둘의 교환을 위해서는 브릿지를 통해 토큰으로 바꾸어 교환해야 한다물론 아토믹 스왑이나 중앙집중식 거래소인 CEX를 통한 교환도 가능하다. 좀 복잡한 이야기이지만, 가상세계의 디파이를 이해하기 위해서 꼭 알아야 하는 내용이다. 즉, 솔라나에서 이더리움의 화폐인 이더를 쓰기 위해서는 솔라나의 토큰인 wETH로 바꾸어야 한다. 이는 솔라나에 올라간 디앱인 웜홀에서 만든 토큰으로 이더리움의 이더와 1 대 1로 페깅되어 있다.

- NFT: NFT는 Non-Fungible Token의 약자로 '대체 불가능한 토큰'을 말한다. 간단히 말하면 가상세계의 '소유권'이다. '대체 불가능하다'는 말은 각각 특성이 달라서 같은 가치를 가지지 않는다는 것을 의미한다.

  예를 들어 압구정 현대아파트 1채와 대치동 은마아파트 1채는 서로 다르고, 각각의 소유권은 1 대 1로 교환하기 힘들 것이다. 이때 각각의 아파트 소유권이 바로 NFT이다. 이와 대비되는 토큰이 '대체 가능한 토큰Fungible Token'이며, '대체 가능하다'는 말은 1 대 1로 언제든 교환 가능하다는 것이다. 앞에서 본 wETH 토큰의 경우, 내가 가진 wETH와 다른 사람이 가진 wETH는 같은 가치를 가지며 1 대 1로 교환 가능대체 가능하다.

정리하면, 가상세계의 다양한 나라 위에는 계약에 의해 여러 기업DApp이 세워지고 있고, 이들은 각각의 필요에 따라 화폐토큰와 소유권NFT을 만들며 거래소DEX를 이용해서 거래하게 한다. 이때 교환에 필요한 익숙한 기준스테이블코인을 사용한다. 이것을 기본으로 가상세계에서는 수많은 디파이가 만들어지고 있다.

디파이의 종류

사실상 가상세계에서는 현실세계에서 일어날 수 있는 모든 금융을 다룰 수 있다. 즉, 금융Finance의 범주 안에 들어 있는 '돈을 빌려주거나 빌리거나, 돈을 다른 돈재화, 서비스으로 사고파는 모든 거래'가 일어날 수 있으며, 구체적으로는 은행, 증권, 보험, 종합금융 등이 포함된다.

물론 가상세계 금융의 거래형태는 현실세계와 다르다. 예를 들어 현실세계의 증권거래는 오더북Orderbook의 형태로 매수자와 매도자의 주문이 쌓여 있고 가격이 만나는 접점에서 거래가 이루어지지만, 가상세계의 증권거래는 이런 형태로 거래가 이루어지기 어렵다. 따라서 LP 풀유동성 공급자 풀을 이용한 스왑으로 교환이 일어난다.

대출 및 보험의 경우에도 탈중앙화 금융인 디파이에는 계약 주체의 신용도나 개별 자산의 가치를 (주관적으로라도) 측정할 수 있는 장치가 마련되지 않았기 때문에, 아직은 제한적인 범위에서 계약이 이루어질 수밖에 없다. 물론 시간이 지나면서 이를 해결할 수 있는 방법들이 고안될 것이다. 따라서 디파이의 종류는 현실세계 금융의 종류와 다를 바가 없다.

따지고 보면, 현실세계의 금융은 '계약'으로 이루어져 있다. 계약은 주체와 주체 사이의 약속이고, 이 약속은 주로 '언제까지 가치 있는 무언가를 주거나 받겠다'로 구성된다. 서로의 가치에 대한 합의 문제만 해결된다면, 앞으로 현실세계의 모든 금융은 가상세계에서도 일어날 것이다.

가상세계에서 좋은 투자하는 법

가상세계에서 어떻게 좋은 투자를 할 수 있을까? 우리가 그동안 현실세계에서 적용한 좋은 투자방법을 그대로 적용하면 된다. 가상세계의 좋은 자산을 찾고, 가치를 평가하고, 싼 가격에 사서 현금흐름을 일으키며 보유하면 된다. 여기에 한 가지 더 추가한다면, 암호자산 시장은 아직 미성숙한 초기 시장이므로 리스크가 높다. 따라서 암호자산에 투자하는 비중은 전체 거위농장 중 적은 비중으로 시작하기를 추천한다.

가상세계에 투자를 시작해 보기로 했다면, 먼저 가상세계에서 늘려갈 만한 가치가 있다고 믿는 자산부터 찾아야 할 것이다. 우리는 가상세계 자산의 가치는 '내 것이 지켜질 것이라는 믿음'의 가치라고 생각한다. 그 믿음의 가치는 블록체인 시스템에서 비롯된다. 블록체인 시스템을 통해 어떤 정부나 중앙화된 기관이 개입하지 않고도 가상세계에서의 자산에 대한 소유권과 거래가 인정되므로, 인터넷과 달리 블록체인 시스템을 믿고 투자할 수 있는 것이다.

비트코인이 블록체인을 이용해서 가상세계에서의 '믿음'을 주는 체계를 처음 소개한 이후 13년간, 블록체인은 큰 하자 없이 잘 운영되고 있다. 그리고 더욱더 많은 사람들이 자신들의 돈과 시간을 블록체인 시스템에 투자하며, 이 시스템에 대한 믿음의 가치는 점점 더 공고해지고 있다.

우리는 대한민국 시스템과 미래를 믿기 때문에 국내 부동산이나 주식 등에 투자를 하고, 미국이라는 나라의 시스템을 믿기 때문에 미국 화폐인 달러나 주식 등에 투자할 수 있다. 마찬가지로 지금까지 설명한 가상세계의 시스템인 블록체인의 작동원리를 이해하고 블록체인을 믿는다면 그 시스템 내의 화폐나 자산에 투자할 수 있다.

우리는 비트코인 시스템의 화폐인 비트코인BTC, 이더리움 시스템의 화폐인 이더ETH 등에 투자하고 있다. 만약 어떤 나라의 시스템이 불안정해서 미래가 불투명해 보이거나, 내 자산의 소유권을 인정해 주지 않는다든가, 내가 자산을 매입한 거래기록을 입증할 수 없다든가 등의 문제가 있다면, 아마 우리는 그 나라의 자산에는 투자하지 않을 것이다. **우리가 투자하는 돈과 시간은 우리가 가진 믿음의 크기에 비례한다.**

암호자산의 가치는 어떻게 평가할까?

앞에서 소개한 '가치의 층위 이론'에 따르면, 단순히 언론에 많이 보도되는 것과 같은 관심의 가치는 언제든지 사라질 수 있으므로, 사람들이 실제로 자신의 돈과 시간을 투자하는 내재가치에 집중하기를 추천한다.

앞서 소개한 내재가치의 측정원리에 따라 비트코인의 경우, 비트코인에 사람들이 쏟아붓는 돈과 시간을 해시레이트Hashrate의 누적으로 측정할 수 있다고 보았고, 그를 이용해서 현재 가격을 평가해 보았다. 이더리움의 경우에는 가스비Gas 사용 누적으로 이더리움에 투자하는 사람들의 돈과 시간을 측정해서 가격평가에 사용했다. 이와 같이 다른 암호자산의 경우에도 사람들이 돈과 시간을 투자하고 있다는 어떤 지표의 시계열을 찾을 수 있다면, 암호자산의 가격평가를 시도해 볼 수 있을 것이다.

가상세계 투자의 3가지 현금흐름

가상세계의 투자에서도 현금흐름은 중요하다. 이 책의 첫 도입부에서 설명했듯이, 현실세계에서 현금흐름은 3가지 종류가 있다. 가상자산에서도 이 3가지 종류의 현금흐름을 만들어갈 수 있다1장의 '다시, 투자란 무엇인가' 참고.

첫 번째 현금흐름은 거위가 낳는 황금알을 갖는 것이다. 현실세계에서 돈을 은행에 예금하고 이자수익을 받는 것처럼, 암호화폐라는 거위를 갖고 있다면 이 자산을 예치하고 보상을 받을 수 있다. 이와 관련된 투자방법은 스테이킹Staking과 LP 투자 등이 있는데, 뒤에서 좀더 상세히 설명한다.

두 번째 현금흐름은 거위를 키워서 시장에 팔아서 황금알과 맞바꾸는 것이다. 많은 투자자들이 코인투자를 이런 방식으로 하는데, 이 경우에는 가치 있는 자산이 매도로 사라져 버린다는 큰 단점이 있다. 우리는 일반적으로 이런 트레이딩을 추천하지 않는다.

세 번째 현금흐름은 거위를 키워서 그 가치가 커진 만큼 레버리지를 일으키는 것이다. 현실세계에서 아파트 전세 레버리지 투자를 했을 때, 우리는 아파트의 가치가 올라서 전세가와 매매가가 오를수록 2년마다 보증금을 증액하며 현금흐름을 만들 수 있다. 이 현금흐름으로 또다시 현금흐름을 가져오는 자산에 꾸준히 재투자를 한다면 복리효과를 누릴 수 있다.

마찬가지로 암호자산도 그것을 담보로 레버리지를 일으켜서 현금흐름을 만들 수 있다. 예를 들어 비트코인이나 이더를 담보로 현실세계에서 현금을 빌리거나, 가상세계에서 달러와 페깅된 스테이블코인을 빌릴 수 있다. 2장의 '롱숏과 더블숏' 편에서 설명했듯이, 가치 있는 자산을 롱 하면서 가치가 덜한 자산인 현금 또는 스테이블코인을 숏 치는 셈이다. 이렇게 하면 가치 있다고 믿는 자산인 이더를 보유하면서 현금흐름을 만들 수 있다. 이더를 담보로 빌린 스테이블코인을 가상세계 은행에 예치해서 이자를 받거나, 가상세계 증권사에서 증권을 구매하기도 하고, 가상세계 벤처캐피탈을 통해 새로운 프로토콜에 투자할 수도 있다. 세 번째 현금흐름을 이용해서 다시 첫 번째 현금흐름을 만들어가는 것이다.

이 세 번째 방법의 리스크는 무엇일까? 레버리지는 현실세계에서든 가상세계에서든 항상 조심스럽게 관리해야 한다. 특히 레버리지를 사용할 때 더블숏 하는 자산이 무엇인지를 유념해야 한다. 2022년 암호자산 대출 플랫폼들이 유동성 문제로 지급불능 상태에 빠져 버리는 등 초기 디파이탈중앙화 금융 업체들의 문제점들이 나타나고 있다. 따라서 담보가치 대비 대출비율LTV을 낮게 유지하고 담보물을 분산하는 등의 주의가 필요하다.

수익률, APR과 APY의 차이

가상세계에서 투자수익률을 흔히 APR, APY로 표시한다. APRAnnual Percentage Rate은 연간 이자율이며, APYAnnual Percentage Yield는 연간 수익률이다. 탈중앙화 거래소에서도 둘의 차이를 정확히 표현하는 곳이 드물기 때문에 서로 비슷한 것으로 오해하기 쉽지만 사실 큰 차이가 있다. 간단히 말하면, APR은 단리 수익률이고, APY는 복리 수익률이다. 덱스나 디앱에 LP를 제공하고 얻는 이자는 보통 APR로 표시한다. 예를 들어 바이낸스 스마트 체인BSC의 팬케이크 스왑토큰을 교환하는 탈중앙화 거래소에서 '이더-USDC' LP의 경우 표시되는 수익률은 아래와 같다.

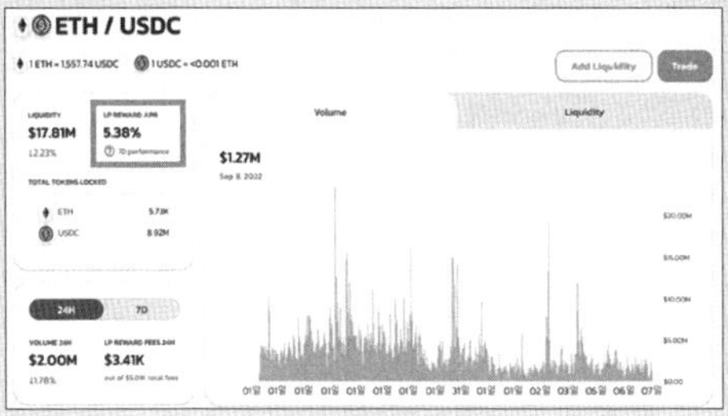

수익률 표시의 예(팬케이크 스왑의 이더-USDC LP)

이는 단순히 LP만 제공하고 아무런 행동을 하지 않은 채 1년이 지났을 때의 수익률이다. 즉, 현실세계에서 은행에 1년 만기 예금을 했을 때 얻는 수익률과 같다. 하지만 가상세계에서는 이자가 실시간으로 나온다. 실시간으로 나오는 이 이자수익을 반복해서 재투자한다면, 1년 후 수익은 아무것도 하지 않고 기다렸을 때보다 훨씬 커질 것이다.

전작 『투자의 재발견』의 '자연상수' 편에서 '반복해서 꾸준히 하는 투자'에 관해 이야기한 바 있다. 즉, 일정한 수익률을 가지고 반복해서 나누어 투자하면, 자연은 우리에게 노력한 대가로 선물을 주지만 어느 정도 이상의 수익을 주지는 않는다. 그 최대치를 표현할 수 있는 방법이 자연상수이다. 따라서 APY연간 수익률는 APR연간 이자율의 자연상수 식으로 표현할 수 있다. APY와 APR의 관계는 다음과 같다.

$$\text{APY(연간 수익률)} = \left(1 + \frac{APR}{N}\right)^{N} - 1$$

· N: 반복 횟수, APR: 연간 이자율

만약 반복 횟수가 충분히 크다면, 다음과 같이 표현할 수도 있을 것이다.

$$\text{APY(연간 수익률)} \approx lim_{N \to \infty} \left(1 + \frac{APR}{N}\right)^{N} - 1$$

우항의 앞 부분은 자연상수의 정의와 비슷하다.

$$e\text{(자연상수)} = lim_{N \to \infty} \left(1 + \frac{1}{N}\right)^{n}$$

이를 풀어주면 우리는 APR과 APY의 관계를 다음과 같이 나타낼 수 있다.

$$\text{APY(연간 수익률)} \approx e^{APR} - 1$$

반복 횟수가 충분히 크다면, 대략적인 APY의 계산은 앞의 식을 이용해서 엑셀이나 계산기로 빠르게 구할 수 있다e는 약 2.718이다. 반복 횟수는 1년에 20번 정도만 되어도 오차가 상당히 줄어든다.

만약 APR이 100%인 LP가 있다면, APY는 171.8%나 된다.

$$\begin{aligned}\text{APY(연간 수익률)} &\approx e^{100\%} - 1 \\ &\approx 171.8\%\end{aligned}$$

즉, 충분히 반복해서 투자한다면 꾸준한 노력의 대가로 100%의 이자에 71.8%의 이자를 더 주는 것이다하지만 그 이상은 주지 않는다.

디파이탈중앙화 금융의 규모가 늘면서 LP를 자동으로 관리해 주는 디앱들이 생겨났다. 이들을 자동 재예치Auto-compound라고 하며, 주기적으로 LP 보상을 재투자해 주는 서비스이다. 이들은 주로 APR과 APY의 차이를 수수료로 떼어가고, 대신 자신들의 거버넌스/유틸리티 토큰을 준다. LP 자산에 투자하는 우리는 APY를 계산하고, 이들이 주는 토큰의 가치와 비교해 보는 노력을 해야 한다.

또한 간혹 지나치게 높은 APR을 제공하는 LP가 있다. 디앱 초창기에 유동성을 급격히 증가시킬 때, 또는 디앱 토큰의 가치가 별 볼 일 없는 경우에 자주 일어난다. 따라서 그 디앱이 믿을 만한 서비스를 제공하지 않거나, 또는 그 디앱의 가치를 믿지 않는다면 투자하지 않는 것이 좋다. 높은 APR은 언제든 낮아질 수 있고, 수익이 토큰의 가치 변화에 취약해질 수 있기 때문이다.

스테이킹

앞서 가상세계에서도 현실세계와 같이 투자금을 이용해서 현금흐름을 만드는 방법은 무궁무진하다고 이야기했다. 스테이킹을 이용하거나, NFT를 이용해서 이자수익을 받거나NFT farming, 경매에 참여하거나, P2E Play to Earn 등 현금흐름을 만들 수 있는 방법은 수없이 많고, 앞으로도 급속도로 늘어날 것이다.

거위농장주가 암호자산을 이용해서 현금흐름을 만들 수 있는 가장 일반적인 방법 두 가지를 소개한다.

첫 번째는 암호자산을 스테이킹Staking 하는 것이다. 스테이킹이란 보유한 암호자산을 말 그대로 맡기고, 약속한 수익률만큼의 보상을 얻는 것이다. 은행에 예금을 맡기고 이자라는 보상을 얻는 것과 결과적으로는 비슷해 보이기도 하지만, 보상을 얻는 원리는 다르다.

블록체인의 합의 알고리즘 중 가장 많이 쓰이는 방식이 작업증명PoW 방식과 지분증명PoS 방식이다. 지분증명 방식에서는 블록체인의 화폐인 코인이나 토큰을 스테이킹 한 노드 중에서 지분 비율에 따라 거래정보를 검증하고 블록체인에 연결하는 밸리데이터Validator, 검증인 역할을 맡게 된다. 이 밸리데이터가 블록체인을 연결하는 데 기여하며 보상으로 코인을 얻게 되는 것이다. 하지만 만약 밸리데이터가 일을 잘못한다면 예치한 코인을 잃게 되므로, 이는 채찍에 해당된다. 이것이 블록체인을 잘 유지할 채찍과 보상 역할을 하는 것이다. 이 밸리데이터 역할은 매번 스테이킹 한 지분 비율에 따른 확률로 정한다. 마치 현실세계의 주주총회에서 의사결정권이 지분율에 따르는 것과 같다.

밸리데이터 역할을 직접적으로 수행할 지식이나 시간이 없는 투자자는 밸리데이터 풀에 자신의 코인을 스테이킹 할 수 있다. 일종의 스테이킹을 공동 구매하는 것과 같다. 이러한 서비스는 수많은 디앱, 덱스탈중앙화 거래소, CEX중앙화 거래소 등에서 제공하고 있으므로 APR연간 이자율을 잘 따져보고 선택하면 된다. 현재 가장 큰 이더리움 스테이킹 풀로 알려진 리도Lido의 경우 이더리움을 스테이킹 하면 4.0%의 APR을 제공한다.

스테이킹을 고려할 때 가장 중요하게 생각해야 하는 것은 무엇일까? 가장 중요한 전제는 늘려갈 만한 가치가 있는 자산이어야 한다는 점이다. 투자는 자산을 늘리는 것이고, 스테이킹은 자산을 보유하는 동안 현금흐름이 나오기 때문에 자산을 잘 늘려갈 수 있는 방법이다. 하지만 좋지 않은 자산이라면 굳이 늘려가야 할 이유가 없다.

특히 암호자산을 스테이킹 하면 중도에 찾을 수 없는 락업Lock-up 기간이 있기 때문에 가격이 급변한다고 해서 매도할 수도 없다. 따라서 가격이 급락하는 돌발상황이 발생했을 때라도 이 자산을 매도하지 않을 정도의 확신이 있는지 생각해 보아야 한다.

가상세계에만 존재하는 자산 LP

암호자산을 이용해서 현금흐름을 만들 수 있는 또 다른 방법은 LP를 이용한 이자농사Yield farming, 유동성 채굴Liquidity mining이다. 여기서 LPLiquidity Pool는 유동성 풀을 말한다. 자신이 보유한 암호화폐 두 종류를 한 세트로 묶어서 덱스탈중앙화 거래소에 유동성 풀을 제공하고, 그에 대한 보상으로 현금흐름을 얻는 것이다.

LP는 앞서 소개한 다른 자산들과 달리 현실세계에는 없고, 가상세계에만 존재하는 특이한 자산이다. 따라서 가상세계에 투자하려면 LP라는 자산의 특징과 리스크를 이해할 필요가 있다.

LP는 두 개의 암호화폐가 동일한 가치의 쌍으로 묶여 있는 형태를 가진다. 현실세계를 예로 들면 달러-원화 LP가 있다고 가정할 때, 1달러에 1,300원이 한 쌍으로 묶이는 것이다.

LP는 왜 만들어졌을까? 가상세계의 거래소DEX는 노드들이 해당하는 두 쌍의 토큰을 자유롭게 거래할 수 있도록 하기 위해 충분한 LP들이 필요했기 때문이다. 거래소에서 다양한 암호화폐를 자유롭게 거래하게 하기 위해서는 일단 거래소 내에 암호화폐가 많아야 한다. 누군가가 거래소에서 달러 스테이블코인과 이더 10개를 교환하려고 할 때, 거래소에 이더 10개가 없어서 거래를 할 수 없다면 사람들은 더 이상 그 거래소를 찾아오지 않을 테니 말이다.

바이낸스, 업비트와 같은 중앙화 거래소CeFi에서는 호가를 기반으로 암호화폐를 거래한다. 일반 주식거래에서 사용하는 호가창과 같다. 초기 탈중앙화 거래소에서도 호가창을 이용한 모델이 개발되었지만, 유동성의 문제로 제대로 된 역할을 할 수 없었다. 이더리움에 새롭게 등장한 유니스왑이라는 덱스는 호가창 거래 대신 유동성 풀을 이용하는 방법을 제시해서 큰 성공을 거두었다. 이것을 LPLiquidity Pool라고 하며, 유동성 공급자Liquidity Provider의 의미도 가지고 있다. 이 유동성을 공급하기 위해 등장한 알고리즘을 AMMAutomated Market Maker, 자동화 마켓 메이커이라고 부른다.

이처럼 유동성을 공급해 주는 사람들을 LP유동성 공급자라고 하며, 이들은 공급에 대한 대가로 거래 수수료 또는 탈중앙화 거래소인 덱스의 거버넌스/유틸리티 토큰을 받는다. 유동성 공급자는 이 덱스에 유동성을 공급하고 토큰을 이자로 받는 셈이다.

그런데 여기서 유의할 리스크가 있다. LP는 서로 다른 암호화폐를 한 세트로 만들어서 덱스에 제공하는 것이기 때문에, 이 세트를 이루는 두 암호화폐들의 가격이 변동할 경우 LP의 가치도 변동하며 수익에도 변화가 생긴다. 이 LP 수익의 변화를 '비영구적 손실IL, Impairment Loss'이라고 한다. 따라서 우리가 LP라는 자산을 잘 운용하기 위해서는 비영구적 손실IL은 무엇이고, 어떻게 대비해야 할지에 대해서도 알아야 한다. 이것을 이해하기 위해서는 먼저 탈중앙화 거래소의 일반적인 작용 메커니즘인 유니스왑의 CPMM을 이해해야 한다.

CPMM

유니스왑Uniswap은 이더리움에서 설립된 성공적인 탈중앙화 거래소이다. 현실세계에 비유하자면 외환 환전소 같은 곳이다. 여기서 이더리움 노드들은 두 개의 서로 다른 토큰들을 환전, 즉 교환Swap한다. 다음 그림은 유니스왑에서 이더ETH와 다이DAI를 스왑하는 모습의 한 예이다.

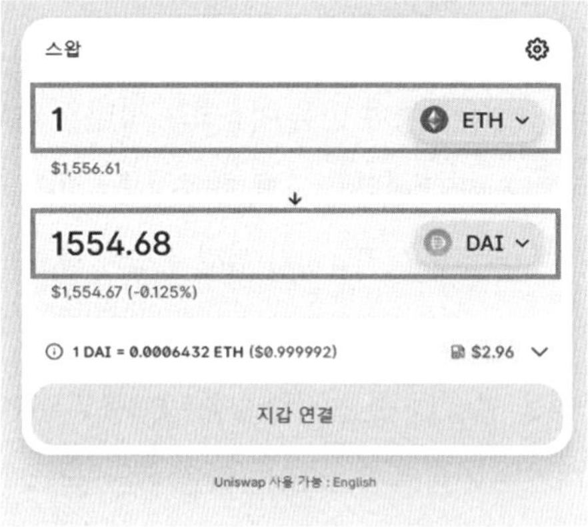

유니스왑에서 이더(ETH)와 다이(DAI)를 스왑하는 모습

이더는 이더리움의 화폐이고, 다이는 이더리움에서 사용하는 스테이블코인이다. 유니스왑에는 이 이더/다이 풀에 유동성을 공급하는 공급자들이 있고, 이 둘을 스왑하려는 사람은 이들이 제공한 유동성 풀의 알고리즘에 의해 정해진 비율대로 교환하게 된다. 이들은 토큰 교환에 대한 수수료를 지불하며, 유동성을 공급한 노드들은 이 수수료를 나누어 가진다. 또한 LP의 대가로 디앱의 거버넌스/유틸리티 토큰 등을 보상으로 받을 수 있다.

이런 알고리즘을 통틀어 자동화 마켓 메이커AMM, Automated Market Maker라고 한다. 자동화 마켓 메이커의 종류에는 CPMM, CSMM, CMMM 등 여러 가지가 있지만, 유니스왑에서는 CPMMConstant Product Market Maker 함수를 사용한다. 이 CPMM의 변형된 형태가 다른 탈중앙화 거래소에서도 일반적으로 많이 사용되기 때문에, 우선 CPMM의 기본적인 작동원리에 대해 살펴보자.

만약 x 토큰과 y 토큰의 교환을 위해 사용되는 LP가 있을 때, 이 LP의 CPMM 함수는 다음과 같이 정의된다.

$$X \times Y = K$$

·K = const. (상수)

여기서 X와 Y는 x, y 토큰의 개수이고 K는 상수이다. CPMM에서 Constant 변함없는는 이 K가 상수로 일정하다는 것을 뜻한다. 이때 K는 '풀의 유동성'이라 불리기도 한다.

x 토큰을 테더USDT, y 토큰을 다이DAI 라고 가정해 보자. 이 둘은 미국의 달러USD 와 페깅되어 있는 스테이블코인으로, 둘 다 1달러의 가치를 갖는다. 따라서 교환비율은 1 대 1이 될 것이고, LP에 넣을 때도 같은 개수로 묶일 것이다. 환율이 1이기 때문에, CPMM을 이해하는 첫 단계로 스테이블코인 쌍을 사용하면 비교적 알기 쉽다.

테더과 다이가 각각 100개씩 있는 풀이 있다고 하자. 이 풀의 유동성K 은 둘의 곱인 10,000이 될 것이다. CPMM의 모습은 다음 쪽의 그래프와 같다.

만약 어떤 노드가 다이 20개를 테더와 교환한다고 가정하자. 다음 쪽의 두 번째 그림은 이 경우 현실세계와 CPMM에 의한 교환의 차이를 나타낸다.

우선 현실세계에서는 20개의 다이가 20개의 테더와 교환될 것이다. 이때 사용하는 함수는 CSMMConstant Sum Market Maker이다. 즉, X+Y='일정'으로 두 토큰 개수의 합이 상수인 것을 뜻한다. 이는 그래프에서 직선으로 나타나며, 풀 안에 두 코인의 남은 개수에 상관없이 교환비율이 일정하게 유지되는 장점이 있다검정색 선. 이 예에서는 다이와 테더를 교환한 후에, 풀에는 20개 증가한 다이 120개와 20개 감소한 테더 80개가 존재할 것이다. 환율은 그

테더 100개, 다이 100개 풀의 CPMM

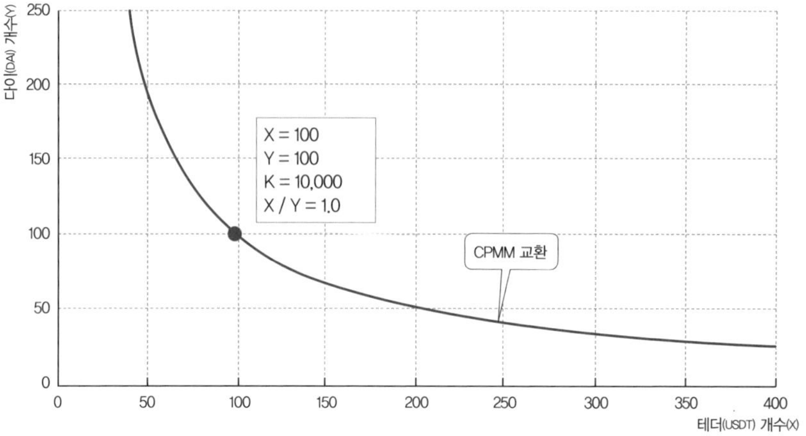

현실세계와 CPMM 교환에 의한 차이

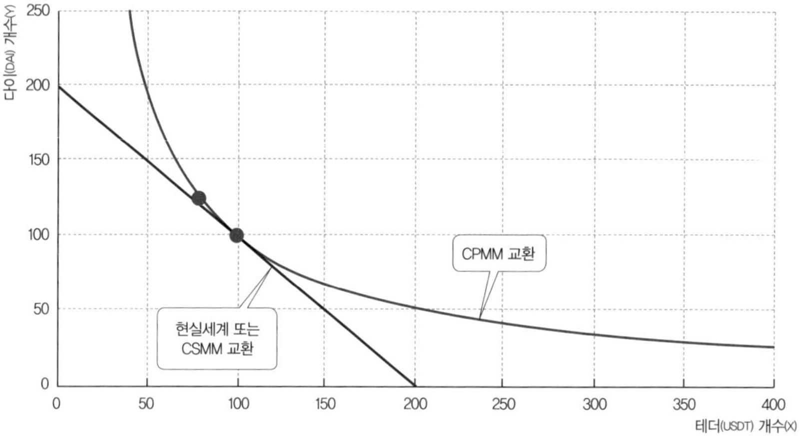

대로 1 대 1로 유지된다.

하지만 유니스왑과 같은 CPMM에서는 그렇게 교환되지 않는다. 일단 교환을 원하는 노드가 가져온 다이 20개가 공급되므로, 풀의 다이 개수는 120개가 된다. K는 10,000으로 일정하므로, 유동성 풀에서 테더의 개수는 CPMM에 의해 83.3개가 된다83.3×120=10,000.

코인 교환의 가격 차인 슬리피지

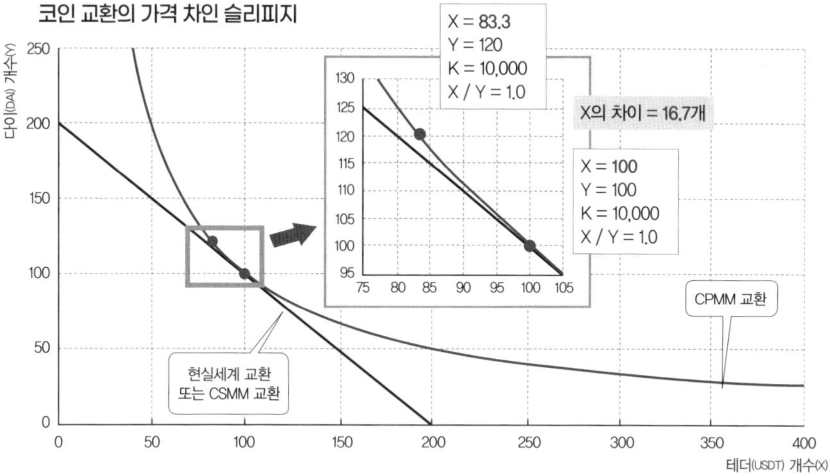

유동성 풀의 테더가 100개에서 83.3개로 줄었다. 다이를 테더로 교환하려는 노드는 이 차이인 16.7개의 테더를 가져가게 된다. 즉, 두 코인이 1 대 1로 교환되어 20개를 받을 줄 알았는데 16.7개를 받게 된다. 이때 적용된 교환비율환율은 0.83'테더/다이'로 교환자는 손해를 보게 된다. 이후 차익거래자가 나타나지 않으면, 다음 거래자는 X/Y=0.69인 상태에서 거래를 시작하게 된다.

처음 의도했던 환율과 실제 거래 환율 사이의 이런 차이는 가격 차인 슬리피지Slippage를 만들어낸다. CPMM의 고질적인 문제가 바로 이 슬리피지이다. 슬리피지는 풀의 유동성K이 적을수록, 거래하는 양이 많을수록 커진다.

두 토큰의 교환비가 실제 환율과 차이가 커지면, 차익거래Arbitrage가 등장한다. 차익거래자는 다른 거래소에서 테더 16.7개를 가져와서 다이 20개와 바꾸려고 할 것이다. 그럼, 다시 풀은 100 대 100으로 채워지며 환율을 되돌릴 수 있게 된다. 이렇게 알고리즘을 설계하는 이유가 무엇일까?

초기 탈중앙화 거래소는 항상 유동성 문제가 있었다. 다음 그림의 검은색 선처럼 현실세계의 오더북 또는 CSMM 형태로 거래하게 된다고 할 때, 누군가가 100개의 다이를 모두 테더로 바꾸어 버리면 더이상 교환이 불가능해진다. 다이가 더이상 남지 않기 때문이다.

코인 교환의 유동성 문제

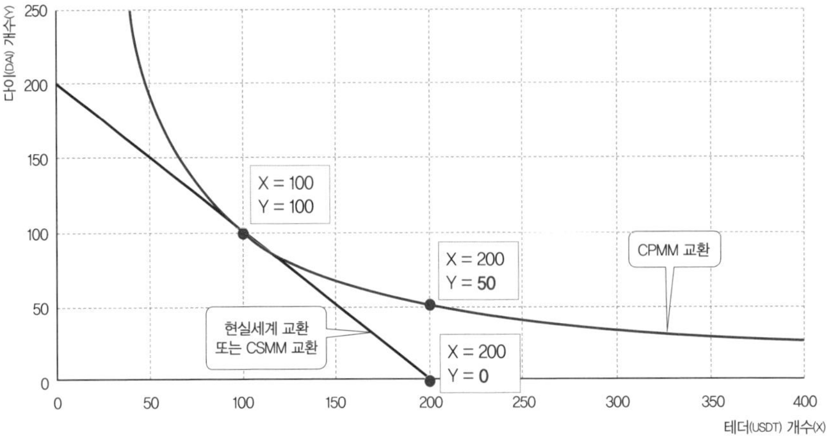

CPMM은 계속 교환이 가능하도록 할 수 있다. X나 Y 모두 0에 수렴은 하되 0이 되지 않기 때문이다 물론 교환비율은 사악해진다. 따라서 이런 유동성 문제를 해결하기 위해 유니스왑은 CPMM을 적용했고 큰 성공을 거두었다.

하지만 CPMM 모델의 필연적 문제인 슬리피지는 앞으로 계속 해결해 가야 할 숙제이다. 보통 해결책은 CPMM과 CSMM 함수 사이의 빈 공간을 어떻게 메우느냐에 집중되어 있다. 그 예로 커브Curve의 AMM은 CPMM과 CSMM의 장점을 결합해서 유동성 대비 대규모로 거래하는 경우에만 CPMM처럼 커브 형태를 띄어 교환이 계속되도록 한다. 이 외에도 유니스왑 V3에서는 두 토큰의 환율 범위를 유동성 공급자가 정할 수 있도록 하고, 그 환율 범위에 들어올 때만 이 유동성 공급자의 토큰이 사용되도록 하는 방법을 사용한다. 이 또한 CPMM과 CSMM 사이를 메울 수 있게 된다. 이 외에도 다양한 방법으로 환율을 유지하면서도 효과적으로 유동성을 공급할 수 있는 모델들이 계속 개발될 것이다.

LP 투자의 리스크: 비영구적 손실(IL)이란?

우리가 LP를 이용한 이자 농사, 또는 유동성 채굴에 관심을 갖는 이유는 자산을 보유하는 동안 현금흐름을 만들 수 있는 투자방법이기 때문이다.

LP는 두 암호자산이 1 대 1 비율로 묶여 있으므로, 지속적으로 둘의 가치가 같아지도록 개수를 조정한다. 이것이 비영구적 손실IL, Impernanent Loss을 일으킨다. 만약 두 가지 암호자산을 묶지 않았을 때 수익이 더 컸다고 생각되면 비영구적 손실이 발생한 것이다. 예를 들면 은행에서 이자수익을 받기 위해 예금을 맡겼는데, 예금을 찾을 때 보니 이자수익은 받았지만 원금이 줄어들어 있는 경우라고 할 수 있다.

앞서 CPMM을 쉽게 설명하기 위해 달러 스테이블코인 두 가지를 묶은 LP를 예로 들었지만, 실제 LP는 보통 달러 코인과 다른 코인을 한 세트로 묶는 경우가 많다. 예를 들면 가상세계에서 달러 역할을 하는 스테이블코인, 그리고 이더를 한 세트로 묶어서 LP로 제공하는 것이다. 이처럼 달러와 달러로 표시되는 자산을 LP로 묶었을 때, 달러로 표시되는 암호자산의 가격이 변동하면 전체 LP의 가격이 변동한다암호자산의 가치보다는 가격에 좀더 집중한 모습이긴 하다.

예를 들어 x 토큰과 y 토큰을 1 대 1 비율로 묶어 LP로 제공했다고 하자. x 토큰의 가격이 오를 때, LP에 묶인 x 토큰의 개수는 줄어들고 대신 y 토큰의 개수가 늘어난다. 마찬가지로 y 토큰도 가격이 높아질 때 개수가 줄어들고, 가격이 낮아지면 개수가 늘어난다.

만약 이더ETH와 같이 가치 있는 자산과 스테이블코인이 쌍으로 있는 LP에 투자한다고 했을 때, 이더의 가격이 오르면 LP 내에서 이더의 개수가 줄어들고 스테이블코인의 개수가 늘어난다. 마치 이더의 가격이 오를 때마다 분할매도를 하는 것과 같다. 반대로 이더의 가격이 떨어지는 경우에는 분할매수를 하는 것과 같을 것이다. 따라서 가치 있는 코인을 모으고 늘려가는 중이라면 주의 깊게 투자하는 것이 좋다.

좀더 상세한 설명은 수식으로 가능하다. 다음은 토큰 x와 y의 CPMM이다. 교환비와 K값은 대략 이더ETH와 테더USDT 정도의 비율을 맞추기 위해 임의로 설정했다.

토큰 x와 y의 CPMM

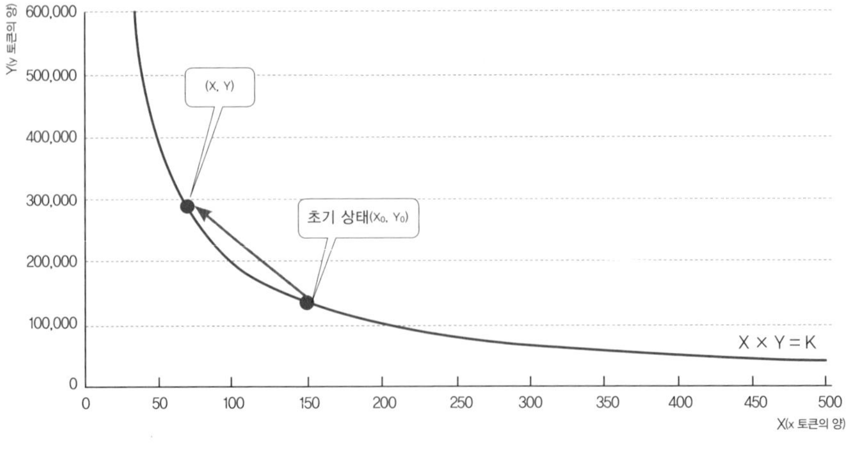

여기서 가정 사항은 크게 두 가지이다.

대문자 X와 Y는 유동성 풀 안의 x, y 토큰의 양을 의미한다. 둘의 관계는 다음과 같다. 이때 K는 일정하다고 가정하겠다.

X : x 토큰의 개수
Y : y 토큰의 개수
m : x 토큰의 가격 변화율
n : y 토큰의 가격 변화율

우리가 구하고 싶은 값은 비영구적 손실의 비율IL%이다. 즉, LP에 넣지 않고 두 토큰을 그대로 들고 있었을 때Vh와 비교해서 유동성 풀에 공급했을 때Vp의 자산가치의 비율을 보는 것이다. 이는 다음의 식으로 나타낼 수 있다사실은 자산의 가격 비율이다. 하지만 가격이 변수로 사용되기 때문에 구분하기 위해 '가치'라고 하겠다.

$$비영구적\ 손실(IL\%) = \frac{유동성\ 풀에\ 넣었을\ 때의\ 자산가치(Vp)}{그냥\ 보유했을\ 때의\ 자산가치(Vh)}$$

우리가 하고 싶은 것은 이 비영구적 손실의 비율을 x와 y의 가격 변화율m, n의 함수로 나타내는 것이다. 이 함수에 대한 유도식은 지면상 생략하지만, 자세한 유도식을 확인하고 싶은 분들은 스페이스봄 블로그 포스팅을 참고하길 바란다.

유동성 풀 안에서의 x 토큰과 y 토큰의 가격 비율은 X, Y와 관계를 가지고 있다. x 토큰의 양(X)이 많다면 x 토큰의 가격은 낮아질 것이고, y 토큰의 양(Y)이 많다면 y 토큰의 가격이 낮아질 것이다. 즉, x 토큰과 y 토큰의 가격 비율은 X, Y의 반비례 관계이다.

두 암호자산을 묶지 않고 그냥 보유했을 때의 가치, 그리고 LP로 만들어 유동성 풀에 넣었을 때의 가치를 이용해 비영구적 손실의 비율을 구해보면 다음과 같다. x 토큰의 가격 변화율 m, 그리고 y 토큰의 가격 변화율 n에 따라 비영구적 손실로 인해 총 LP 자산의 가치는 다음 그래프와 같이 변한다.

x, y 토큰의 가격변화에 따른 LP 자산가치의 변화

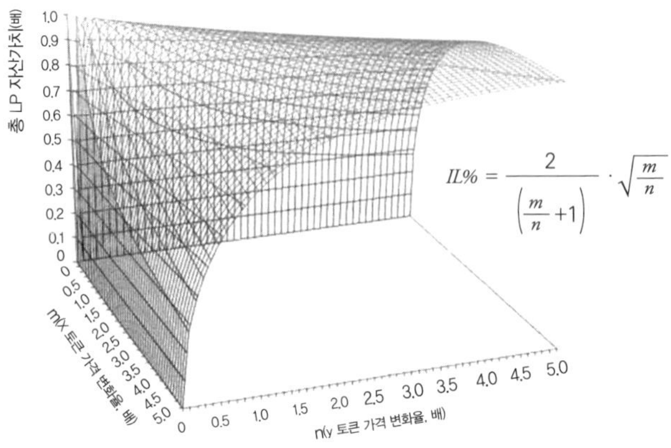

이 중에서 y 토큰이 스테이블코인으로 가격 변화율 n이 1이라면, 즉 가격이 변하지 않는다면 위 3차원 공간 그래프는 다음과 같은 평면이 된다.

y 토큰(스테이블코인)의 가격이 변하지 않는 경우, 총 LP 자산가치의 변화

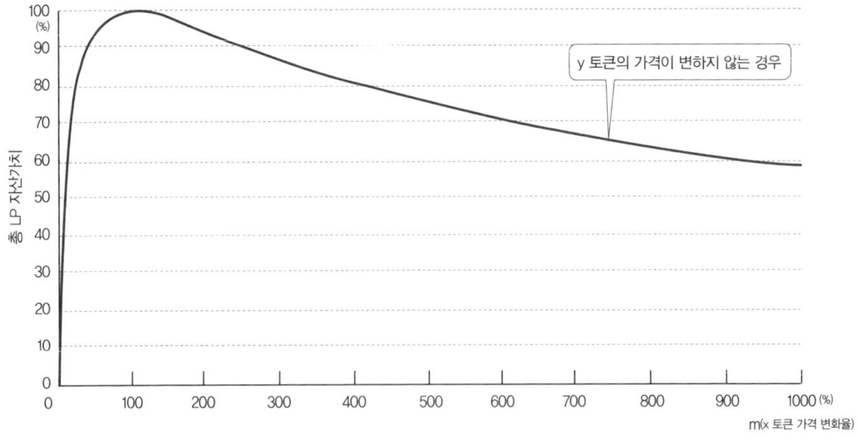

m 축을 로그log로 표현하면 다음과 같은 그래프를 볼 수 있다. 즉, 예를 들어 이더와 테더 같은 스테이블코인을 함께 LP로 묶어 투자한다면, 이더의 가격 변화율에 따라 총 LP 자산의 가치가 다음 그래프와 같이 하락한다는 의미이다. 이것이 비영구적 손실, 즉 IL이다.

X 토큰 가격변동이 클수록 비영구적 손실은 더 커진다?

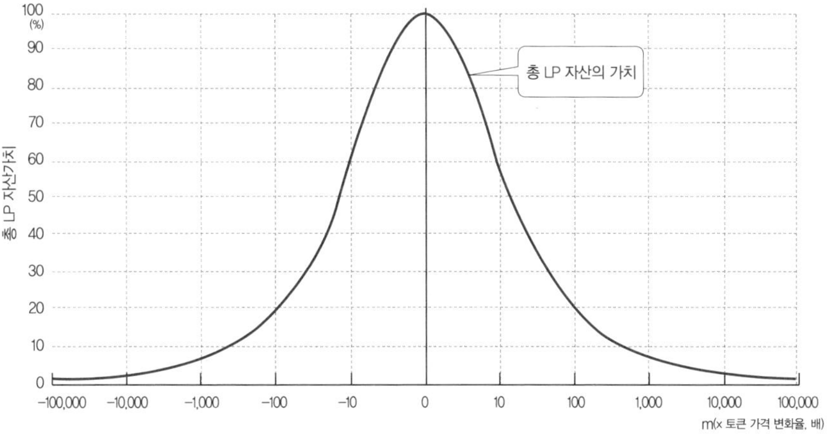

예를 들어 이더와 스테이블코인이 결합된 LP의 경우, 이더의 가격이 오르면 손실을 입게 된다. 대략적인 값을 나열해 보면, 이더의 가격이 -90%가 되었을 때, 전체 LP는 57.5%42.5% 손실가 되고,

이더의 가격이 −50%일 때, 94.3% 5.7% 손실

이더의 가격이 −10%일 때, 99.9% 0.1% 손실

이더의 가격이 10% 올랐을 때, 99.9% 0.1% 손실

이더의 가격이 50% 올랐을 때, 98% 2% 손실

이더의 가격이 100%2배 올랐을 때, 94.3% 5.7% 손실

이더의 가격이 200%3배 올랐을 때, 86.6% 13.4% 손실

이더의 가격이 900%10배 올랐을 때, 57.5% 42.5% 손실

이더의 가격이 100배 올랐을 때, 19.8% 80.2% 손실

이더의 가격이 1,000배 올랐을 때, 6.3% 93.7% 손실…

여기서 알 수 있는 사실은 가격이 오르거나 내리는 것에 상관없이 손실이 발생한다는 것이고, 가격이 급등했을 경우 엄청난 손실이 발생하는 것처럼 보인다는 것이다. 이대로라면 우리는 LP 투자를 해야 할 이유가 없어 보인다. 하지만 다시 한번 생각해 보아야 하는 것은 '과연 이것을 손실이라고 볼 수 있는가?'와 '실제로 손실이 일어나는가?'이다.

비영구적 손실의 실제

비영구적 손실IL은 LP에 투자했을 때 발생할 수 있는 기회비용이다. LP로 묶인 코인, 토큰 들의 가격이 변화하면 그냥 보유하고 있을 때와 비교해서 손실이 발생하기 때문이다.

우리는 여기서 두 가지를 더 생각해 보아야 한다. 첫째, LP에 투자하기 전에, LP에 투자했을 때와 투자하지 않았을 때를 비교하는 것이 과연 올바른 비교일까 하는 점이다. 둘째, 비영구적 손실이 정말 손실일까 하는 점이다.

먼저 첫 번째 질문에 대해 이야기해 보자. 우리가 '어떤 부동산 또는 어떤 주식에 투자를 해볼까?'라고 생각할 때, 투자판단의 기준은 그 자산에 투자했을 때 기대할 수 있는 투자수익이다. 마찬가지로 우리가 LP에 투자한다면, LP가 가져올 투자수익과 자산 증가를 고려하는 것이 우선이다. 예를 들면 LP에 투자했을 때 예상수익률APY이 OO%라면, 수익률이 높으니 투자해야지, 또는 수익률이 너무 낮으니 패스해야겠다 등, 수익률을 기준으로 투자 여부를 판단하는 것이 올바른 투자판단 과정이다. 만약 내가 LP에 투자하지 않았더라면 어땠을까를 생각하는 것은 이상하지 않은가?

우리가 집중해야 할 질문은 만약 'LP에 투자했다면 가격 변화 시 실질적으로 어떤 이익이 되는가?'이다. 어떤 것의 변화율은 다음과 같이 정의한다.

$$\text{변화율} = \frac{\text{나중} - \text{처음}}{\text{처음}} = \frac{\text{나중}}{\text{처음}} - 1$$

만약 LP라는 자산에 투자했다면, 우리는 처음 상태와 가격이 변한 나중 상태를 비교하여 이 자산의 가격 변화율을 구할 수 있다. 비영구적 손실 비율

IL%과 비교하기 위해 실질적 수익비율Real Gain ratio, RG%을 다음과 같이 정의하겠다.

$$\text{실질적 수익비율(RG\%)} = \frac{\text{LP의 나중 가치}}{\text{LP의 처음 가치}}$$

앞의 글에서 x 토큰과 y 토큰을 예로 들었는데, 여기서 y 토큰은 스테이블코인으로 가치가 1달러에 고정되어 있다고 가정하겠다. 계산상의 편의를 위해서이기도 하지만, LP에 투자할 때 대부분 스테이블코인과 함께 묶기 때문이다.

LP를 구성하는 두 개의 암호자산 중 하나인 y 토큰을 스테이블코인이라고 하면, 우리는 LP의 가치 변화율을 x 토큰의 가격 변화로 표현할 수 있다이 유도과정은 스페이스봄 블로그에 자세히 설명했으니 참고하기 바란다.

다음 그래프는 x 토큰의 가격 변화와 실질적인 LP의 자산 증가를 보여준다. 실제로 x 토큰의 가격이 오를수록 LP의 자산이 증가하고 있다. 비영구적 손실이라고 하니 마치 손실이 나는 것 같지만, 실제로는 지속적인 수익이 발생하고 있는 것이다.사실 자산 증가를 '수익'이라고 하는 것은 잘못된 표현이다. 미실현이익이기 때문이다. 여기서는 손실에 대비되는 의미로 일단 '수익'이라고 표현하겠다.

x 토큰의 가격 변화와 LP의 관계

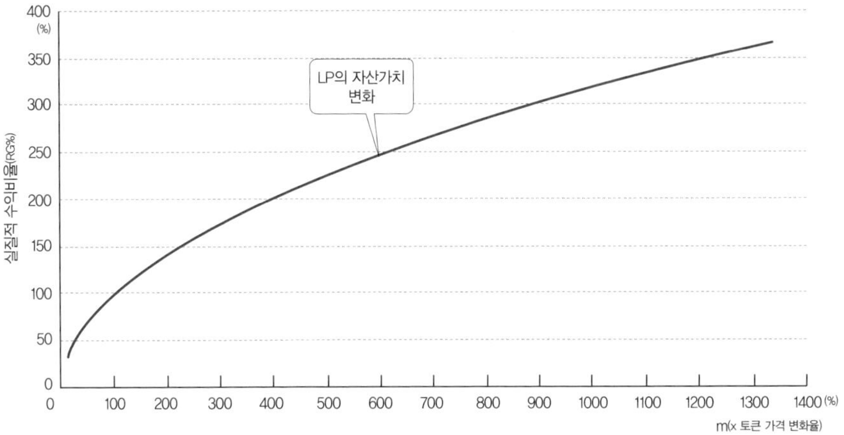

그렇다면, 비영구적 손실의 실제 모습은 어떨까? 비영구적 손실의 정의로 다시 돌아가 보면, 'LP에 묶지 않고 그대로 들고 있었을 때와 비교한 LP의 기회비용'이다. 'LP에 묶지 않는다'는 것은 x 토큰과 y 토큰여기서는 스테이블코인을 반반 그대로 들고 있다는 말이다. 즉, '1억원이 있을 때 5,000만원은 x 토큰으로 보유하고, 5,000만원은 스테이블코인으로 보유하고 있겠다'는 이야기이다. 이런 경우 x 토큰의 가격이 변한다면, 실질적 수익비율RG%은 다음과 같이 계산할 수 있다.

x 토큰의 가격변화와 실질적 수익비율(RG%)

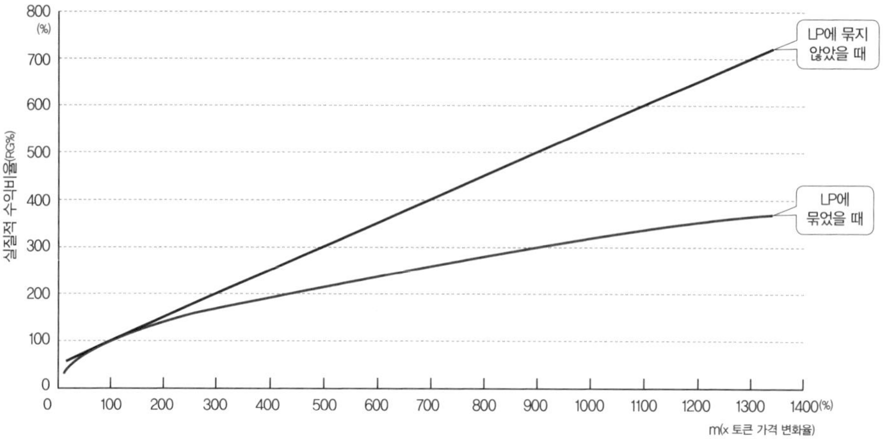

위의 그래프를 보면, LP에 묶지 않았을 때보다 묶었을 때 자산이 더 더디게 증가하는 것을 볼 수 있다. x 토큰의 가격이 크게 오르거나 내리게 되면, 둘 사이의 실질적 수익은 큰 차이를 보이게 된다. 이 실질적 수익의 차이비율가 바로 비영구적 손실IL%이다.

그런데 왜 굳이 'x 토큰 50%, y 토큰 50%를 들고 있을까?' x의 가격이 증가하는 만큼 수익을 그대로 얻으려면, 그냥 x 토큰만 가지고 있으면 되니까 말이다. x 토큰만 가지고 있을 때의 실질적 수익비율RG%은 다음과 같다.

토큰의 가격이 오른다면, x 토큰만 가지고 있는 것이 가장 수익이 좋아

보인다. 반면 LP에 투자하는 것이 가장 수익이 낮다사실 수익이 아니라 '자산'의 증가가 가장 낮다.

x 토큰만 보유할 때의 실질적 수익비율(RG%)

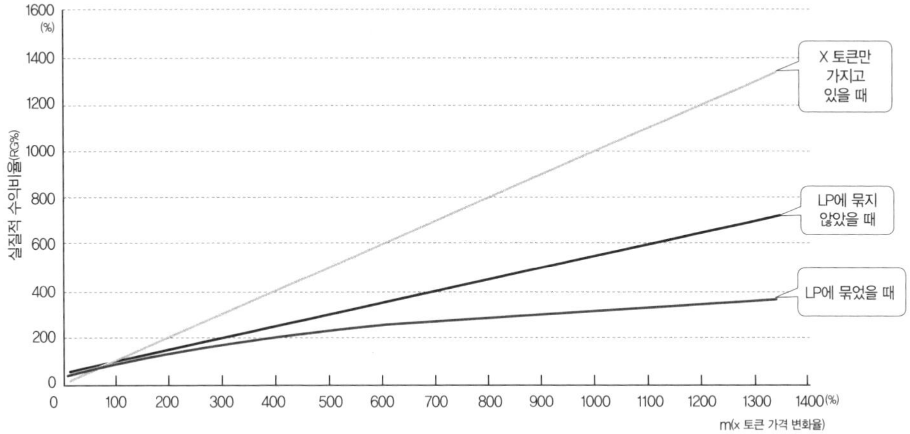

위의 그래프는 x 토큰의 가격이 떨어졌을 때m<100%일 때의 수익이 잘 표현되지 않기 때문에, 가로축과 세로축을 모두 로그 스케일로 표현해 보면 다음과 같다.

X 토큰의 가격 변화와 실질적 수익비율(RG%) 로그 그래프

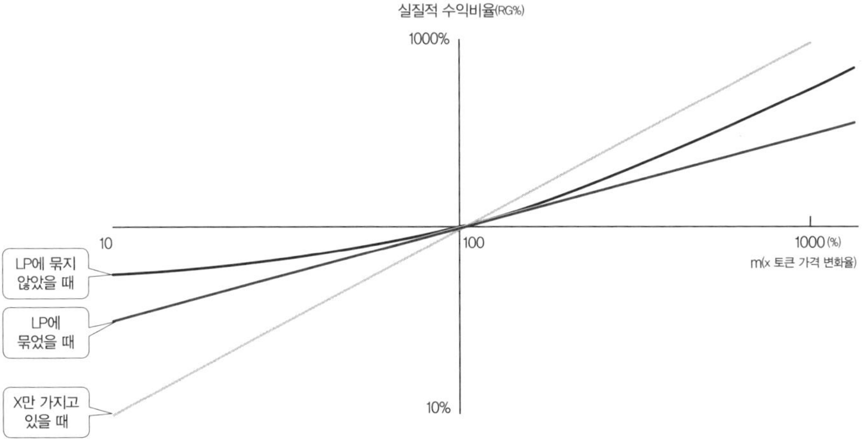

만약 토큰의 가격이 떨어진다면, 가장 손해보는 방법은 x 토큰만 가지고 있을 때이다. 그리고 가격 하락에 가장 잘 대비할 수 있는 방법은 x 토큰과 스테이블코인을 반반 가지고 있는 방법으로 보인다. LP에 투자하는 것은 수익은 가장 낮으면서, 가격 하락에 대한 방어 또한 애매해 보인다.

결론적으로 토큰의 가격 변화에 가장 좋은 전략은 토큰과 스테이블코인을 반반 보유하는 방법인 것 같다. 마치 주식투자에서 가격 변화 리스크에 대비하기 위해 주식과 현금을 함께 보유하는 전략과 마찬가지이다. 과연 그럴까? 다음에서 가장 좋은 전략을 소개한다.

비영구적 손실의 해결과 LP 투자전략

앞에서 LP로 묶는 것이 토큰을 그대로 들고 있거나, 스테이블코인과 반반 들고 있는 것에 비해, 토큰의 가격이 오를 때는 상승분을 제대로 취하지 못하고, 토큰의 가격이 떨어질 때는 제대로 손실을 방어하지 못하는 것으로 나타났다. 그렇다면 LP에 투자하지 않는 것이 현명해 보인다. 과연 그럴까? 사실 비영구적 손실IL 은 잘못된 가정에서 출발한 잘못된 결과이다.

스페이스봄의 LP 투자전략

결론적으로 연간 이자율이 어느 정도 이상이고 장기간 투자할 수 있다면, LP에 투자하는 것이 유리하다. 여기서 중요한 것은 '이 LP에 장기간 투자할 수 있는가?'이며, 이는 '이 LP가 믿을 만한가?'와 같다. 즉, 토큰의 미래를 믿어야 하는 문제가 있다. 토큰은 곧 프로토콜이며, 현실세계에 굳이 비유하자면 애플을 믿고 애플 주식APPL 을 보유하는 것과 같다.

투자의 시작은 '이것이 자산인가?'에서 출발하는 것이며, 이는 '이것이 자산으로서의 가치가 있는가?'이고, '이 자산을 믿을 수 있는가?'와 같은 말이다. 가상세계에서도 투자는 '이 코인또는 토큰 을 믿을 수 있는가?'에서 출발한다.

우리 부부는 충분히 고민하고 믿을 만하다는 결론이 나오면 과감하게 투자한다. 물론 100% 믿는 것은 없다. 따라서 리스크를 함께 고려하고 헤지할 수 있는 방법을 고민한다. 다양한 자산에 분산투자를 하는 것도 리스크를 헤지하는 방법 중 하나이다. 우리 부부는 이더리움, 솔라나 등의 나라에서 믿을 수 있다고 생각한 프로토콜회사의 토큰을 스테이블코인과 LP로 묶어 투자하고 있다.

앞서 설명한 비영구적 손실 리스크를 줄이기 위해 우리가 주의하는 점은 **첫째, 연간 이자율이 기준 이상이 되는지**, 그리고 연간 이자율의 변화가 심하지는 않은지를 살피는 것이다. **둘째, 해당 토큰을 장기로 보유하려고 노력한다.**

이 두 가지를 주의해야 하는 이유에 대해 알아보자.

앞서 금과옥조처럼 지켜져 왔던 가정이 하나 있다. 바로 'CPMM의 K값은 변하지 않는다'이다. 즉,

$$X \times Y = K$$

·K =const. (상수)

여기서 X는 토큰 x의 개수이고, Y는 토큰 y의 개수를 말한다. 상식적으로 생각해 보아도 탈중앙화 거래소에 LP를 제공하는 사람들이 지속적으로 X, Y를 변화시킬 것이므로, K값은 변하지 않고 고정되어 있지는 않을 것이다. 만약 K값이 변하는 값이라면, 지금까지 했던 모든 식과 결과의 유도과정은 헛수고가 된다. 즉, 비영구적 손실은 잘못된 가정에서 출발한 잘못된 결과인 것이다.

LP에 꾸준히 재투자한다면

논의를 시작하기에 앞서 먼저 알아야 할 개념은 TVL이다. TVLTotal Value Locked은 해당 LP로 예치된 자산의 총합계를 말한다.

일반적으로 많이 쓰이는 유니스왑의 USDC-이더 LP 풀을 예로 들어보

겠다. 유니스왑이 제공하는 유동성 풀 중 하나인데, USDC는 테더USDT와 같이 달러 가격과 연동하는 달러 스테이블코인이다. 이 풀에 예치된 USDC와 이더를 한 쌍으로 묶은 LP의 가치는 3억1,653만 달러이므로 한화로는 약 3,900억원이 넘는다.

USDC–이더 LP의 가치를 보는 화면

LP에는 두 토큰의 가치가 1 대 1로 묶여 있다. 이 중에서 토큰 x와 토큰 y로 이루어진 LP에서 토큰 y가 달러 스테이블코인이고, 토큰 x의 개수를 X개, 스테이블코인인 USDC 개수를 Y개라고 한다면, TVL은 다음과 같다. 이런 결과가 나온 것은 두 토큰의 가치가 같기 때문이다.

TVL(탈중앙화 금융 서비스에 예치된 총 자금규모) = 2Y

지금까지의 논의에서는 계산의 편의를 위해 유동성 풀 안의 전체 토큰 개수와 개인 노드가 가진 토큰 개수를 혼합해서 사용했다. 마치 전체 유동성 풀의 모든 토큰을 하나의 개인 노드가 다 가지고 있다고 가정한 것과 같다.

실제로는 전체 TVL 중에서 개인 노드가 가진 비율이 있을 것이다. 이때 전체 유동성 풀의 K와 개인 노드가 가진 LP 쌍의 k의 값은 다르다. 개인 노드가 가진 x 토큰의 개수를 x, y 토큰의 개수를 y라고 한다면, 다음과 같이 나타낼 수 있다.

$$x \times y = k$$

여기서 달러 스테이블코인이 아닌 x 토큰의 가격이 변화할 것이고, 그에 따라 토큰 개수가 달라지며 k값이 변화할 것이다. 따라서 k값과 토큰 x의 가격이 변할 때, 그에 따른 LP 가치의 변화는 다음과 같다.유도식 과정을 상세히 알고 싶은 독자는 스페이스봄 블로그 포스팅을 참고하길 바란다.

$$\text{실질적 수익비율(RG\%)} = \sqrt{(\text{토큰 x 가격 변화율} \times \text{k의 변화율})}$$

이를 그래프로 표현하면 다음과 같다. 해석하자면, k의 변화율이 1인 경우, 즉 k값이 변하지 않는다고 가정한 경우에 비해, k값이 증가하면 할수록 실질적 수익비율RG%은 크게 증가하는 것을 볼 수 있다. k의 변화율이 4 이상인 경우에는 LP에 묶지 않았을 때보다 더 높은 수익을 나타낸다m<13배 이하. 따

K값의 변화에 따른 실질적 수익비율 변화

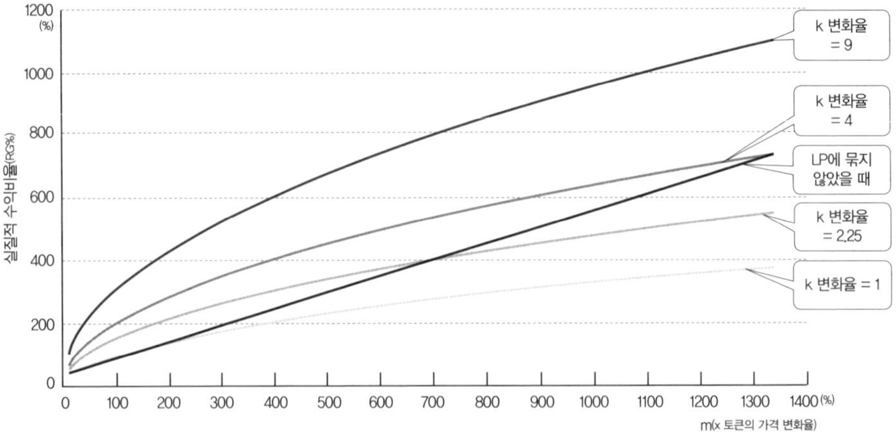

라서 비영구적 손실은 k값이 변함에 따라 우리가 알고 있는 것과 전혀 다른 모습이 될 것이다.

그렇다면 무엇이 k값을 변화시키는 것일까? 바로 APR이다. APR은 LP의 연간 이자율, 즉 투자수익률을 말한다.

k는 토큰 개수의 곱이다. 토큰의 개수가 변하면 k값이 변하게 된다. LP에 유동성을 공급하게 되면 탈중앙화 거래소에서는 공급에 대한 보상으로 거버넌스/유틸리티 토큰을 준다. 이 토큰을 주는 비율, 즉 개인 노드가 가진 LP의 가치에 대비한 보상의 비율이 바로 연간 이자율, 즉 투자수익률인 APR이다. k값은 이 연간 이자율에 따라 변하게 된다.

이 보상을 LP에 꾸준히 재투자를 했을 때, LP의 가치는 어떻게 될까?

우선 토큰 x의 가격만 먼저 변동하고, 1년 후 연간 이자율에 따라 k값의 변화가 생긴다고 가정하겠다. 앞의 'APR과 APY의 차이' 부분에서 살펴보았듯이, 1년간 충분히 그리고 꾸준히 반복해 투자했다면 연간 이자율은 연간 수익률이 되는데, 이 둘의 관계는 다음과 같다.

$$\text{APY(연간 수익률)} \approx e^{APR} - 1$$

이를 적용하면 다음과 같이 된다.

$$\text{실질적 수익비율(RG\%)} = e^{APR}\sqrt{\text{토큰 x 가격 변화율}}$$

이 함수의 그래프는 다음과 같다. 즉, **연간 이자율은 k값을 변화시키며, 꾸준히 재투자를 한 1년 후 LP의 가치는 연간 이자율이 커짐에 따라 크게 증가한다는 것을 알 수 있다.**

연간 이자율(APR) 변화와 실질적 수익비율

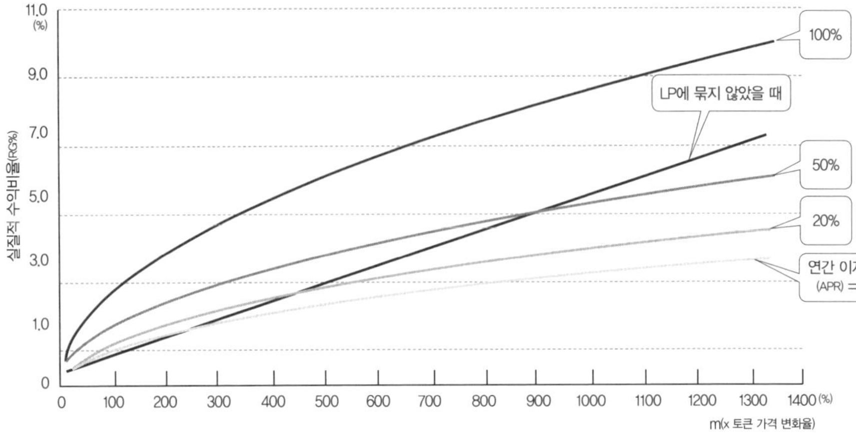

비영구적 손실은 LP에 묶지 않았을 때와 비교한 LP의 가치이므로, 이것을 그려보면 다음과 같다. 즉, 연간 이자율이 일정 수익률 이상이 나와 준다면, LP에 묶지 않았을 때보다 훨씬 큰 수익이 될 수 있다.

연간 이자율(APR) 변화와 LP 자산가치

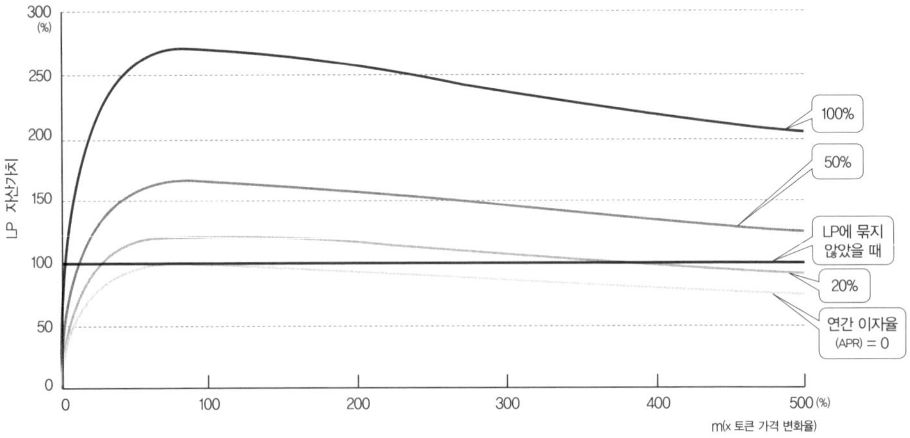

연간 이자율이 20%일 때, 1년 후 토큰의 가격이 약 4배 이상 되지 않는다면, LP에 넣는 것이 LP 넣지 않는 것보다 이익이다. 연간 이자율이 100%인 LP의

경우는 토큰의 가격이 2,800%가 되지 않는 이상 LP에 넣는 것이 유리할 것이다. 좀더 나아간다면, 연간 이자율이 20%라고 해도 장기간 투자할 수 있다면 LP에 넣는 것이 훨씬 유리하다.

다만, 우리 부부는 이더나 솔라나와 같은 '코인'은 LP에 넣지 않고 있다. 연간 이자율이 낮기도 하지만 개수를 줄이고 싶지 않기 때문이다. LP에 넣게 되면 코인의 가격이 상승할 때 이더와 같은 중요한 코인의 개수가 줄어들고, 대신 시간이 지남에 따라 가치가 떨어지는 스테이블코인의 개수가 증가하게 된다. 이것은 마치 자동으로 분할 매도를 해서 현금으로 바꾸는 것과 같다. 물론 달러로 계산된 전체 자산의 가격은 증가할 수도 있겠지만, 우리가 중요하게 생각하는 이더의 개수가 줄어드는 것은 피하고 싶다.

LP는 기준 이상의 연간 이자율과 장기간 투자할 수 있는 믿을 만한 토큰인 경우, 비영구적 손실 걱정 없이 투자해도 된다. 다만, 개수를 보존해야 하는 코인이라면 LP보다는 스테이킹이나 레버리지로 현금흐름을 만드는 것이 좋다.

인류의 메타버스, 금의 가치

공간의 자유를 위해 모아갈 또 다른 자산은 금이다.

금은 인류 역사와 함께한 메타버스이다. 오랜시간 동안 인류는 금에 대한 믿음의 가치를 공유해 왔기 때문이다. 따라서 금은 현실세계의 자산이기도 하지만 반가상세계의 자산의 성격을 갖고 있다. 금은 그 가치가 변하지 않는다는 믿음이 오랫동안 지켜져 왔다. 그 믿음의 가치가 어디에서 비롯된 것인지 살펴보자.

금의 성질

금은 화합물이 아닌 단일 원자로 이루어진 금속이다. 화학 원소기호는 Au이고 라틴어 Aurum빛나는 새벽, 태양의 빛, 금빛에서 왔다. 금은 원자구조가 화학적으로 안정되어 있기 때문에 반응성이 매우 낮다. 따라서 공기나 물에 의해 부식되지 않고 원래의 상태를 유지한다. 금이 아주 오래전부터 귀금속으로 대우를 받는 이유이다.

금은 연성잡아 늘이기 쉬운 성질과 전성두들겨 펴기 쉬운 성질이 뛰어나다. 1g으로 3km강남역에서 삼성역까지 정도의 금선을 제작할 수 있고, 엄지손가락 크기

정도의 금으로 3층 건물 전면을 덮을 수 있다. 금은 노란색으로 보인다. 적외선과 붉은색 계열의 가시광선을 반사하는 성질이 있기 때문이다. 금을 얇게 펴서 우주인의 방호복에 덧대면 우주의 강한 적외선에 대한 방어막을 만들 수 있다.

금은 녹는점이 섭씨 1060도 정도로 낮다. 따라서 금을 녹여 여러 장신구나 치과용 보철물을 만드는 데 사용할 수 있다. 금은 밀도가 납보다 크기 때문에 같은 부피의 납보다 더 무겁다. 금보다 무거운 원소는 오스뮴 정도로 많지 않다. 이것은 금을 보관하거나 운반하거나 소유하는 데 큰 걸림돌이 될 수 있다.

금의 역사

금은 인류의 역사와 함께한 금속 중 하나이다. 인류는 후기 석기시대부터 금으로 다양한 장식품과 예술작품을 만들었다. 고대 이집트에서는 이미 기원전 3600년에 금광석에서 금을 분리하고 제련하는 방법을 알고 있었고, 투탕카멘의 황금마스크를 비롯한 많은 장식품을 금으로 만들었다. 에게문명, 잉카문명 등 인류의 거의 모든 문명에서 금은 귀하게 여겨졌고 유용하게 사용되어 왔다.

기원전 650년 무렵 소아시아 반도에서는 금 약 75%와 은 약 25%의 합금을 이용한 최초의 금화가 만들어졌다. 금화는 이후 고대 그리스와 로마로 이어져 현대에 이르기까지 진짜 화폐로서 그 지위를 유지하고 있다.

예전부터 금을 얻는 것은 곧 부를 확보하는 것이었고, 인류는 더 많은 금을 얻기 위해 전쟁을 하고 교역을 확대했다. 중세시대에는 값싼 금속이나 다른 물질로 금을 만들려는 연금술이 유행하기도 했다. 이처럼 금은 아주 오래전부터 인류가 갖고 싶어하는 귀중품이자 화폐이자 원소였다. 앞으로도 영원불멸할 금은 지속적으로 인류의 부를 측정하는 하나의 기준으로 남을 것이다.

금의 산출

금은 주로 자연금 또는 은이 포함된 합금일렉트럼으로 석영, 황철석과 함께 산출된다. 또는 금 광산에서 흘러온 물에서 모래알 크기만한 금이 산출되기도 하는데 이를 '사금'이라고 한다. 최근에는 폐기되는 기판의 미세회로에서 금을 뽑으려는 도시광산Urban Mining이 유행했다.

세계의 주요 금 산출국은 남아프리카공화국으로 세계 총생산량의 40% 정도가 생산되고 있다. 우리나라에서는 충북 청양군 구봉광산이 금 산출 광산으로 유명하다. 금은 지각의 약 0.004ppm을 차지한다. 인류 역사를 통틀어 채굴된 금은 약 19만 톤으로 추산된다. 현재 가격으로 11.2조 달러, 약 1경3,400조원 정도 된다. 최근에는 바닷물에서 금을 채취하려는 시도를 하고 있다. 이론적으로는 100만 톤의 바닷물을 거르면 약 0.05g의 금을 얻을 수 있다. 추출비용이 금값보다 비싸기 때문에 아직은 의미가 없지만, 금 가격이 크게 오른다면 경제성이 있는 시기가 올 수도 있다.

또한 금은 입자가속기를 이용해 생산할 수도 있다. 중세의 연금술은 실패했지만, 현대의 과학기술은 백금Pt 등의 원소를 금으로 바꿀 수 있다. 하지만 이 또한 만드는 비용이 금보다 훨씬 비싸기 때문에 아직은 경제성이 없다.

금의 사용

앞에서 살펴본 것과 같이 금은 인류의 역사와 함께 수천 년 동안 귀금속으로 사용되어 왔다. 또한 가장 믿을 만한 화폐로 사용되었고, 지금도 언제든지 교환수단으로 사용 가능하다.

각국의 중앙은행은 많은 양의 금을 보유하고 있다. 현재 미국 중앙은행의 금 보유량은 약 8,100톤으로 전세계에서 가장 많다. 달러가 기축통화의 지위를 유지하는 이유이기도 하다. 전세계 중앙은행의 금 보유량보다 일반인이 소유한 금의 보유량이 훨씬 더 많다. 구체적으로는 전세계 중앙은행의 보유 비중은 약 18% 정도에 그치고 있으며, 금의 약 52%가 장신구로, 약 16%가 투자 목적의 금괴 형태로, 약 12% 정도가 산업용으로 사용되고 있다.

금은 보유 목적 이외에도 다양한 산업에서 유용하게 쓰인다. 대표적으로 치과 영역에서는 치아의 보철에 사용되고, 전기전자공학에서는 미세회로나 연결단자 부위 등에 사용되고 있다. 특히 반도체에 없어서는 안 될 재료이다. 금은 전자현미경 표본에 아주 얇은 코팅을 입혀 미세구조를 보는 데도 사용되고 있으며, 금 나노 입자는 독성이 없고 생체 친화도가 높은 특성 때문에 암 치료, 약물 전달, 질병 감지기, 의료 진단과 치료 등에 유용하게 사용될 것으로 기대되고 있다. 금은 과거에도 현재에도, 그리고 앞으로도 인류 역사에 없어서는 안 될 원소이며 매우 귀중한 금속이다.

금의 단위

보석으로서 금의 단위는 다이아몬드와 비슷하게 캐럿을 사용한다. 24K캐럿는 99.9%의 순금을 의미하며, 18K는 순금에 25%의 다른 금속을 섞어 만든다18/24=75%. 이외에도 14K, 10K 등이 사용되고 있다.

금의 무게 단위에서 1트로이온스Troy ounce는 약 31.1g이다. 영국에서 쓰기 시작해서 현재는 세계적인 금의 무게 단위가 되었다. 트로이온스는 귀금속의 무게를 측정하는 단위이기 때문에 일반적인 온스와 다르다. 우리나라에서는 '돈'이라는 단위를 주로 쓴다. 금 1돈의 무게는 3.75g이다. 따라서 1트로이온스는 약 8.3돈이다. 금은 살 때와 팔 때의 가격이 다르다. 수입관세 8%와 부가세 10%를 포함하기 때문이다.

금과 투자

금은 믿을 만한 화폐형 투자수단이다. 전쟁 중에도 안전한 교환수단이 된다. 이에 대한 일화를 로버트 기요사키의 『페이크*FAKE*』에서 볼 수 있다.

로버트 기요사키는 베트남 전쟁이 한창이던 1972년 미국 해병대 장교로 전장에 투입되었다. 금 투자에 관심이 많던 기요사키는 금을 싸게 사기 위해 적지에 있는 금 거래상을 찾아갔다. 당시 미국에서는 금이 1온스당 55달러에 거래되고 있었는데, 전쟁의 한복판인 곳에서는 당연히 싸게 거래될 것이라고 생각한 것이다. 적군이 언제 나타날지 모르는 적지의 한가운데에 있는 시골 마을의 한 여인을 찾아가 금을 사겠다고 했다. 하지만 여인은 당시 국제 금 시세인 1온스당 55달러에 팔겠다고 했다. 기요사키는 금 시세가 전쟁 중에도 유지되고 있는 것을 보고 매우 놀랐다고 한다.

앞에서 금의 가치에 대해 길게 설명한 이유는, 금의 가치는 역사를 통해 증명되었고, 앞으로도 그 믿음은 계속될 것이라고 생각하는 근거를 설명하고 싶었기 때문이다.

금 투자로 큰 수익이나 자산 증가를 바라는 것은 효율이 떨어진다. 금은 위기에 대비하기 위한 정도로 리스크 헤지 차원에서 보유하는 것이 좋다. 현금흐름도 거의 없고, 자산 증가에도 큰 도움이 되지 않기 때문이다.

자산으로서 금의 가장 큰 가치는 최악의 위기에 우리 가족을 지켜주는 최소한의 안전장치라는 것이다. 전쟁, 자연재해, 금융위기 등 우리가 예상하지 못한 큰 위기에 대비하기 위한 것이다. 우리가 건강해서 보험의 필요성을 딱히 느끼지 못할 때도, 미래에 갑작스레 큰 병이나 사고가 났을 때를 대비해 보험을 가입해 두는 것과 같다. 따라서 우리는 최악의 위기에 대비하기 위해 최소 3개월 생활비 이상의 실물 금을 보유하기를 권하고 있다.

금을 위기에 대비하기 위해 보유하는 동안 현금흐름도 만들고 싶다면, 보유량만큼 금 옵션 매도를 이용하는 방법도 있다『투자의 재발견』 참고. 금 투자와 옵션 매도를 결합하는 파생형 투자이다. 금이라는 가치 있는 자산을 보유하는 동안 현금흐름도 일으킬 수 있기 때문에 좋은 투자방법일 수 있다. 하지만 옵션 매도를 하든 안하든, 금 보유는 모두에게 권하고 싶다.

금을 모으는 3가지 방법

한 섬이 있다. 이 섬은 물물교환을 한다. 교환수단은 '조개껍데기'이다. 이 섬에는 금덩어리들이 있다. 손톱 크기만 한 금덩어리이다. 이것을 엮어 목에 두르기도 하고 손목에 차기도 한다.

금덩어리는 조개껍데기와 교환할 수 있다. 누구나 가지고 싶어하기 때문에 섬사람들은 금덩어리 하나가 조개껍데기 몇 개에 해당하는지 관심이 많았다. 처음에는 조개껍데기 100개와 금덩어리 하나가 교환 가능했다.

하지만 금덩어리 하나에 조개껍데기 105개, 113개, 124개, 147개…, 시간이 지날수록 금덩어리의 가격은 높아져 갔고, 금덩어리와 교환되는 조개껍데기 개수가 늘어갈수록 사람들은 더 금덩어리를 가지고 싶어했다. 매일매일 금덩어리의 '가격'을 살피고 밤낮을 가리지 않고 조개껍데기를 줍기 위해 돌아다녔다.

어느 날 섬에 큰 해일이 일어나고 큰 파도가 들이닥쳤다. 많은 사람들이 집을 잃었고 기르던 가축이 바다로 쓸려가고 작물을 기르던 논밭도 상당량 폐허가 되었다. 불행 중 다행인 건지, 집이 사라진 자리에, 그리고 논밭에 엄청난 양의 조개껍데기가 밀려 들어왔다. 조개껍데기가 많이 생겼다며 좋아하

는 사람도 있었다.

하지만 더이상 조개껍데기로 음식도 옷도 거처도 마련할 수 없었다. 너무 흔해졌기 때문이다. 그리고 조개껍데기에 대한 믿음이 사라졌기 때문이다. 이제 섬사람들은 금덩어리를 가져와야 먹을 것, 입을 것으로 바꾸어 주겠다고 한다. 조개껍데기는 한 가마니를 가져와도 빵 한 조각과도 바꿀 수 없었다.

우리 부부는 다음의 3가지 방법을 주로 이용해서 금을 모으고 있다. 금을 모으는 구체적인 방법들은 각각의 목적이 있다. 위의 사례와 같은 위기를 대비하기 위해 실물 금을 모으고, 금 콜옵션 매도를 병행해서 현금흐름을 만드는 데 활용하기 위해 KRX 금 현물계좌를 이용해서 금을 모은다. 여기에 최근에는 우리가 추구하는 공간의 자유에 좀더 적합한 금 암호자산인 팍소스골드PAXG를 꾸준히 모아가고 있다.

실물 금 보유

금 투자의 우선적인 원칙은 실물 금의 보유량을 늘리는 것이다. 큰 위기가 닥쳐왔을 때 종이 화폐나 통장에 적힌 금 잔고는 아무런 의미가 없을 수 있기 때문이다. 한국조폐공사, 은행, 증권사, 금 거래소, 금은방 등에서 금괴골드바나 금가공품을 살 수 있다. 실물 금을 사기 위해서는 10%의 부가세, 수수료와 세공비 등의 비용이 발생하고 보관의 번거로움이 있다.

KRX 금 현물계좌

증권사에서 계좌 개설이 가능하다. 은행에서 개설하는 금 통장과는 달리 매매차익에 대해 비과세이며, 장내거래 시 부가가치세가 면세된다는 장점이 있다. 하지만 실물 금을 인출하기 위해서는 이 역시 부가세, 세공비, 수수료 등을 지불해야 하는 단점이 있다.

금 옵션 투자를 병행하는 경우, 금 가격의 급격한 상승에 대한 리스크를 헤지하기 위해 금 보유량의 일부를 KRX 계좌에 두는 것이 편리하다. 하지만 아쉬운 점은 KRX 계좌의 금을 매도한 후 받는 화폐가 원화이므로, 달러로 거래하는 금 옵션 매도와는 환율 미스매치가 있을 수 있다는 점이다.

금 암호자산 팍소스골드(PAXG)

팍소스골드PAXG는 2019년 9월 팍소스PAX사에서 출시한 금 기반 암호자산이다. 팍소스골드는 이더리움 블록체인에서 작동하는 스테이블토큰으로 금 가격과 연동해서 움직인다. 변동성이 높은 암호화폐가 금 가격을 어떻게 따라갈 수 있을까?

수많은 스테이블코인들이 가치를 유지하는 다양한 방법을 구사하지만, 팍소스골드는 실제로 금을 보관하고 그 금의 양만큼만 토큰을 발행하는 방법으로 가치를 유지한다. 팍소스사는 런던귀금속협회LBMA에서 승인한 보관회사의 금괴London Good Delivery를 소유하고 있고, 1팍소스골드는 이 금괴 1트로이온스와 페깅되어 있다. 팍소스골드 토큰에는 금괴의 일련번호가 기록되어 있고 블록체인으로 이를 증명한다.

실제로 팍소스사의 홈페이지에 팍소스골드가 들어 있는 이더리움 메인넷 주소를 입력하면, 팍소스골드의 양만큼 보유한 금의 무게와 금괴의 일련번호를 확인해 준다. 또한 팍소스사는 매월 말 회계감사를 통해 보유한 금의 양을 확인받고, 팍소스골드 토큰과 금의 양이 일치하는지 여부를 감사를 받는다.

우리가 금의 일부를 이 팍소스골드로 보유하는 이유는 실물 금은 아니지만 실물 금을 보관한 보관증서이며, 교환 단위가 달러이고, 실제 보관을 하지 않아도 된다는 장점 때문이다. 아울러 위기 시 지갑 주소와 암호만 알고

팍소스에서 팍소스골드의 금 무게와 금괴 일련번호를 확인하는 모습

있다면 전세계 어디서든 거래가 가능하다는 장점도 있다. 반가상세계의 자산이었던 금을 가상세계로 올린 셈이다.

다만, 팍소스라는 회사에 대한 신뢰도 그렇고, 실제 금으로 인출할 때 어떤 문제가 발생할지 모른다는 리스크가 있다. 따라서 우리는 금 보유량의 일정 비율만큼만 팍소스골드를 보유하고 있으며 조금씩 늘려갈 계획이다.

가격평가

금

금을 사 모으기에 앞서 금의 가격 평가를 해보자. 앞서 '가치측정의 원리 분류' 편에서 보았듯이, 금이라는 자산은 나오거나 들어가는 현금흐름이 없기 때문에, 금 가격을 통화량과 직접 비교해서 가치를 평가해 볼 수 있다. 자산의 가격은 통화량과의 교환비율이기 때문이다. 즉, 오랜 시간 동안 어떤 자산의 가치가 크게 변화가 없다면, 그 자산의 가격은 통화량 증가에 따라 상승한다. 금은 수천 년 동안 믿을 만한 화폐이자 교환수단으로서의 가치를 유지하고 있기 때문에, 금의 가격도 통화량과 연관지어 생각해 볼 수 있다.

다음의 첫 번째 그림은 금 가격달러과 통화량원화 추세선이다. 오랜 시간 동안 통화량이 증가하면서, 금 가격도 등락이 있긴 하지만 통화량 추세선을 따라가고 있음을 볼 수 있다.

금 가격의 통화량 추세선 대비 버블을 살펴보면 다음의 두 번째 그림과 같다. 현재는 달러 대비 금의 교환비율이 적정한 편이다. 자산농장에 금이 전혀 없다면, 가족의 안전장치를 마련한다는 의미에서 조금씩 매수하는 것도 괜찮을 것으로 생각한다. 어차피 금을 보유하는 목적은 싸게 사서 비싸게 팔기 위함이 아니므로, 금을 모아갈 때는 금 가격에 크게 신경쓰지 않아도 좋

금 가격과 통화량 추세선의 상관관계

출처: 한국은행

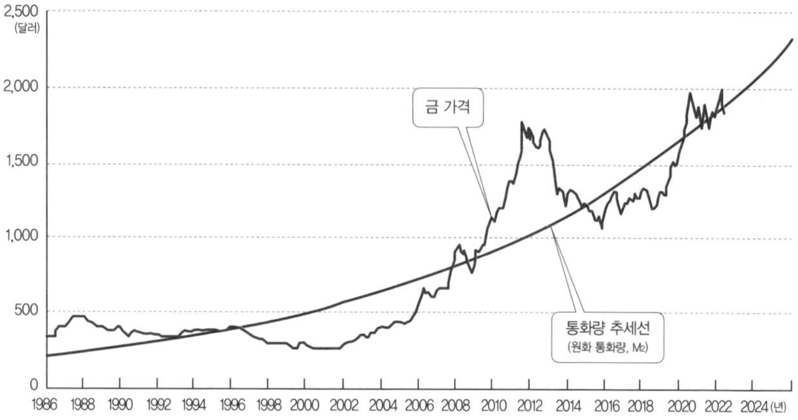

금 가격의 버블 정도

출처: FRED, 야후 파이낸스

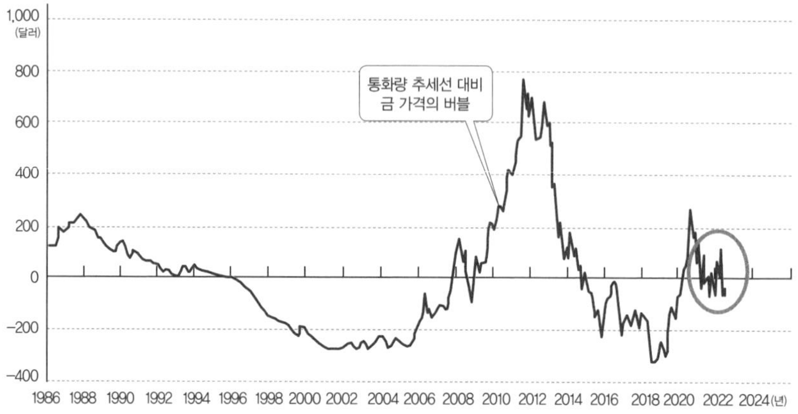

을 것 같다

금 가격을 원화 통화량과 비교한 이유

맨위의 그래프에서 우리는 금 가격을 한국의 원화 통화량과 비교해 보았다. 왜 달러가 아닌 원화 통화량과 비교했을까?

금은 글로벌 자산이기 때문에 금 시세는 당연히 국제 금 시장에서 달러로 결정된다. 물론 전세계 통화량에서 달러의 비중이 가장 높다. 하지만 세계

경제가 서로 밀접하게 연관되어 함께 움직이므로, 금 가격이 적정한지를 알려면 사실상 전세계 주요 국가들의 통화량과 비교해 볼 필요가 있다.

블룸버그는 전세계 주요 국가들의 통화량M2 을 미국 달러USD 로 환산한 세계통화량지수를 발표하고 있다. 아쉬운 점은 이 세계통화량지수의 시계열이 약 19년 정도밖에 안 되어 너무 짧다는 것이다.

세계통화량지수와 한국 원화 통화량 비교

출처: 블룸버그, 한국은행

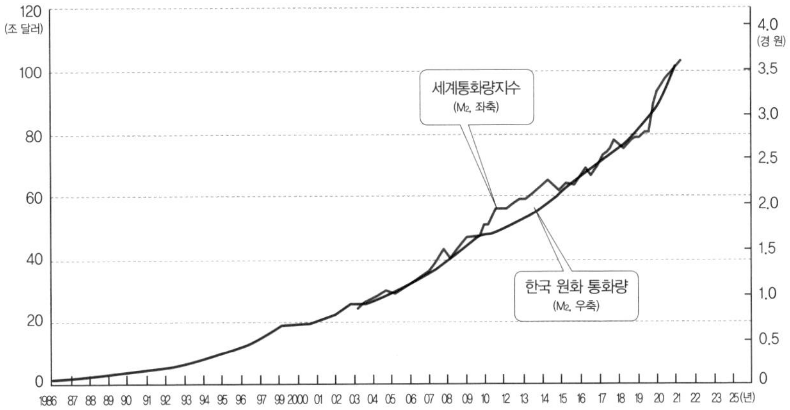

세계통화량지수와 한국 원화 통화량의 상관도

출처: 블룸버그, 한국은행

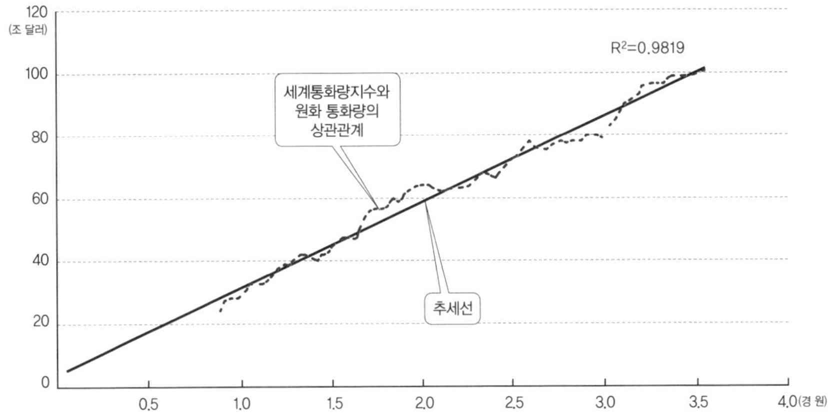

아쉬운 대로 전세계 통화량을 잘 반영할 수 있는 다른 통화량을 찾아

보다가 발견한 것이 바로 우리 '원화'이다. 앞의 첫 번째 그래프에서 보듯, 신기하게도 한국 원화의 통화량과 세계통화량지수는 매우 유사한 흐름을 보이고 있다.

한국 원화와 세계통화량지수의 상관도를 보면, 결정계수가 0.98 이상으로 매우 높게 나오는 것을 확인할 수 있다. 이는 한국 원화의 통화량과 전세계 통화량이 거의 같은 흐름을 보인다는 것을 의미한다.

한국 원화 통화량이 세계 통화량과 같이 움직이는 이유

한국 원화 통화량과 전세계 통화량은 왜 거의 같은 흐름을 보일까?

1. 원화를 사용하는 지역은 거의 대한민국 내로 한정되어 있다.
2. 대한민국의 중앙은행한국은행은 비교적 정직하며 정확한 통계를 내놓을 능력이 있다.
3. 대한민국은 생존을 위해 전세계 여러 나라와 활발히 무역을 할 수밖에 없으며, 세계 통화량의 변화에 민감하게 반응해야 한다.

만약 원화의 상당부분이 대한민국이 아닌 다른 곳에서도 사용된다면, 한국은행이 집계하는 통화량에는 오차가 발생할 것이다. 또한 통계를 긴 시간 동안 정직하게 정확히 해낼 수 없는 국가라면 이 또한 오차의 원인이 될 것이다. 게다가 대한민국은 전세계의 통화량에 민감하게 반응해야 하는 국가이다. 상품과 서비스의 가격이 환율에 큰 영향을 받기 때문이다. 따라서 한국 원화의 통화량은 전세계 통화량을 비교적 정확하게 반영한다.

그렇다면 우리는 매우 강력한 무기를 손쉽게 얻은 셈이 된다. 세계통화량지수를 어렵게 구하러 다닐 필요 없이 한국 원화의 통화량을 보정하면, 금은 물론 글로벌 자산의 가격을 평가하는 데 사용할 수 있는 것이다. 원화의 통화량은 한국은행 경제통계시스템ecos.bok.or.kr에서 쉽게 구할 수 있다.

4장

그럼에도 투자를 계속해야 하는 이유

우리나라 가구의 자산분포: 자산의 불균형

다이어트 클래스

1년만 꾸준히 하면 얼마든지 원하는 만큼 다이어트에 성공할 수 있는 클래스이다. 100명을 모집했다. 클래스 첫날, 100명이 모두 참여했고 눈빛들이 반짝반짝 한다. 모두 꼭 성공해 보겠다는 의지가 대단하다.

일주일 후 5명이 감기에 걸리고, 회사에 바쁜 일이 있고, 집안에 일이 생겨 참석을 못했다. 다른 5명은 벌써 괄목할 만한 성과가 나타나고 있다. 이미 5kg을 뺐다. 밤낮 가리지 않고 열심히 한 결과이다. 다른 사람들이 부러워한다.

한 달 후, 연락이 안 되는 회원들이 늘어났고, 갑자기 일이 생기는 사람들이 많아졌다. 하지만 대부분의 사람들은 아직 열심히 한다.

100일 후, 20명 정도는 연락이 안 된다. 50명 정도는 띄엄띄엄 나오고 있다. 예전에 괄목할 만한 성과를 이루었던 유망주 회원들은 조금씩 지쳐가고 있다. 한 회원은 묵묵히 나오고 있지만, 기본 운동법을 익히는 데 집중해서 그런지 성과가 나오지 않아 속상해한다.

6개월 후, 클래스에 나오는 회원이 20명이 채 안 된다. 괄목할 만한 성과

를 이루었던 회원 중 두 명은 이제 나오지 않는다. 무리하게 운동해서 그런지 손목이 좀 시큰하다고 한다. 나머지 회원들은 성과가 나오긴 하는데 만족할 만하지는 않은 것 같다. 지금 나오지 않는 회원 중 몇 명은 심한 욕설과 함께 회원비 일부를 환불해 가셨다.

10개월이 지났다. 클래스에 참여하는 회원은 3명이다. 한 명은 친목을 위해 놀러오는 사람이다. 운동은 별로 하지 않지만 띄엄띄엄 계속 오긴 한다. 다른 한 사람은 이 사람을 따라오는 사람이다. 그래도 특이한 것은 이 둘 모두 10kg씩 감량했다는 것이다. 나머지 한 명은 몇 번 빠지긴 했지만 그래도 꾸준히 나오고 있다. 지금은 기본 운동법을 모두 익히고 자신이 빼길 원하는 부위에 집중해서 운동을 하고 있는데, 성과가 서서히 나타나기 시작하니 운동이 즐겁다고 한다.

11개월이다. 친목을 위해 왔던 두 명은 이제 더이상 나오지 않는다. 마지막 남은 한 명은 다행히 묵묵히 꾸준히 하고 있다. 자신이 원했던 부분의 다이어트는 이제 거의 다 이루었고, 나머지 몸 전체의 균형을 맞추기 위해 운동을 하고 있다. 기본을 잊지 않고 계속 지키고 있다.

12개월 마지막 날이다. 언젠가부터 1 대 1 PT가 되었는데, 이 사람의 성장이 무섭다. 다이어트는 이미 성공했고 내년 전국대회에 나가겠다는 목표가 생겼다. 주변에 처음 운동하는 사람들이 자주 운동법을 물어보기도 한단다.

다음날 다시 1년 클래스를 열었다. 100명이 모였고, 예전 회원들도 왔다. 눈빛들이 장난이 아니다.

우리나라 가구의 자산/순자산 분포

2021년 12월 통계청이 발표한 「2021년 가계금융복지조사」의 원데이터를 받아 1,000분위 분석을 해 보았다. 가계금융복지조사는 매년 3월 무렵 약 2만 세대의 표본가구를 직접 방문하여 면접조사를 실시해서 12월 무렵 발표하고 있다.

2021년 통계청의 가계금융복지조사 결과 화면

우리나라 가구의 평균 자산은 약 5억원이고 순자산은 4억1,000만원이다. 원데이터 자료를 가지고 분석한 각 가구의 자산 히스토그램은 다음과 같다. 가로축은 자산의 로그 스케일이고 단위는 원이다. 표본가구의 자산 구간별 빈도수를 표시하고 있고, 별색 선은 누적을 보여준다. 우리나라 가구의 평균 자

우리나라 가구의 자산 분포 출처: 통계청

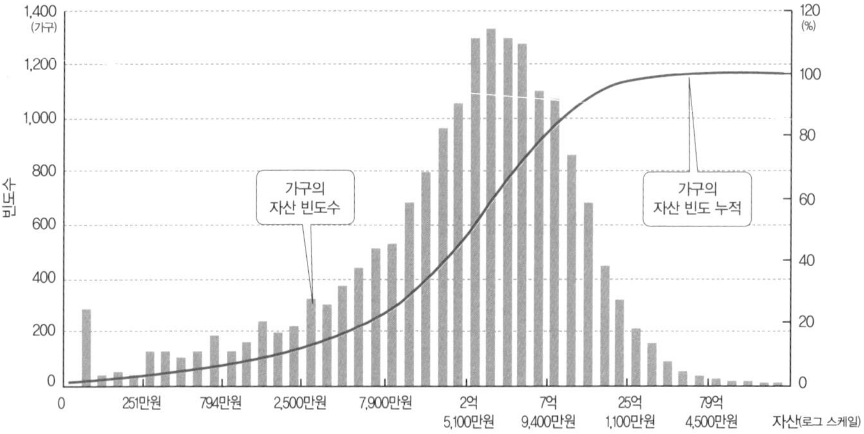

산은 4억3,000만원이지만, 최빈값은 3억3,000만원 정도에 위치하고 있다.

자산/순자산 상위 가구들의 분포를 1,000분위로 살펴보면 다음과 같다.

자산/순자산 분포(2021년 표본조사) 출처: 통계청

자산/순자산 상위	가구당 자산	가구당 순자산	자산 누적비율	순자산 누적비율
0.1%	108억7,953만원	96억7,573만원	2.4%	2.5%
0.2%	72억 694만원	59억2,766만원	3.9%	4.0%
0.3%	58억8,690만원	53억2,135만원	5.2%	5.4%
0.4%	51억4,783만원	42억3,618만원	6.3%	6.5%
0.5%	45억8,224만원	39억6,056만원	7.3%	7.5%
0.6%	42억3,786만원	36억4,693만원	8.3%	8.5%
0.7%	39억7,952만원	33억3,062만원	9.1%	9.3%
0.8%	37억5,597만원	32억5,758만원	9.9%	10.2%
0.9%	35억9,124만원	31억 305만원	10.7%	11.0%
1.0%	34억6,791만원	28억4,519만원	11.5%	11.7%
1.0% 소계	52억6,790만원	45억2,560만원	11.5%	11.7%
2.0%	28억6,613만원	24억 394만원	17.7%	17.9%
3.0%	22억5,232만원	19억2,413만원	22.7%	22.9%
4.0%	19억 106만원	15억9,298만원	26.8%	27.1%
5.0%	16억6,471만원	14억1,775만원	30.5%	30.8%
6.0%	14억8,849만원	11억8,973만원	33.7%	33.9%
7.0%	13억5,654만원	11억3,188만원	36.7%	36.8%
8.0%	12억4,711만원	10억4,386만원	39.4%	39.5%
9.0%	11억6,901만원	9억8,789만원	42.0%	42.1%
10.0%	10억9,384만원	9억 610만원	44.4%	44.4%
11.0%	10억3,301만원	8억8,125만원	46.6%	46.7%
12.0%	9억7,877만원	8억3,969만원	48.8%	48.9%
13.0%	9억3,040만원	7억9,082만원	50.8%	51.0%
14.0%	8억8,340만원	7억6,265만원	52.7%	52.9%
15.0%	8억4,103만원	7억2,136만원	54.6%	54.8%
16.0%	8억 375만원	6억8,660만원	56.3%	56.6%
17.0%	7억7,103만원	6억5,293만원	58.0%	58.3%
18.0%	7억3,974만원	6억2,291만원	59.6%	59.9%
19.0%	7억 998만원	6억 436만원	61.2%	61.5%
20.0%	6억8,213만원	5억9,657만원	**62.7%**	63.0%
21.0%	6억5,844만원	5억4,989만원	64.1%	64.5%
22.0%	6억3,639만원	5억3,781만원	65.5%	65.9%
23.0%	6억 999만원	5억2,512만원	66.8%	67.2%
24.0%	5억8,543만원	4억9,422만원	68.1%	68.5%

우리나라 상위 0.1% 자산 가구의 평균 자산은 약 108억원이고, 상위 1%의 평균 자산은 약 34억원이다. 상위 0.1%의 평균 순자산은 96억원 정도이고, 상위 1%의 평균 순자산은 약 28억원이다. 상위 20%의 자산 가구들이 우리나라 전체 자산의 62.7%를 차지하고 있다.

OECD 각국의 분위별 가계자산 점유율

출처: 권일·김미애, 「2021 분위별 자산·소득 분포 분석 및 국제비교」, 국회예산정책처

순위	상위 1%		상위 10%		하위 60%	
1	미국	42.48	미국	79.47	슬로바키아	25.89
2	네덜란드	27.83	네덜란드	68.35	벨기에	18.99
3	오스트리아	25.53	덴마크	63.98	폴란드	18.26
4	독일	23.66	라트비아	63.38	그리스	17.93
5	덴마크	23.62	독일	59.76	일본	17.75
6	슬로베니아	23.03	칠레	57.71	이탈리아	17.32
7	라트리아	21.39	오스트리아	55.59	슬로베니아	17.29
8	노르웨이	20.13	뉴질랜드	52.94	호주	16.54
9	영국	19.92	영국	51.99	한국	16.20
10	룩셈부르크	18.81	OECD	51.56	헝가리	15.45
11	프랑스	18.65	노르웨이	51.45	룩셈부르크	15.28
12	OECD	18.44	케나다	51.08	캐나다	12.44
13	칠레	17.40	프랑스	50.59	뉴질랜드	12.32
14	헝가리	17.23	룩셈부르크	48.67	프랑스	12.11
15	캐나다	16.72	슬레베니아	48.62	OECD	12.06
16	호주	15.00	헝가리	48.48	영국	11.81
17	벨기에	12.06	호주	46.47	칠레	8.49
18	폴란드	11.73	이탈리아	42.78	오스트리아	8.00
19	이탈리아	11.69	벨기에	42.50	노르웨이	7.31
20	일본	10.77	그리스	42.42	라트비아	7.11
21	한국	9.70	한국	42.40	독일	6.46
22	슬로바키아	9.32	폴란드	41.84	미국	2.40
23	그리스	9.16	일본	41.02	덴마크	-3.85
24	뉴질랜드	-	슬로바키아	34.33	네덜란드	-3.99

주: 1. 순위는 분석대상 OECD 국가 중의 순위이며, 2016년 또는 가장 최근 OECD 자료를 사용했으며, 개별 국가의 최신 자료가 가능한 경우 그 자료로 변경.
2. 한국 자료는 가계금융복지조사(2019)에서 발표된 2017년 기준 자료를 바탕으로 산출.

자료: OECD WDD(Wealth Distribution Database), Australian Bureau of Statistics(호주, 2018), Survey of Financial Security(캐나다, 2018), Statistics New Zealand(뉴질랜드, 2014), Income Statistics for Households, Statistics Survey of Consumer Finances(미국, 2018), 가계금융복지조사(한국, 2019)

이탈리아 경제학자 파레토는 1896년 발표한 논문에서 이탈리아 국민의 상위 20%가 80%의 땅을 소유하고 있다고 했지만, 현재 우리나라의 경우는 그보다 양호한 것을 볼 수 있다. OECD의 다른 국가들과 비교해도 상위 자산가들의 점유율이 상대적으로 낮은 편으로 보인다.

1,000분위 자료를 바탕으로 구한 우리나라 가구의 자산 분포도는 다음과 같다. 우리나라 가구의 자산 분포는 80 대 20 파레토 분포와 유사하다는 것을 알 수 있다. 자산 분포뿐만 아니라 소득 분포도 파레토 분포를 따르고 있다.

우리나라 가구의 자산 분포도(1,000분위) 출처: 통계청

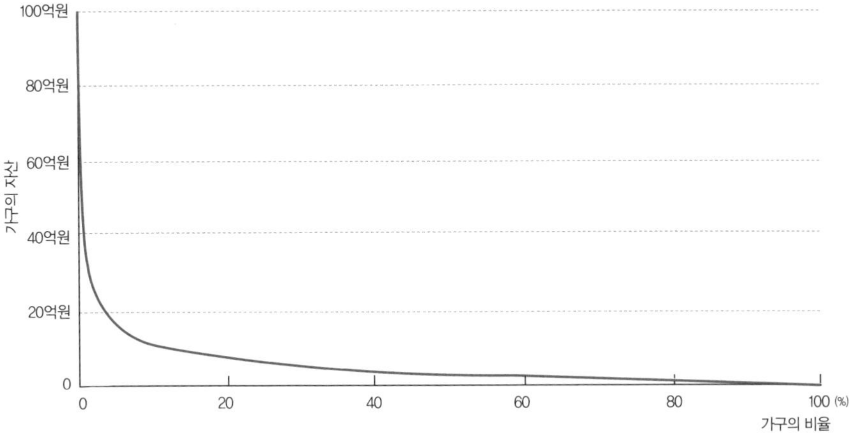

우리나라 가구의 자산 불평등도를 알아보기 위한 자산 지니계수를 구하기 위해 로렌츠 곡선을 그려보면 다음과 같다.

우리나라 가구의 자산 로렌츠 곡선

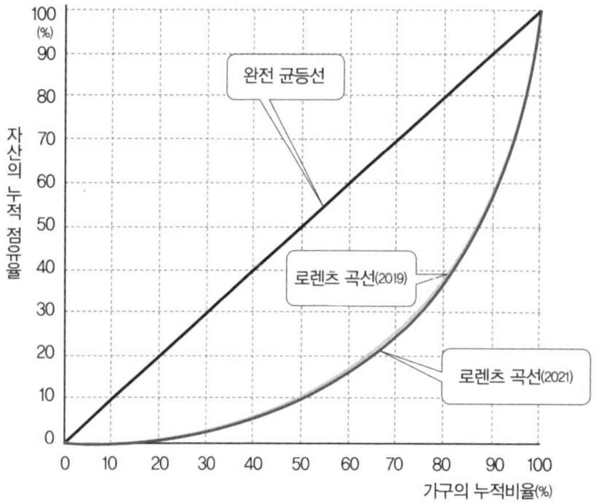

로렌츠 곡선에서 완전 균등선에 가까울수록 불평등도가 낮다. 지니계수는 분배의 불평등성을 간접적으로 보는 지표로, 0에서 1 사이에서 0에 가까울수록 분배가 평등하게 잘 이루어진다고 본다.

2021년 우리나라의 자산을 기준으로 한 지니계수는 약 0.602로 2019년의 0.598보다 소폭 상승했다. 2년 전보다 자산분포의 불균형이 심해진 것이다. 왜 이런 자산/소득 불균형이 일어나는 것일까? 80 대 20 파레토 법칙은 왜 발생하는 것일까? 다음에서 파레토 법칙을 시뮬레이션을 해 보자.

파레토 분포의 교훈: 꾸준한 투자의 중요성

앞에서 살펴보았듯이, 우리나라 국민의 소득과 자산은 파레토 분포멱함수 분포를 따르고 있다. 왜 이런 현상이 나타나는 것일까?

자산의 변화를 이용해서 파레토 분포가 나타나는 현상을 설명해 보겠다. 다음의 내용은 '이런저런 조합에 의해 이렇게 되는 것이 아닐까?' 하는 기본적인 생각을 발전시켜 시뮬레이션을 해 본 결과이다.

먼저 다음의 사항을 가정해 보겠다.

가정 1: 총 10,000명의 참가자가 있다.

가정 2: 이들은 모두 1억원의 초기자산을 가지고 자산 불리기 게임을 한다.

가정 3: 자산의 연평균 증가율은 다음 정규분포와 같이 분포한다.

연평균 자산 증가율 분포

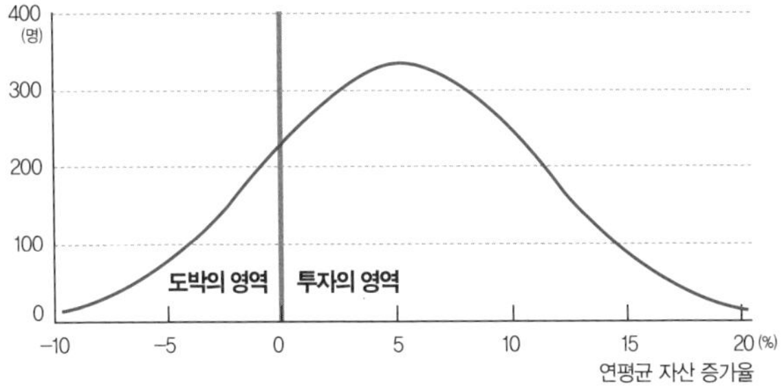

· 자산 증가율이 마이너스(-)인 곳에 투자하는 경우를 '도박의 영역'이라 할 수 있다. 꽤 많은 사람들이 도박의 영역에 투자를 하고 있다.

· 많은 사람들이 연평균 자산 증가율이 5% 정도인 곳에 투자를 하고 있고, 반면 연평균 자산 증가율이 20% 이상인 사람들도 있다워런 버핏.

· 참가자를 구분하고, 이들에게 앞의 분포에 맞게 연평균 자산 증가율을 정해준다. 반대로 말하면, 게임 참가자들은 자신의 능력에 맞는 연평균 자산 증가율을 갖는다.

가정 4_ 지속 가능성: 참가자는 총 40년을 투자한다. 이때 앞의 연평균 자산 증가율을 지속할 가능성은 다음 정규분포와 같이 분포한다.

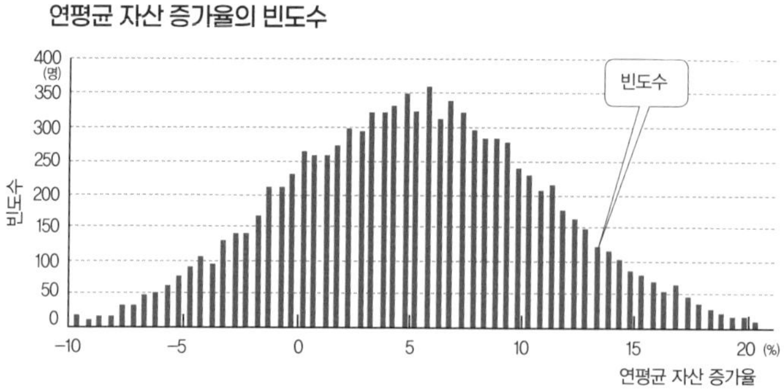

· 대부분 5년 정도 투자를 지속하다가 그만두고, 극소수의 사람만이 30년 이상 투자를 유지한다.

· 위와 마찬가지로 투자자를 구분하고 이들에게 지속기간을 정해준다. 즉, 투자자들은 자신의 성격에 맞는 지속기간을 갖는다.

투자자들의 투자 지속기간

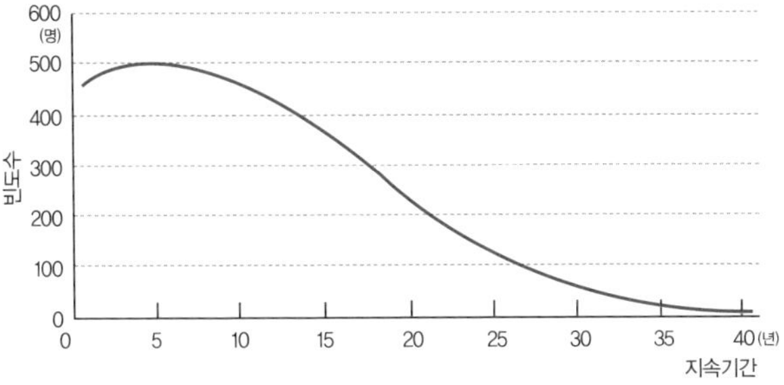

가정5_ 인플레이션: 연 2.5%의 인플레이션으로 아무것도 하지 않는 경우투자 지속기간이 끝난 경우 화폐의 가치가 감소한다.

시뮬레이션 결과

엑셀을 이용해 10,000명의 투자기간별 자산을 기록한 결과는 다음과 같았다.

1. 초기자금은 참가자 10,000명이 모두 1억원으로 같았다.
2. 10년 후 참가자들의 자산 분포의 변화는 다음과 같다. 10년 후, 자산이 가장 많은 사람은 6억2,000만원 정도 가지고 있고자산 약 520% 증가, 도박의

10년 후 참가자들의 자산 분포

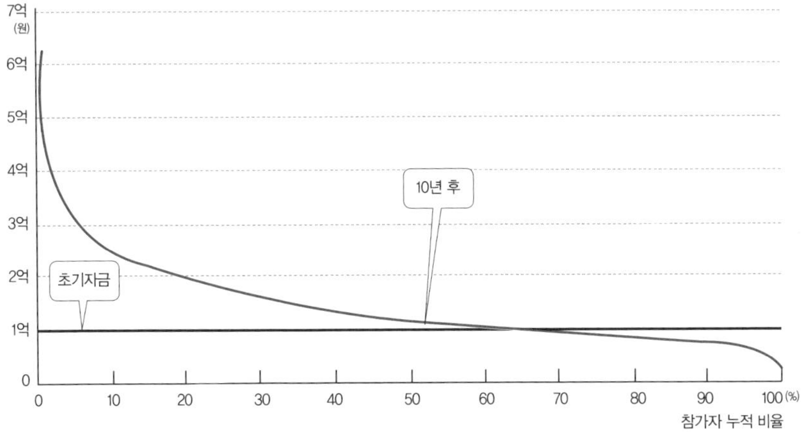

영역에 투자한 사람 중 자산이 가장 적은 사람은 1억원이 오히려 3,100만 원 정도로 줄어들었다자산 약 -69% 감소.

3. 20년 후, 그리고 30년 후 참가자들의 자산 분포는 각각 다음과 같이 변한다. 참가자들의 투자 지속기간에 따라 자산의 순위는 계속 변한다.

20년 후 참가자들의 자산 분포

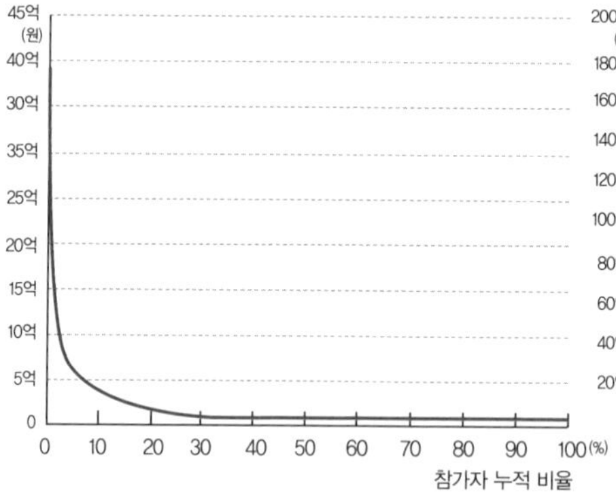

30년 후 참가자들의 자산 분포

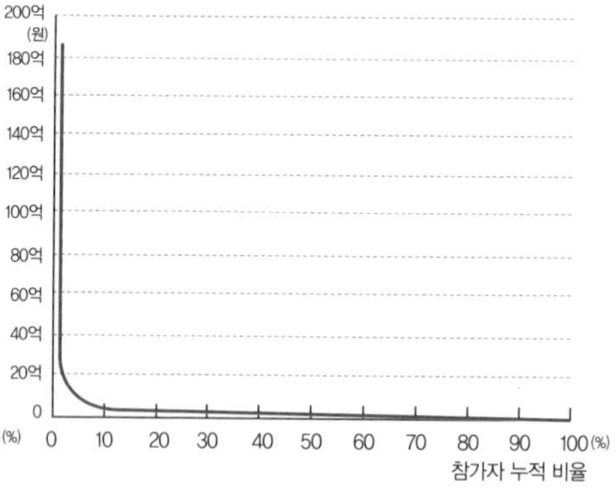

4. 40년 후, 참가자 10,000명 중에서 최고 자산가는 239억원을 기록하면서 게임이 종료된다. 반면, 최저 자산을 기록한 사람의 자산은 260만원이었다.

40년 후의 자산 분포

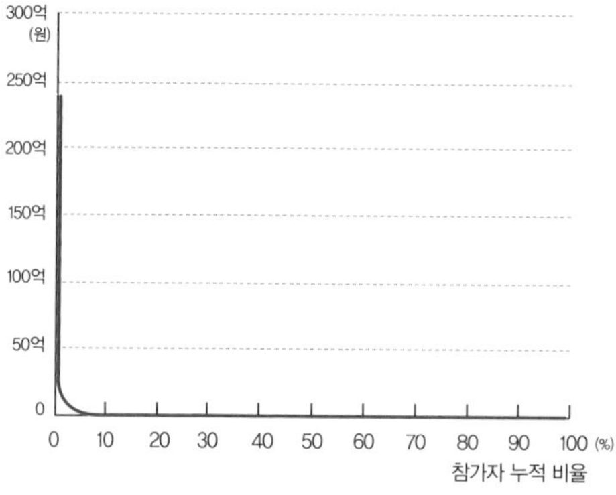

초기자금 1억원으로 사람들의 10년 후, 20년 후, 30년 후, 40년 후 자산 변화를 시뮬레이션 해 본 결과, 전형적인 파레토 분포멱함수 분포를 보여주고 있음을 알 수 있다.

로렌츠 곡선, 지니계수

자산 분포를 이용한 로렌츠 곡선은 다음과 같고, 지니계수는 다음 표와 같다.

참가자 10,000명의 자산 분포를 이용한 로렌츠 곡선

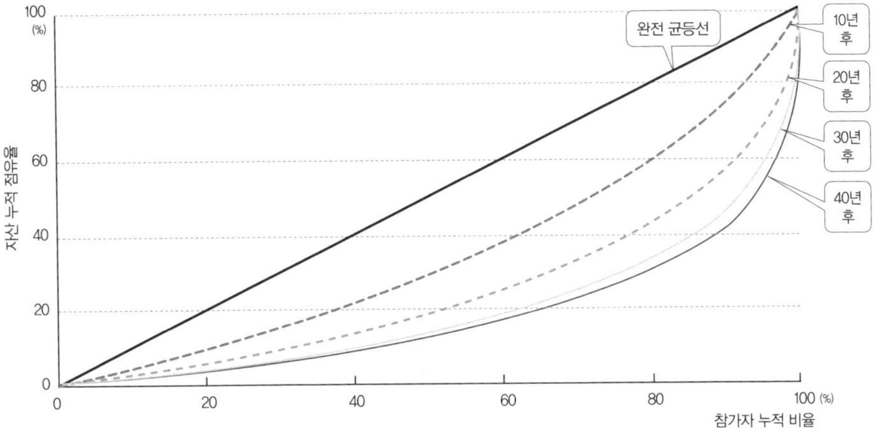

참가자들의 자산 지니계수

	10년 후	20년 후	30년 후	40년 후
지니계수	0.293	0.503	0.611	0.639

결론

사람들의 자산 분포가 80 대 20 파레토 법칙을 따르는 이유는 자본주의 게임 참가자들의 성향과 관련이 있다.

결정적인 변수는 첫째, 평균 자산 증가율을 결정하는 투자능력, 둘째, 꾸준한 투자의 지속 가능성이다.

필자가 계속 도박이 아닌 투자의 영역에서 꾸준히 투자를 실행하라고 강조하는 이유도 여기에 있다. **투자자가 상위 자산 그룹에 진입하기 위해서는 자신의 능력에 맞는 자산 증가율을 찾고 지속기간을 늘려야 한다.**

구체적인 실례로 연평균 자산 증가율 20%로 8년 투자한 사람, 그리고 연 평균 자산 증가율 4%로 38년 투자한 사람을 비교해 보면, 40년 후 전자는 상위 13.68%에 그친 반면 후자는 상위 5.08%에 달했다. **연평균 자산 증가율은 전자가 5배 높지만, 결국 꾸준한 투자가 더 성공적인 결과를 보여준다는 것을 알 수 있다.**

당연한 이야기이지만, 도박의 영역에 투자한 사람들의 결과는 처참하다. **단기간의 수익률에 집착한 나머지 도박을 하는 것보다, 나의 능력에 맞는 투자를 오랫동안 지속하면 시간이 갈수록 투자능력이 향상되어 투자수익률**또는 자산 증가율**도 향상될 것이다.**

얼마 전 금융업계에서 오랫동안 글로벌 투자 전문가로 근무한 지인을 만나서 이 책의 투자원칙에 대해 이야기를 나누었다. 그분은 이 책의 투자원칙이 훌륭하지만, 이 원칙을 꾸준히 실행할 수 있는 사람은 현실적으로 드물 것이라는 이야기를 했다. 안타깝지만, 파레토 법칙이 보여주는 현실 또한 그러하다.

그럼에도 불구하고, 투자는 계속되어야 한다

굴곡이 많은 자산시장을 보면서 힘들어하는 투자자들을 위해 마지막으로 필자의 개인적 경험담을 조금 소개하고 싶다.

필자가 부동산, 주식, 금, 암호자산 등 다양한 자산군에 투자를 해오면서 강조하고 싶은 것은 각 자산별 첫 투자는 실패했거나, 투자결과가 변변치 않았다는 점이다.

실거주용으로 샀던 첫 아파트는 매수시기가 2008년 서브프라임 사태 직후였기 때문에 어느 정도 싸게 샀다고 볼 수 있긴 하지만, 그 후 4~5년간 가격은 더 하락했다. 실거주를 하면서 대출이자와 원금을 상환하고 있었기 때문에 현금흐름 기준으로 마이너스 수익률의 투자를 한 셈이다.

증권사 애널리스트로서 약 13년간 재직하면서 경험한 직간접적인 주식 투자의 실패 경험은 그야말로 무궁무진하다. 필자는 물론이고, 똑똑하고 많은 경험과 다양한 네트워크로 무장한 전문가들의 예측도 빗나가는 경우를 수도 없이 목격했다. 시장 예측의 무용함을 느끼며, 좋은 투자방법은 무엇인가를 고민하게 된 귀중한 경험이었다.

금 옵션 매도 투자는 큰 위기에 대비하기 위해 금을 보유하는 동안, 현금흐름과 레버리지 효과까지 만들 수 있는 투자방법을 고민하다가 떠올린 것이다. 금 옵션 매도 투자의 원리를 머릿속으로만 숱하게 시뮬레이션을 해 보다가 증권사 HTS에서 처음으로 금 옵션을 매도한 지 몇 주 지나지 않아서 금 가격이 급등했다. 대응에 실패하면서 곧바로 청산을 당해서 수백만원을 잃었다.

암호자산 투자는 어땠을까? 현금흐름을 가져오는 자산으로 이더리움 채굴기라는 것이 있다는 것을 알게 되고, 그 다음날 용산 전자상가에 가서 그래픽 카드를 사왔다. 그 당시 첫 그래픽 카드 구매가는 역사적 고점으로 아직까지도 그 기록이 깨지지 않았을 정도이다.

이 외에도 수없이 많은 시행착오들이 있었다. 하지만 이런 실수들을 피하려고만 했다면, 우리 부부는 투자자로서 지금보다 덜 성장했을 것이다. 많은 실수와 시행착오들을 겪는 동안, 우리가 가장 다행스럽게 여기는 점은 그럼에도 불구하고 포기하지 않고 꾸준히 시도했다는 점이다.

실패하거나 투자성과가 안 좋을 때마다 "이 길은 아닌가 봐", 또는 "우리랑 OOO은 안 맞나 봐" 하고 포기해 버리는 것이 아니라, 왜 투자성과가 기대에 못 미쳤는지 복기하고 다시 시도해 보며 개선점들을 찾으려고 노력했다. 앞으로도 우리는 계속해서 실수를 하겠지만, 더 중요한 것은 그 덕분에 꾸준히 성장할 것이라는 점이다. 우리는 그동안의 실수와 투자과정들을 통해서 리스크를 관리하고 성과를 높이는 좋은 투자방법을 찾았고 이를 통해 많이 성장했다.

이 글을 마무리하는 현재 시점은 변덕스러운 자산가격 때문에 많은 투자자들에게 고통스러운 시기일 수 있다. 하지만 앞으로도 자산가격은 등락을 반복할 것이다. 매 순간마다 가격 예측에 성공하려고 할 필요도 없다. 앞서 '파레토 법칙' 편에서 확인했듯이, **우리가 자유로운 부자 거위농장주가 되기 위해 해야 할 일은, 그럼에도 불구하고 도박이 아닌 투자를 꾸준히 지속해 나가는 것뿐이다.**

모든 거위농장주님들의 성장과 자유를 응원한다.

이고은 드림